FLORIAN HOMM
MORITZ HESSEL, DR. MARKUS KRALL,
SANTINA BERGER, RAPHAEL HUG

DER CRASH IST DA

WAS SIE JETZT TUN MÜSSEN!

ANLAGEN
IMMOBILIEN
ERSPARNISSE
ARBEIT

Bibliografische Information der Deutschen Nationalbibliothek

Die Deutsche Nationalbibliothek verzeichnet diese Publikation in der Deutschen Nationalbibliografie; detaillierte bibliografische Daten sind im Internet über http://d-nb.de abrufbar.

Für Fragen und Anregungen:
info@finanzbuchverlag.de

Originalausgabe, 1. Auflage 2019

© 2019 by FinanzBuch Verlag, ein Imprint der Münchner Verlagsgruppe GmbH, Nymphenburger Straße 86
D-80636 München
Tel.: 089 651285-0
Fax: 089 652096

Redaktion: Judith Engst
Korrektorat: Silvia Kinkel
Umschlaggestaltung: Pamela Machleidt, München
Umschlagabbildung: istockphoto/sbayram
Satz: Daniel Förster, Belgern
Druck: GGP Media GmbH, Pößneck
Printed in Germany

ISBN Print 978-3-95972-231-5
ISBN E-Book (PDF) 978-3-96092-434-0
ISBN E-Book (EPUB, Mobi) 978-3-96092-435-7

Weitere Informationen zum Verlag finden Sie unter

www.finanzbuchverlag.de

Beachten Sie auch unsere weiteren Verlage unter www.m-vg.de.

Inhalt

Einleitung

von Florian Homm

Seit über vier Jahrzehnten bin ich als Nostro-Händler, Investor, Unternehmer und Analyst tätig. Zwischenzeitlich war ich 15 Monate in Auslieferungshaft und 53 Monate auf Reisen. In den vergangenen drei Jahren habe ich diverse Bücher geschrieben, etliche Videos zu aktuellen, wirtschaftlichen Themen gedreht, einige Vorträge gehalten und an einem Börsenbrief mitgewirkt. Das war eine äußerst spannende Zeit. Der Markt war mir gewogen. Den aktuell zu beobachtenden Bärenmarkt hatte ich frühzeitig und akkurat vorhergesagt. Das war leider nicht immer so. 1994 wurde ich zum besten Hedgefonds-Manager Europas gekürt. In besagtem Jahr hatte ich wieder einmal auf fallende Kurse gesetzt und größere Investment-Debakel vermieden. Ich spekulierte auf den Kursverfall überbewerteter Aktien und hatte in mittelgroße, defensivere Value-Werte investiert. Ich sonnte mich in meiner Eitelkeit und war der Meinung, diese Strategie würde auch im folgenden Jahr bestens funktionieren. Ich hätte mich kaum mehr irren können.

Die Short-Positionen in meinem Depot liefen fast alle gegen mich. Die Aktien, die ich kaufte, bewegten sich nicht vom Fleck. Mein Anlagestil mochte vielleicht plausibel erscheinen, aber das nützte nichts, da die meisten Investoren nach der Börsenkorrektur große, liquide Wachstumswerte kauften statt der großen Mittelständler, die ich im Depot hatte. Mitte des Jahres warfen meine Trader Papierkügelchen nach mir und fragten mich, wann ich diesen irrsinnigen Trade auflösen würde. Keine drei Monate später zogen meine Investoren mehr als 100 Millionen Euro aus meinem Fonds ab. Ich hatte den Nadir meiner Karriere als Hedgefonds-Manager erreicht. Ich musste zugeben: Ich war definitiv nicht der »Master des Universums«.

Zum einzigen und hoffentlich letzten Mal produzierte mein Hedge-fonds einen Verlust, und der beste Fondsmanager des Jahres 1994 wurde im Folgejahr zu einem der schlechtesten. Seit dieser Erfahrung bin ich bescheidener geworden. Glauben Sie mir: Es ist nahezu unmöglich, Jahr um Jahr in den Ranglisten der besten Fondsmanager und Analysten aufzutauchen. Das sollten Sie wissen, bevor Sie jetzt weiterlesen.

Und jetzt kommen wir endlich zu der Publikation *Der Crash ist da*. Dieses Buch ist mindestens genauso unkonventionell und polarisierend wie meine anderen Bücher. Ich werde Ihnen zusammen mit meinem Team zunächst einen Überblick geben, was sich gerade weltweit an den Börsen abspielt und mit welchen Entwicklungen Sie in den kommenden Monaten rechnen müssen. Selbstredend werden wir Ihnen auch erklären, wie Sie sich und Ihr Geld in der aktuellen Lage sinnvoll positionieren können.

Der Crash ist da ist der vorletzte Teil einer einzigartigen Buchreihe, die mit der Veröffentlichung des Bestsellers *Endspiel* im Jahr 2016 begann. Bereits darin haben wir auf eine brüchige Marktkonstellation hingewiesen. Das Buch diente als Einführung in teilweise komplexe Wirtschaftsthemen, die wir einem breiten Publikum leicht verständlich vermitteln wollten.

Im Juli 2017 erschien das Buch *Erfolg im Crash*. Darin, sowie in vielen Videos, dem Börsenbrief *Florian Homm Long-Short* und etlichen Vorträgen, verwiesen wir darauf, dass in den Jahren 2017 bis 2019 mit einem Crash oder zumindest mit herben Korrekturen oder instabilen Verhältnissen an den wesentlichen Börsen und in der Wirtschaft zu rechnen sei.

Im Gegensatz zu vergleichbaren Büchern fokussieren wir uns nicht allein darauf, die bestehenden Risiken zu schildern. Vielmehr geben wir Ihnen auch zahlreiche Tipps, wie Sie sich am besten durch das Minenfeld der Finanzmärkte bewegen. Aktuelle Hinweise von uns finden Sie unter folgendem Link auch auf YouTube:

https://www.youtube.com/channel/UC9Iq-yi4q3lsnSEXltzpqcQ

Die Abonnenten unseres Börsenbriefs (*www.florianhommlongshort.ch*) konnten mit der Nachbildung unseres Musterportfolios im schwierigen Börsenjahr 2018 einen Gewinn von 23,1 Prozent nach Kosten verzeichnen. Die Performance des DAX lag in derselben Zeitspanne bei circa minus 12 Prozent. Ein Zitat aus der *Welt am Sonntag* ist selbsterklärend. Die große deutsche Sonntagszeitung stellte am 18. November 2018 mehrere Geldmanager vor, die gut durch das Jahr gekommen waren. Ich, Florian Homm, landete hierbei auf dem ersten Platz. Anbei ein Kommentar aus der Zeitungsausgabe 46/2018:

> »[...] zu ihnen zählt Florian Homm. Wer den Empfehlungen des Börsenbriefes folgte, den er mit seinen Ideen bestückt, konnte in diesem Jahr bisher 23 Prozent verdienen – während der Dax 12 Prozent verlor.«

Die Risse im globalen Finanzsystem sind mittlerweile deutlich erkennbar. Es ist allerhöchste Zeit, diese Krise zu analysieren und daraus wichtige Schlüsse zu ziehen. Deswegen haben wir *Der Crash ist da* geschrieben, denn für die meisten Anleger besteht akuter Handlungsbedarf.

Als Crash wird ein extremer Kurseinbruch an den Börsen bezeichnet. In Fachkreisen wird ein Wertverlust von 20 Prozent oder mehr als Beginn eines Bärenmarktes interpretiert. Diese Marke wurde an einigen wichtigen Börsen wie in Deutschland (DAX und TecDAX), in China sowie in diversen Schwellenländern bereits unterschritten, und auch einige Währungen, etwa in Argentinien, der Türkei, Pakistan und Venezuela, verzeichnen bereits Verluste in mindestens dieser Größenordnung. In der vorliegenden Publikation, *Der Crash ist da*, geht es uns darum, wichtige Entwicklungen zu analysieren und das Marktumfeld richtig einzuschätzen. Denn aus diesen Recherchen ergeben sich konkrete Maßnahmen, die in einem hochriskanten Umfeld zum Vermögenserhalt beitragen sollten. Agile Investoren sollten überproportional von diesem Crash profitieren. Defensiv orientierte Investoren sollten ihr Vermögen zumindest vor Wertverfall und Finanzrepressionen schützen.

Wir als Autorenteam sprechen aber nicht nur vermögende Privatanleger an, sondern auch Immobilien-Investoren und Menschen, die noch im Frühstadium ihrer beruflichen Entwicklung sind. Der bekannte Experte Dr. Markus Krall beschreibt die China-Problematik. Die Jungautoren Santina Berger, Moritz Hessel und Raphael Hug haben die diffizilen Themen Blockchain, künstliche Intelligenz und Digitalisierung intensiv analysiert und wichtige Schlussfolgerungen formuliert. Ganz entscheidend sind konkrete Hinweise, wie Sie sich gegen die schleichende Enteignung und die Finanzrepression wehren können.

Für diejenigen, die sich nicht regelmäßig mit Wirtschaftsthemen beschäftigen, erklären wir alle wichtigen Begriffe im Glossar.

Wir hoffen, Ihnen viel Interessantes mitteilen zu können, das Sie in dieser Breite und Tiefe in keinem anderen deutschsprachigen Investmentbuch finden.

Kapitel 1 »Analyse und Marktumfeld« bildet die Grundlage unserer Annahmen und Einschätzungen.

Die Frage, ob technologische Trends der nächsten zehn Jahre ein Segen sind oder sich womöglich als Schwarze Hightech-Schwäne entpuppen, beantworten wir in **Kapitel 2**.

In **Kapitel 3** gibt der Bestsellerautor Dr. Markus Krall einmalige Einblicke in die Finanzwelt Chinas. Dabei geht es unter anderem um geopolitische Rivalitäten und um die Stabilität des Finanzsystems im Reich der Mitte.

Kapitel 4 widmet sich der schleichenden Finanzrepression und einer drohenden Enteignung durch negative reale Zinsen, Regierungsmaßnahmen und Inflation. Auch zu diesem hochrelevanten Thema präsentieren wir Ihnen Handlungsansätze. Denn Sie mögen so gut investieren und so gut wirtschaften wie König Salomon – wenn man Ihnen die Erträge Ihrer Arbeit stiehlt, war alles umsonst.

In **Kapitel 5** zeigen wir Ihnen wahrscheinliche kurzfristige, mittel- und langfristige Entwicklungen an den Kapitalmärkten auf. Sie erfahren, welche Anlagestrategien in den einzelnen Phasen am vielversprechendsten sein dürften.

Das **Kapitel 6** beschäftigt sich mit sogenannten Mega-Trades. Das sind Investments mit einem extrem hohen Ertragspotenzial, die aber keineswegs risikoarm sind. Hier ist das Timing besonders wichtig.

Anders als alle anderen vergleichbaren Bücher erhalten Sie in dieser Publikation ausführliche Infos zu umsetzbaren und realistischen Lösungen zur Kapitalsicherung sowie der Kapitalvermehrung in einem schwierigen Umfeld. Entsprechende Hinweise finden Sie in **Kapitel 7**.

Das vierte und abschließende Buch in dieser Reihe heißt: *Kaufen! Die Investmentchance des Jahrhunderts.* Diese Publikation wird erst erscheinen, wenn wir davon ausgehen, dass es sich wieder lohnen könnte, kräftig zu investieren. Aktuell wagen wir noch keine Prognose, wann das der Fall sein wird. Nur so viel sei verraten: Wir meinen, es könnte diesmal wesentlich länger dauern als nach den Börsencrashs von 2000 bis 2002 und 2008 bis 2009. Es wird wohl etwas länger dauern, bis das Chance-Risiko-Verhältnis auf breiter Flur wieder auf einem akzeptablen Niveau sein wird.

Meine primäre berufliche Aufgabe liegt darin, einem breiten Publikum Insiderwissen aus der Investmentbranche zu vermitteln. Sie, liebe Leser, sollten sich klarmachen, dass Sie in einem schwierigen wirtschaftlichen und finanziellen Umfeld nicht automatisch zu den Krisenopfern gehören müssen. Deswegen haben wir *Der Crash ist da* geschrieben. Tun Sie etwas gegen den Wertverlust Ihrer Aktien, Immobilien oder Anleihen sowie gegen die schleichende Enteignung Ihres Vermögens durch Inflation und Finanzrepression!

Mit herzlichen Grüßen
Ihr Florian Homm

KAPITEL 1

Analyse und Marktumfeld

*»Jene, die sich nicht an die Vergangenheit erinnern,
sind dazu verdammt, sie zu wiederholen.«*

BENJAMIN GRAHAM

Erinnern Sie sich an die Finanzkrise 2008/2009? Sie begann in den
USA. Die Banken hatten reihenweise extrem niedrig verzinste Kredite
an Immobilienkäufer mit teilweise äußerst schlechter Bonität vergeben, was zu einer Explosion der Immobilienpreise führte. Das ging so
lange gut, bis eine große Zahl an Kreditnehmern ihre Schulden nicht
mehr bedienen konnte. Für ihre Häuser fanden sich keine neuen Käufer mehr. Die Immobilienpreise stürzten ab. Diese Krise schwappte
innerhalb weniger Monate nach Europa. Auch deutsche Banken waren massiv betroffen, weil sie in Kreditpakete investiert hatten, in denen mitunter viele faule US-Darlehen gebündelt waren. Auch Pakete,
die Kredite an Schuldner mit hoher Bonität enthielten, verloren im
nächsten Schritt deutlich an Wert. Sie wurden von Investoren quasi in
Sippenhaft genommen und temporär nicht mehr gehandelt. Dadurch
kam es zu einem großen Abschreibungsbedarf bei den Finanzinsti-
tuten. Die Banken machten hohe Verluste. Einige von ihnen wurden
verstaatlicht oder erhielten Finanzspritzen von der öffentlichen Hand.

Damit war die Sache allerdings nicht erledigt. Es blieb nicht bei
einer reinen Bankenkrise. Die Institute reduzierten aus Angst vor
Risiken fortan teilweise ihr Kreditvolumen. Sie agierten vor allem risikoavers, und ausländische Banken verabschiedeten sich teils gänzlich aus dem deutschen Markt. So wurde auch der Rest der Wirtschaft
infiziert.

Haben wir aus dieser Krise gelernt?

Es sieht nicht so aus. Werfen Sie einen Blick auf die Banken. Die Deutsche Bank hat bis heute kein tragfähiges Geschäftsmodell. Um die Commerzbank steht es nicht besser. Für die NordLB, die die Finanzkrise noch ganz locker überstanden hatte, wird aktuell ein Investor gesucht. Das Institut kämpft ums Überleben. Die Bundesländer waren nicht in der Lage, ihre Landesbanken im großen Stil zu fusionieren. Die Deutsche Bank als systemrelevantes Institut wurde nicht in kleinere Einheiten zerteilt.

Die traurige Wahrheit lautet vielmehr: Die Bilanzsumme der Banken, die vor dem Crash von 2008/2009 zu den größten zählten und als systemrelevant galten, ist heute fast doppelt so hoch wie vor der letzten Krise.

Statt das Bankensystem auf gesunde Beine zu stellen, setzten die Zentralbanken alles daran, das kranke System am Leben zu halten. Die Zinsen wurden auf null gesenkt und die Geldmenge wurde hochgeschraubt.

Wie Sie an dem nachfolgenden Schaubild (Abbildung 1) erkennen können, sind die Verbindlichkeiten der größten Zentralbanken seit 2008 um mehr als 500 Prozent gestiegen. Dies steht in keinem Verhältnis zur Entwicklung der Wirtschaftsleistung (plus 45 Prozent).

Viele Staaten sind auf geradezu groteske Weise überschuldet und weisen hohe Haushaltsdefizite auf. Seit 2008 steigt die Verschuldung relativ zur Wirtschaftsleistung praktisch in allen wichtigen Wirtschaftsregionen der Welt. Der Aufschwung nach der letzten Krise wurde schlicht auf Pump finanziert.

Schauen wir nur einmal kurz in die USA: Im Juni 2019 befindet sich die USA in der längsten wirtschaftlichen Expansionsphase, die verzeichnet wurde, seit diese Daten im Jahr 1861 zum ersten Mal erhoben worden sind. Aktuell prognostiziert die amerikanische Wirtschaftsbehörde, das Congressional Budget Office, dass der bestehende Wirtschaftsboom bis Ende 2028 anhalten soll. Sollte dieses Szenario wirklich eintreten, wäre der Zyklus fast doppelt so lang wie die längste Wirtschaftsexpansion in der US-Geschichte (vgl. Abbildung 2).

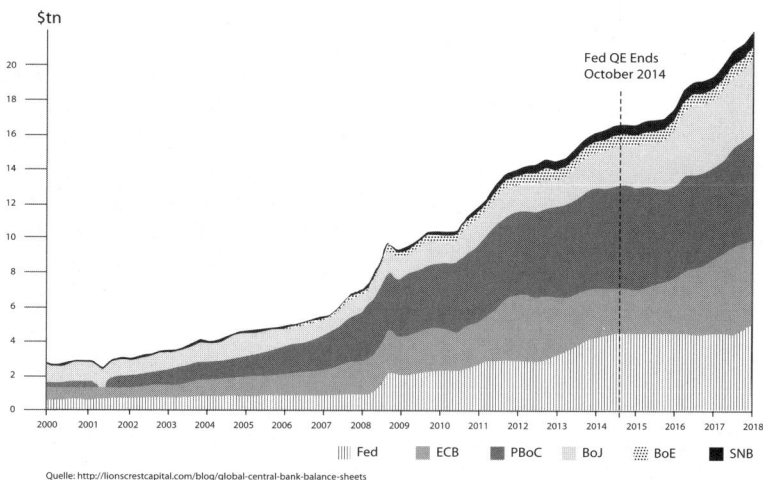

Abbildung 1: Zentralbankbilanzen der führenden Notenbanken

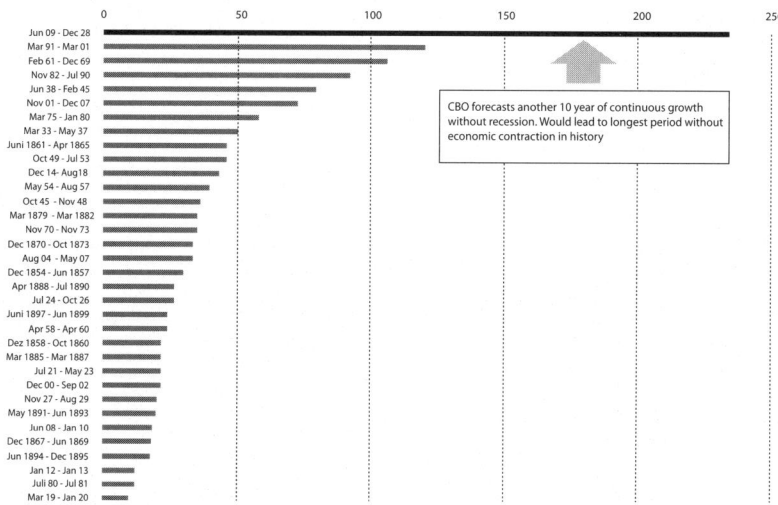

Abbildung 2: Dauer des amerikanischen Wirtschafts-Zyklus

Auswirkungen auf den Aktienmarkt

Ganz besonders haben die Aktienmärkte vom lang anhaltenden Aufschwung profitiert. Das können Sie am folgenden Schaubild (vgl. Abbildung 3) ablesen. Während es zwischen den Jahren 2000 und 2008 an den Börsen noch bergauf und bergab ging, steigt der S&P seit zehn Jahren fast nur noch, begleitet von Geldschwemmen der Zentralbanken (QE1, QE2, QE3).

Abbildung 3: S&P 500 Index seit dem Jahr 2000: Phasen von Bären- und Bullenmärkten

Es scheint fast, als könnten die führenden Zentralbanken die gängigen Zyklen an den Börsen außer Kraft setzen. Allerdings muss das nicht so bleiben. Wichtige Rahmenbedingungen haben sich in der Zwischenzeit verändert.

1. Kaufimpulse könnten ausbleiben

Das globale Verschuldungsniveau der Staaten liegt auf seinem absoluten Hochpunkt, dies gilt vor allem in Relation zum Weltwirtschaftswachstum. Auch das Volumen der Kredite, die Investoren aufnehmen, um damit Aktien zu kaufen, hat einen Rekordstand erreicht. Der Bargeldbestand der amerikanischen Privatanleger ist auf dem niedrigsten Stand seit dem Crash im Jahr 2000. Private Anleger haben ihre Reserven ausgegeben oder investiert. Aus dieser Richtung können kaum noch Kaufimpulse kommen.

2. Die Unternehmenswerte sind bereits extrem hoch

Das wollen wir Ihnen am Kurs-Gewinn-Verhältnis (KGV) nach Shiller demonstrieren. Beim Shiller-Kurs-Gewinn-Verhältnis, auch CAPE Ratio genannt, wird der aktuelle Aktienkurs eines Unternehmens durch die durchschnittlichen Nettogewinne der letzten zehn Jahre dividiert. Zudem werden historische Gewinne inflationsbereinigt dargestellt. Dieser Indikator lässt sich ebenfalls auf große Indizes wie den S&P 500 aus den USA anwenden. Die Entwicklung des Shiller-KGV zeigt Abbildung 4.

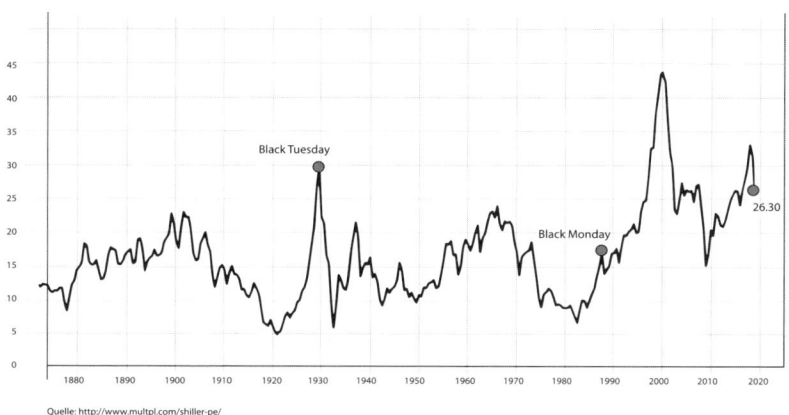

Quelle: http://www.multpl.com/shiller-pe/

Abbildung 4: Shiller-KGV im Zeitraum von 1880 bis Dezember 2018

Nur während des Crashs 1929 und zu Zeiten der Dotcom-Krise lag dieser Wert höher als heute. Sollte sich die CAPE Ratio seinem Mittelwert annähern, würde dies trotz der jüngsten Kurskorrekturen

(Stand: Dezember 2018) weitere Kursrückgänge mit sich bringen. Für den S&P 500 hieße das ganz konkret, dass der Index um 44 bis 54 Prozent sinken würde. Übrigens: Die Daten werden seit 1877 erhoben. Seitdem lag die CAPE Ratio nur in etwa 5 Prozent der gemessenen Zeit auf einem höheren Niveau als dem aktuellen.

3. Die Unternehmensgewinne steigen nicht im selben Umfang wie die Bewertungen

Seit Beginn der Datenerfassung im Jahr 1871 sind die Dividendenrenditen amerikanischer Aktiengesellschaften aktuell auf dem zweitniedrigsten Stand. Noch niedriger waren sie nur vor dem Platzen der Dotcom-Blase im Jahr 2000. Heute liegt die Dividendenrendite der Titel im S&P 500 bei lediglich 1,8 Prozent. Die historische durchschnittliche Dividendenrendite beträgt 4,3 Prozent (zur Entwicklung der Dividendenrenditen, siehe Abbildung 5). Dies liegt unter anderem daran, dass die Titel im S&P deutlich gestiegen sind. Das aktuelle Kurs-Gewinn-Verhältnis (KGV) des S&P 500 beläuft sich auf 24,7, der historische Durchschnitt liegt lediglich bei 15,7. Von den nach Marktkapitalisierung sechs größten Aktien im S&P 500 schütten nur zwei Unternehmen überhaupt eine Dividende aus.

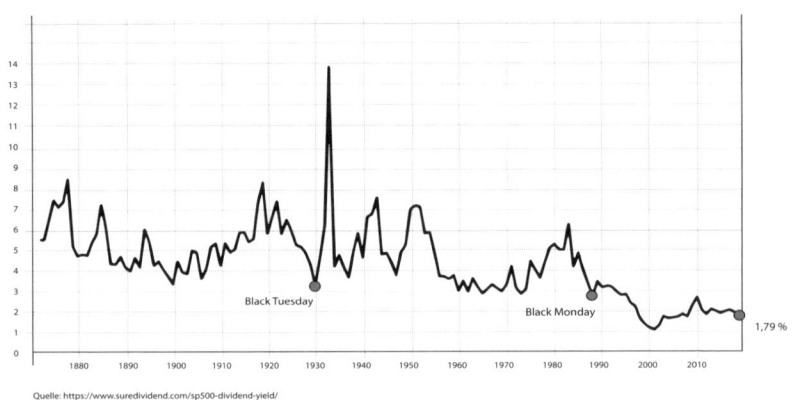

Quelle: https://www.suredividend.com/sp500-dividend-yield/

Abbildung 5: Dividendenrendite im S&P 500 Index seit 1871

4. Der Einfluss des Zinsniveaus auf die Unternehmensgewinne steigt

Im Folgenden möchten wir Ihnen die vermutlich wichtigste Grafik des ganzen Buches zeigen, die zugleich die Wurzel allen Übels veranschaulicht. Die Kursexplosion an der Börse ist eine unmittelbare Folge des aktuellen Zinsniveaus. Man könnte die aktuellen Niedrigzinsen auch als Goldenes Ei der Blasenökonomie bezeichnen. Nahezu der gesamte Anstieg der Gewinne (83 Prozent) der 500 größten amerikanischen Unternehmen seit 2007 lässt sich darauf zurückführen, dass deren Zinskosten gesunken sind, wie Tabelle 1 zeigt. Sollten die Zinskosten steigen, dürften die Erträge sinken – sofern kein Wunder geschieht. Erhöhen sich die durchschnittlichen Finanzierungskosten der großen US-Firmen um nur 150 Basispunkte (1,5 Prozentpunkte), steigen die Zinsaufwendungen auf circa 360 Milliarden US-Dollar pro Jahr. Die Nettogewinne der Unternehmen müssten um 25 Prozent fallen. Die Börsenwerte dürften dann gewaltig unter Druck geraten.

Tabelle 1: Anteil der Nettozinskosten an den Gewinnsteigerungen

S&P 500 Index	2007 (Top)	2018
Stand	1.550	2.900
Ertrag nach Steuern (US-GAAP)	85	129
Zinsaufwendungen	18,2	22,6

S&P 500 Index (2007–2018)	
Wertsteigerung (2007–2018)	87,0 Prozent
Veränderung der Zinsaufwendungen (2007–2018)	35,7 Prozent
Gewinnsteigerung (2007–2018)	43,0 Prozent
Anteil der geringeren Zinskosten an der Gewinnsteigerung	83,0 Prozent

Quelle: Eigene Darstellung

5. Die Unternehmen haben das geliehene Geld nicht unbedingt sinnvoll eingesetzt

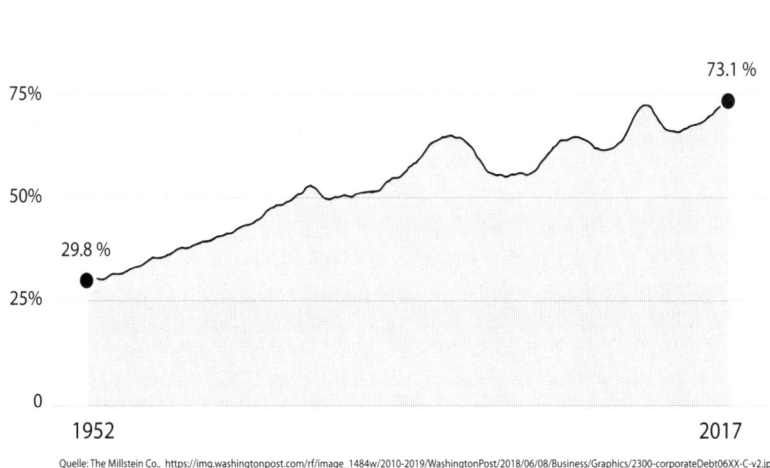

Corporate debt is at a record high – and still rising
Total credit to nonfinancial corporations, as a percent of GDP

Quelle: The Millstein Co., https://img.washingtonpost.com/rf/image_1484w/2010-2019/WashingtonPost/2018/06/08/Business/Graphics/2300-corporateDebt06XX-C-v2.jpg

Abbildung 6: Verschuldung amerikanischer Unternehmen im Verhältnis zur Wirtschaftsleistung (GDP)

Die Verschuldung amerikanischer Unternehmen im Verhältnis zur Wirtschaftsleistung ist in den USA in den vergangenen Jahrzehnten deutlich gestiegen. Dies können Sie an der obigen Grafik ablesen (Abbildung 6).

Ein Blick auf die Entwicklung der Produktivität im selben Zeitraum zeigt uns, dass die Unternehmen das geliehene Geld nicht sonderlich sinnvoll eingesetzt haben können. In den entwickelten Volkswirtschaften hat sich das Produktivitätswachstum seit den 1970er-Jahren eher verlangsamt. Die Wachstumsrate tendiert in Richtung 0 Prozent (vgl Abbildung 7).

Wachstumsrate der Arbeitsproduktivität

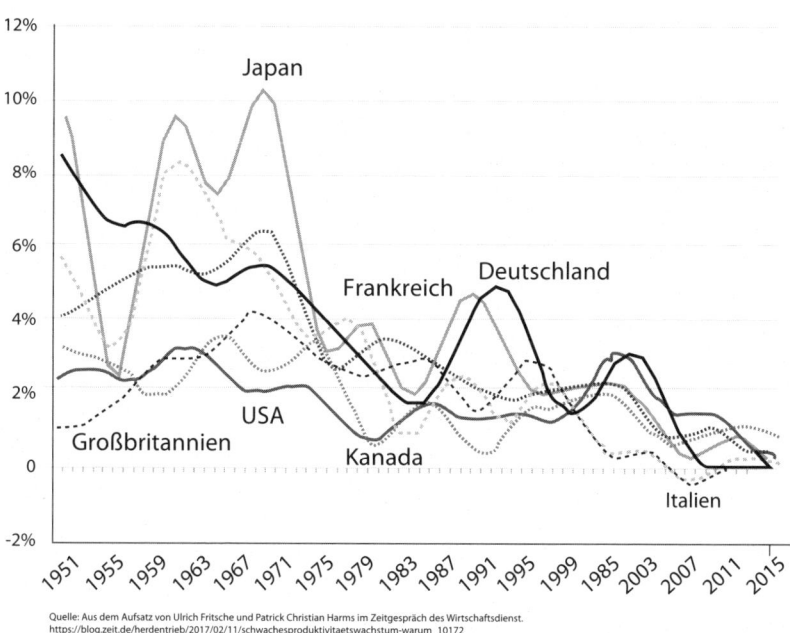

Quelle: Aus dem Aufsatz von Ulrich Fritsche und Patrick Christian Harms im Zeitgespräch des Wirtschaftsdienst.
https://blog.zeit.de/herdentrieb/2017/02/11/schwachesproduktivitaetswachstum-warum_10172

Abbildung 7: Jährliches Produktivitätswachstum in Deutschland, Frankreich, Großbritannien, Italien, Japan, Kanada, USA

6. Die Verschuldung der Unternehmen ist auf einem hohen Stand

Der S&P 500 Investment Grade Index für Unternehmensanleihen ist ein Subindex des S&P 500 Anleihen-Index und misst den Wert von US-Unternehmensanleihen, die von Mitgliedsunternehmen des Aktienindex S&P 500 mit einem Investment-Grade-Rating begeben wurden. Durch Akquisitionen (Übernahmen) hat sich fast die Hälfte aller gelisteten Unternehmen in besagtem Investment Grade Index auf Junk-Bond-Niveau (das Niveau von Schrottanleihen) heruntergewirtschaftet. In den vergangenen sieben Jahren wurden über 50 Übernahmen im Gesamtwert von 1,9 Billionen US-Dollar überwiegend durch Schulden finanziert. Dies führte dazu, dass mehr als 50 Prozent des gesamten Index mit dem niedrigsten Investment-Rating der Kategorie BBB bewertet wurden (vgl. Abbildung 8).

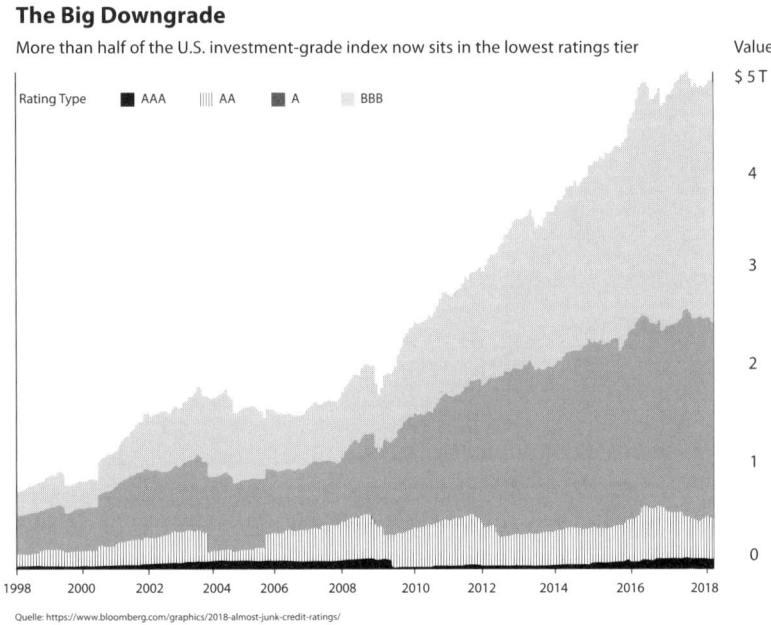

The Big Downgrade

More than half of the U.S. investment-grade index now sits in the lowest ratings tier

Rating Type ■ AAA ‖‖ AA ■ A ░ BBB

Value
$ 5 T

Quelle: https://www.bloomberg.com/graphics/2018-almost-junk-credit-ratings/

Abbildung 8: Markt der US-Anleihen nach Rating-Kategorie

Für das folgende Schaubild (Abbildung 9) wurde das Ergebnis der Unternehmen vor Zinsen, Steuern und Abschreibungen (EBITDA) ins Verhältnis zu den Schulden gesetzt. Der Median von allen Firmen, bei denen diese Daten erhoben wurden, liegt bei 1,95. Die in Abbildung 9 aufgeführten Firmen liegen sehr deutlich über diesem Wert.

Darunter sind auch einige großartige Unternehmen, die eigentlich bislang als sehr stabil galten, so zum Beispiel Kraft Heinz, AT&T oder auch Bayer mit seiner bisher glücklosen Übernahme von Monsanto. Jedoch konnten auch sie der Versuchung nicht widerstehen.

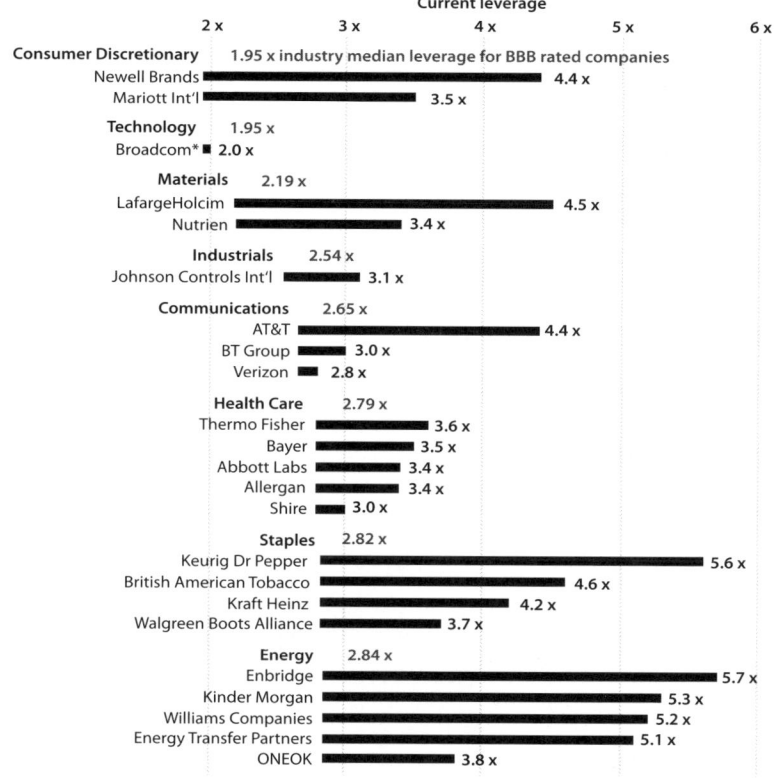

Abbildung 9: Debt-to-EBITDA (Schulden im Verhältnis zum Gewinn nach Zinsen, Steuern und materiellen sowie immateriellen Abschreibungen)

Ein Jahrzehnt mit schwachem Umsatzwachstum und den tiefsten Zinssätzen aller Zeiten motivierte sie offenbar, Unmengen an Geld zu leihen, um Konkurrenten zu kaufen. Dass sich durch die hohen Schulden das Rating des Unternehmens verschlechtern könnte, war dabei kein Hemmnis, was verständlich ist. Ein Unternehmen, das die letzten sieben Jahre fleißig Schulden aufnahm, zahlte nur 0,5 Prozent mehr Zinsen pro Jahr, wenn es statt eines A-Ratings auf ein BBB Rating kam. Das entspricht bei einem Kredit über 1 Milliarde US-Dollar lächerlichen Mehrkosten in Höhe von 5 Millionen US-Dollar pro Jahr. Warum uns die Übernahmeflut nervös macht, können Sie an der folgenden Grafik (Abbildung 10) ablesen. Wie Sie sehen, erreichte das M&A-Volumen im Vorfeld der beiden letzten Crashs jeweils einen vorläufigen Höchststand.

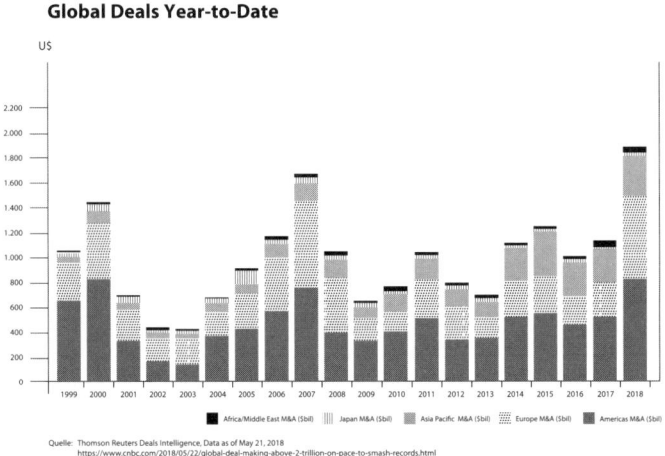

Abbildung 10: M&A-Volumen seit 1999 (weltweit)

7. Zinsausgaben der Staaten steigen

Das nächste Schaubild (Abbildung 11) zeigt die prognostizierten Netto-Zinskosten der US-Regierung für die kommenden acht Jahre. Demnach könnten sich diese Kosten im genannten Zeitraum mehr als verdreifachen und über zehn Jahre hinweg auf circa 6,9 Billionen US-Dollar anwachsen. Die Prognose basiert auf der Annahme, dass der Finanzierungsbedarf des Staates steigt und dass zugleich die amerikanische Zentralbank (Fed) weniger Staatsanleihen nachfragt – das alles bei einer etwas schwächeren Wirtschaftsleistung als im ersten Halbjahr 2018.

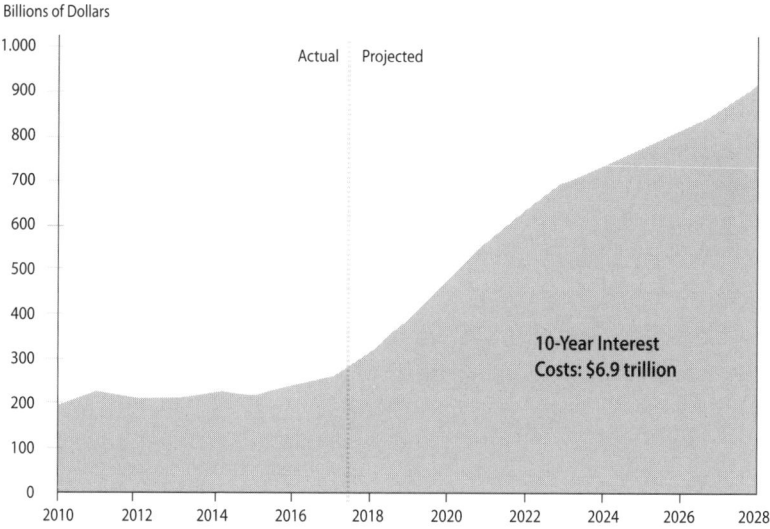

Abbildung 11: Zu erwartende Netto-Zinskosten der US-Regierung für die kommenden acht Jahre

8. Das Q-Ratio ist auf dem zweithöchsten Stand seit 117 Jahren

Wir sind große Fans einer Kennzahl namens Equity Q-Ratio. Die Ermittlung der Q-Ratio ist eine beliebte Methode zur Schätzung des fairen Wertes eines einzelnen Unternehmens oder sogar kompletter Indizes. Dahinter steht ein ziemlich einfaches Konzept, es ist nur mühsam zu berechnen. Die Q-Ratio wird ermittelt, indem der Gesamtpreis eines Unternehmens (Enterprise Value) durch die Wiederbeschaffungskosten aller seiner Güter dividiert wird.

**Q-Ratio = Gesamtwert des Aktienmarktes /
Wiederbeschaffungskosten aller Unternehmensgüter**

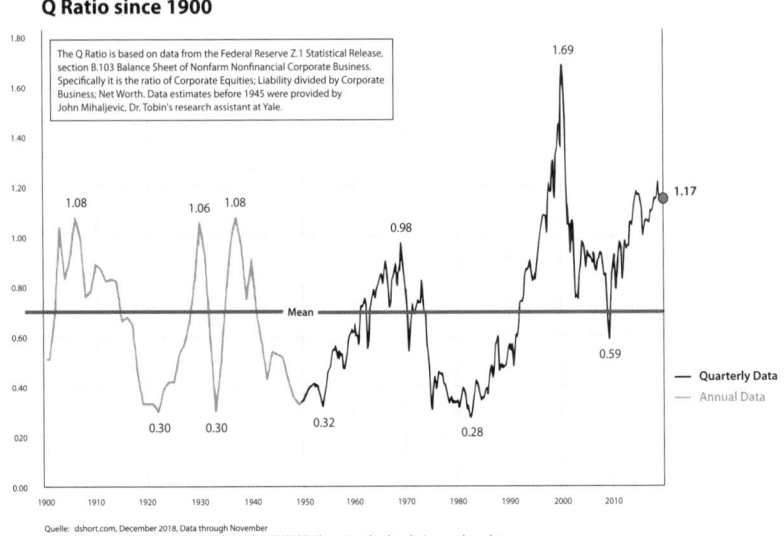

Abbildung 12: Equity Q-Ratio seit dem Jahr 1900

Aus unserer Sicht ist dieser Indikator noch besser als das ohnehin schon sehr nützliche Shiller-KGV oder der verlässliche Warren-Buffet-Indikator. Durch die Equity Q-Ratio lässt sich der Wiederbeschaffungswert beziehungsweise der adjustierte Buchwert von Aktien und Indizes berechnen. Die Q-Ratio lag Ende 2018 auf dem zweithöchsten Stand seit 117 Jahren. Das liefert ein enorm wichtiges Warnsignal. Steigt die Q-Ratio über die Zahl 1, gilt der Markt als überbewertet. Ende 2018 lag er bei 1,17 (vgl. Abbildung 12).

9. Unser eigenes Modell zeigt eine hohe Wahrscheinlichkeit für Kursrückgänge an

Wir haben einen Indikator entwickelt, der verschiedene Parameter kombiniert:

a) Die Shiller Cape PE-Ratio (Shiller-KGV)
b) Die Payout-Ratio (Quote des ausgeschütteten Nettoeinkommens)
c) Die Dividendenrendite
d) Die Gewinnmargen der 500 größten US-amerikanischen Unternehmen im Aktienindex S&P 500 sowie aller Unternehmen im Aktienindex Eurostoxx 600

Wir haben diesen Indikator bis ins Jahr 1928 zurückberechnet. Damit ließen sich Crashs in der Vergangenheit fünf Jahre im Voraus mit 91-prozentiger Sicherheit prognostizieren. Dieser Index zeigt aktuell ein hohes Crash-Risiko an (ähnlich wie die Q-Ratio, das Dividend Range Model und der Buffett-Index). Als besonders interessant erachten wir an diesem neuen Index den Umstand, dass alle vier konstituierenden Faktoren an sich Korrelationen von mehr als 70 Prozent zur Aktien-Index-Performance aufweisen; jedoch haben alle unterschiedliche Mängel im Hinblick auf die Qualität der Prognose. Zusammen sind diese vier Faktoren wesentlich aussagekräftiger als jeder einzelne für sich. Sie zu kombinieren, erscheint sinnvoll und mit hoher Wahrscheinlichkeit treffsicher. Denn auch die äußerst nützliche Q-Ratio impliziert multiple Faktoren. Aufgrund der historisch extrem hohen Gewinnmargen, Ausschüttungsquoten und Bewertungen bei historisch niedrigen Dividenden ermittelt diese Kennzahl den wahrscheinlichen Gewinn für ein Investment in Aktien. Über das kommende Jahrzehnt hinweg prognostiziert dieser Indikator ein Minus von 2,64 Prozent. Das jedoch ist lediglich das nominale Minus. Beziehen Sie nun noch eine Teuerungsrate von 2 bis 3 Prozent per annum in Ihr Kalkül ein, wird das Ausmaß der zu erwartenden Verluste überdeutlich.

10. Unternehmen kaufen eigene Aktien zum denkbar schlechtesten Zeitpunkt zurück

Der Rückkauf eigener Aktien hat den Kurs vieler Unternehmen in den letzten Jahren beflügelt. Deshalb stellt sich die zentrale Frage, wann die Aktienrückkäufe zurückgefahren werden. Gemäß unserer Einschätzung sollte dies definitiv dann eintreten, wenn zehnjährige US-Staatsanleihen deutlich mehr als 3,5 Prozent Rendite abwerfen. Denn dann wird es empfindlich teurer, Aktienrückkäufe und Firmenübernahmen auf Pump zu finanzieren.

Buybacks and Dividends Paid vs. the SP500's Value

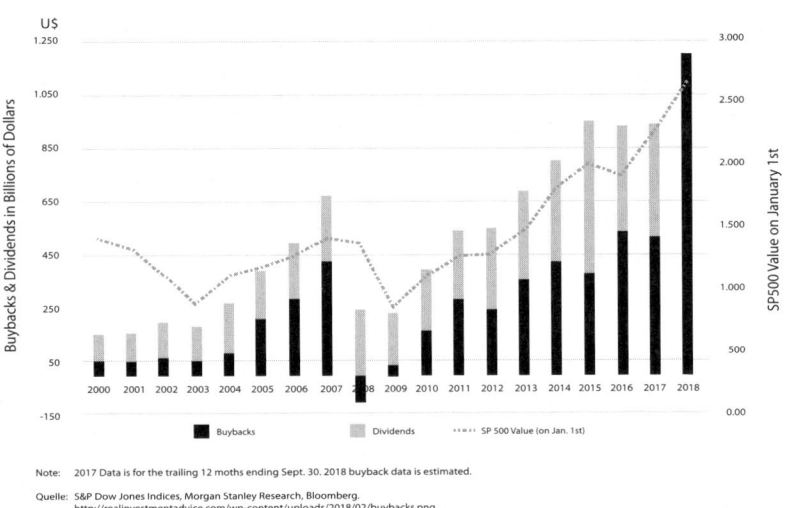

Note: 2017 Data is for the trailing 12 moths ending Sept. 30. 2018 buyback data is estimated.

Quelle: S&P Dow Jones Indices, Morgan Stanley Research, Bloomberg.
http://realinvestmentadvice.com/wp-content/uploads/2018/02/buybacks.png

Abbildung 13: Aktienrückkäufe plus Dividenden vs. S&P 500

Aktienrückkäufe und Übernahmen machen derzeit bis zu 40 Prozent des Handelsvolumens aus. Mehreren seriösen Schätzungen zufolge sollen Unternehmen einen erheblichen Teil der Auslandsgelder in den Rückkauf von Aktien investiert haben, die infolge von Steuererleichterungen in die USA zurückgeführt wurden. 2018 war ein Rekordjahr im Hinblick auf Aktienrückkäufe. Die US-Investmentbank JP Morgan Chase & Co. gibt an, dass US-Unternehmen für Aktienrückkäufe in diesem Jahr 1 Billion US-Dollar ausgegeben haben. Die Aktienkurse der Firmen haben davon profitiert. Dies dürfte einer der wesentlichen Gründe dafür gewesen sein, dass die US-Indizes 2018 besser liefen als so mancher ausländische Konkurrenz-Index.

Nur eines sollte dabei nicht vergessen werden: Die Aktienrückkäufe werden größtenteils über Kredite finanziert, und die Zinskosten haben sich in drei Jahren mehr als verdoppelt. Insgesamt liegt die Verschuldung der börsennotierten amerikanischen Unternehmen bei 14 Billionen US-Dollar. Deswegen geht Top-Ökonom David Stockman davon aus, dass deutlich höhere Zinsen die Unternehmensgewinne belasten werden und dass dieser Negativfaktor bisweilen von vielen Investoren nicht in deren Anlagestrategie berücksichtigt wird. Das bedeutet, in einer Inflation und danach verlieren diese Unternehmen langfristig an Wert. Viele Unternehmen kaufen eigene Aktien zum denkbar schlechtesten Zeitpunkt zurück. Man sollte Rückkäufe dann tätigen, wenn Unternehmen günstig bewertet sind. Das gleiche gilt für Übernahmen. De facto kaufen aber circa drei von vier Unternehmen zum falschen Zeitpunkt massiv eigene Aktien zurück und übernehmen auch Mitbewerber zu überteuerten Kursen. Wenn es dann zu einem Börsencrash kommt oder wenn die Gewinne durch eine Rezession fallen, dann bleiben die Schulden und Zinskosten bestehen, während der Wert der übernommenen Unternehmen oder der eigenen Aktien schrumpft. Das führt in der Regel zu signifikanten Kursverlusten, stark reduzierten Gewinnen und Bilanzen, die zunehmend gefährdet sind.

So haben allein die großen Technologie-Unternehmen Apple, Alphabet, Cisco, Microsoft und Oracle in den ersten drei Quartalen des laufenden Jahres eigene Aktien im Wert von 115 Milliarden US-Dollar zurückgekauft. Normalerweise sollten diese Technologie-Unternehmen einen Großteil ihrer Cash-Reserven dazu verwenden, neue und innovative Produkte auf den Markt zu bringen, um nicht eines Tages von einem neuen, technologisch stärker aufgestellten Unternehmen abgehängt zu werden. Stattdessen kaufen diese Unternehmen ihre eigenen Aktien zu absoluten Höchstständen zurück und verhageln sich auf diese Weise ihre bis dato soliden Bilanzen (vgl. Abbildung 14).

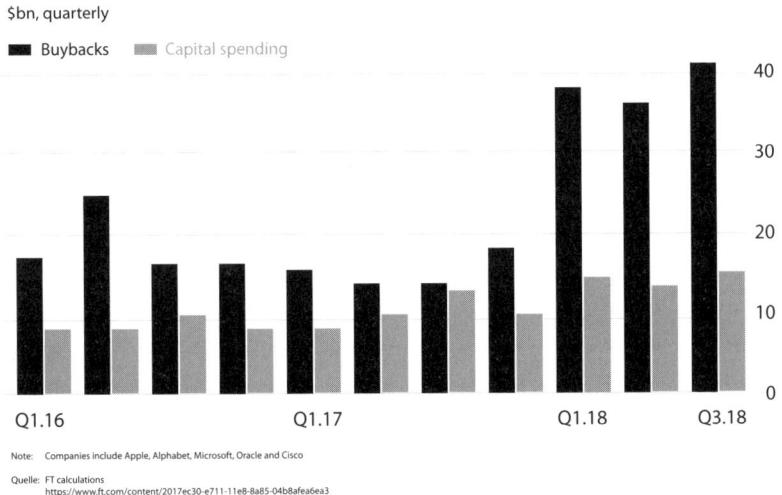

Five US tech companies with largest cash holdings

$bn, quarterly

■ Buybacks ■ Capital spending

Note: Companies include Apple, Alphabet, Microsoft, Oracle and Cisco

Quelle: FT calculations
https://www.ft.com/content/2017ec30-e711-11e8-8a85-04b8afea6ea3

Abbildung 14: Die Rückkäufe der fünf großen US-Technologieunternehmen im Verhältnis zu ihren Investitionen

Der Wert von Unternehmen, die in den vergangenen acht Jahren Gewinne reinvestiert haben, hat sich besser entwickelt als derjenige von Unternehmen, die im großen Stil Aktien zurückgekauft haben. Was geschieht, wenn die Aktienkurse dieser Unternehmen durch eben diese Rückkäufe nicht mehr künstlich gestützt werden? US-amerikanische Privat- und Firmenschulden haben schon längst die Topwerte der letzten großen Krise in den Jahren 2008 und 2009 übertroffen. Die US-Firmenschulden haben sich durch Aktienrückkäufe und Übernahmen auf mittlerweile 14,5 Billionen verdoppelt. Das gleiche gilt für die amerikanischen Staatsschulden. Leider lag das Wirtschaftswachstum seit 2010 nur bei 30 Prozent. Die Unternehmensgewinne sind seit 2010 um circa 67 Prozent gestiegen. Seit dem Crash von 2008/2009 ist der S&P 500 Aktienindex aber um 167 Prozent gestiegen. Dieses Re-Rating von Aktien führte zu historisch hohen Bewertungen, die wir bereits in früheren Börsenbriefen und in unserer Publikation *Erfolg im Crash* kommentiert haben.

Fazit

Es gibt viele Faktoren, die für einen Rückgang der Aktienkurse sorgen können – trotz Steuerreform in den USA und trotz einer von den Zentralbanken initiierten Geldschwemme. Unsere Kernbotschaft lautet: Seien Sie vorsichtig!

1.1 Ostasien und Schwellenländer-Debakel – zu hohe Schulden und steigender Finanzierungsbedarf in harten Währungen

> *»99 Prozent der Probleme, die unsere Gesellschaft bedrohen, kommen von einer zu optimistischen Buchhaltung.«*
>
> CHARLIE MUNGER

Zuallererst muss man die Dimension Chinas – als Wirtschaftsmacht und als Treiber der Weltwirtschaft – richtig einordnen. China ist, basierend auf der Kaufkraftparität, die wichtigste Wirtschaftsmacht der Welt. Betrachtet man lediglich das Bruttoinlandsprodukt (BIP), liegt die Wirtschaftsleistung bei beeindruckenden 12,2 Billionen US-Dollar (USA: 19,6 Billionen US-Dollar, Deutschland: 3,6 Billionen US-Dollar). Noch einfacher ausgedrückt heißt das: Das chinesische BIP liegt über dem kumulierten BIP der fünf größten EU-Volkswirtschaften (ohne Großbritannien).

Die ausgesprochen schlechte relative und absolute Performance des Shenzhen-Index seit 2016 muss hinterfragt werden. Anscheinend gibt es eine Korrelation zwischen der schlechten Börsenperformance und den Auftragseingängen. Auch die Kreditnachfrage scheint sich zu verlangsamen. Doch haben die Bank of China und das Zentralkomitee in der Vergangenheit bei jeder Wirtschaftsflaute den Geldhahn derart weit aufgedreht, dass die Wirtschaft immer wieder in Schwung kam. Das Geld wurde, nicht anders als in Japan oder Korea, vor den Krisen in Immobilien, Infrastruktur und in Industriegüter investiert – bis ein Maximum erreicht war und die betreffenden Länder wirtschaftlich kollabierten.

Ende 2018 befand sich Chinas Manufacturing Index auf dem tiefsten Stand seit Juli 2016. Der Purchasing Managers Index (PMI), ist einer der wichtigsten und verlässlichsten Frühindikatoren für die wirtschaftliche Aktivität eines Landes. Die Entwicklung im Jahr 2018 sollte definitiv Fragen zu den Perspektiven des Wirtschaftswachstums in China aufwerfen. Sowohl die Autoverkäufe als auch die Auslandsnachfrage sind gesunken. Noch scheint alles im grünen Bereich. Trotzdem sollte man eine Verlangsamung des Wachstums in der weltweit zweitgrößten Volkswirtschaft nicht unkommentiert lassen.

Es ist zu befürchten, dass China eine weitere Lockerung der Geldpolitik einleiten wird (vgl. Abbildung 15). In der letzten Oktoberwoche 2018 wurde in Pekings Politbüro darüber diskutiert. In einer Erklärung heißt es:»Die Führung schenkt den Problemen große Aufmerksamkeit und wird präventiv und rechtzeitig handeln.« Das Politbüro bekräftigte, dass China eine proaktive Steuerpolitik und eine umsichtige Geldpolitik aufrechterhalten werde und zugleich nach Lösungen suche, um privaten Unternehmen zu helfen.

China steckt in einem Dilemma. Wenn die Regierung nicht eingreift, könnten die jährlichen Wachstumsraten deutlich zurückgehen. Pumpt die Regierung dagegen Geld in den Markt, um die Wirtschaft anzukurbeln, dürfte der Yuan gegenüber dem Dollar deutlich an Wert verlieren. Das würde zwar dazu führen, dass China günstig exportieren kann. Andererseits dürfte dies den Handelskrieg mit den USA wieder in Fahrt bringen.

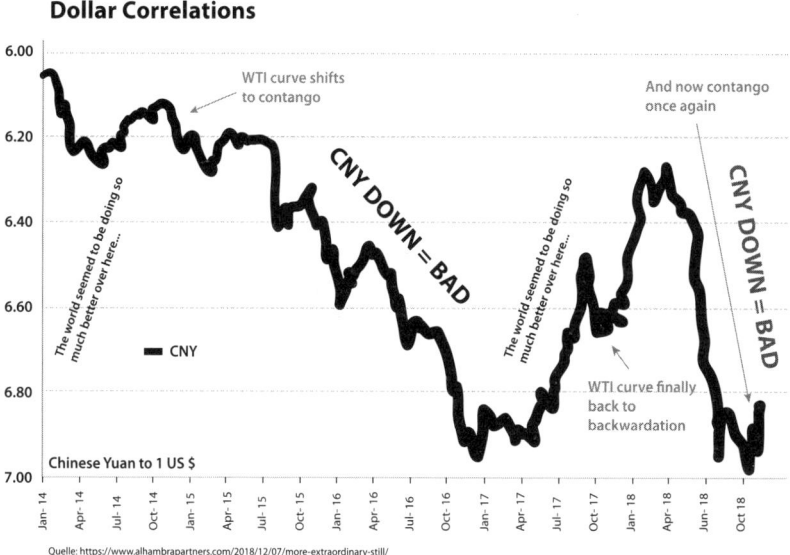

Quelle: https://www.alhambrapartners.com/2018/12/07/more-extraordinary-still/

Abbildung 15: Dollar/Yuan-Korrelation

Anfang November 2018 ergriffen Chinas Regierung und Zentralbank bereits Maßnahmen, um die aufkommende negative Stimmung einzudämmen. Dazu gehörten Schritte zur Erhöhung der Liquidität im Finanzsystem, Steuerabzüge für private Haushalte und gezielte Maßnahmen zur Unterstützung von Exporteuren. Bislang haben diese Maßnahmen noch keine weitreichende Wirkung erzielt. Bereits jetzt sind einige Risse im chinesischen Finanzsystem erkennbar. Der Lebensversicherer Anbang und die HNA-Gruppe wären ohne die Unterstützung und Intervention des chinesischen Staates womöglich bereits zahlungsunfähig. Immerhin kommen beide Unternehmen zusammen auf eine Bilanzsumme von mehr als 500 Milliarden US-Dollar. Das entspricht einem Drittel der Börsenkapitalisierung des DAX.

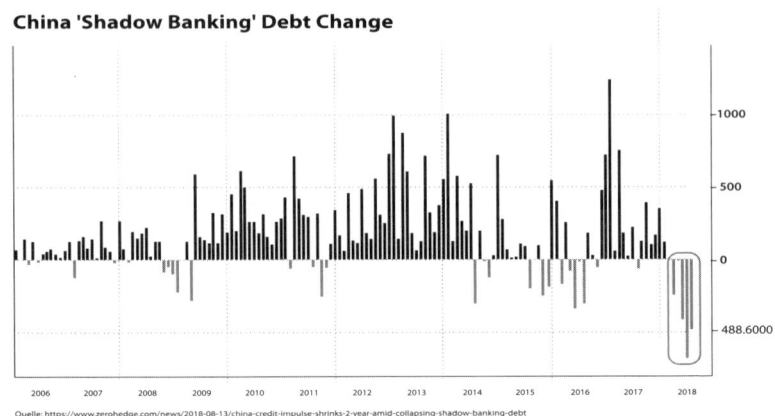

China 'Shadow Banking' Debt Change

Quelle: https://www.zerohedge.com/news/2018-08-13/china-credit-impulse-shrinks-2-year-amid-collapsing-shadow-banking-debt

Abbildung 16: Schulden im chinesischen Schattenbankensystem

Aufgrund ihrer schlechten Kreditprofile haben die Unternehmen und lokalen Gebietskörperschaften in Zukunft eigentlich kaum noch Chancen, Bankkredite oder andere Finanzierungsformen in großem Umfang zu erhalten. Allerdings ist damit zu rechnen, dass die chinesischen Behörden, falls erforderlich, zur Hilfe eilen werden – zum Beispiel über Liquiditätsspritzen der Zentralbank. Dies spricht dafür, dass die Geldmenge wieder ausgeweitet wird. Auch dürften demnächst womöglich viele Infrastruktur-Programme lanciert werden. Neu ist, dass China selektiv Steuererleichterungen einführen will – ganz nach amerikanischem Vorbild.

Diese fiskalischen und makroökonomischen Maßnahmen scheinen auch dringend nötig zu sein, um den Wachstumsmotor China anzuheizen. Denn mindestens drei wichtige Faktoren (Industrieproduktion, Anlagevermögen sowie Einzelhandelsumsätze) bestätigen eine deutliche Entschleunigung der Wirtschaftsdynamik.

Der in Abbildung 17 sichtbare Anstieg des Zinsniveaus in chinesischen Junk Bonds stellt ein ernstzunehmendes Alarmsignal dar. Die Grafik bestätigt gewissermaßen unsere Annahme, dass es in China tatsächlich brodelt. Stellen Sie sich vor, die Zinsen für amerikanische Junk Bonds wären in sieben Monaten von 6,5 auf 10 Prozent gestiegen und die Verzinsung der europäischen Junk Bonds von 2 auf 6 Prozent. Das würde in Amerika und Europa an den Börsen zu einer Katastrophe führen.

Topping 10%
Chinese and Asian junk bond indexes hit multi year highs as defaults spook

■ Chinese corporate dollar junk yield   ▨ Asia corporate dollar junk yield

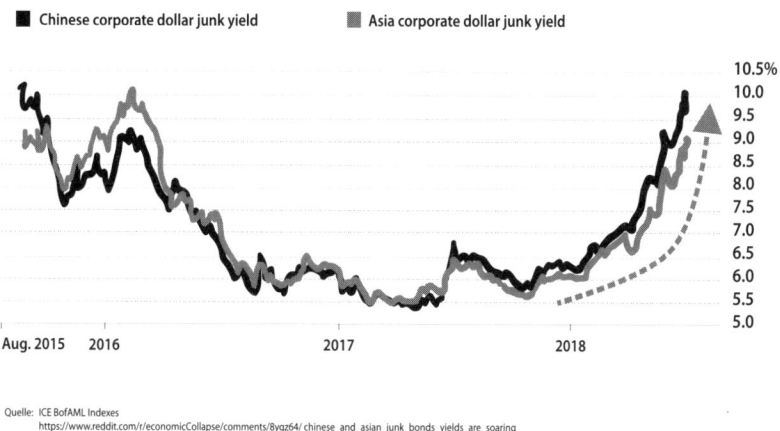

Quelle: ICE BofAML Indexes
https://www.reddit.com/r/economicCollapse/comments/8ygz64/ chinese_and_asian_junk_bonds_yields_are_soaring

Abbildung 17: Steigende Zinsen sowohl bei chinesischen als auch bei gesamtasiatischen Anleihen

Wie sollen die extrem verschuldeten chinesischen Firmen mit Zinskostensteigerungen von mehr als 70 Prozent umgehen? Wie sollen sie dies vor allem dann bewerkstelligen, wenn sich die klassischen Absatzmärkte (USA und Europa) gleichzeitig ihren Produkten und Dienstleistungen verschließen? Wie lange können die wesentlichen westlichen Börsen den offensichtlichen Anstieg der Risikoprämien im bedeutendsten Weltwirtschaftsraum noch ignorieren?

Auf den ersten Blick erscheint wenig nachvollziehbar, dass die Renditen auf chinesische Staatsanleihen so niedrig sind. Denn die Staatsverschuldung ist mit einer Quote von circa 50 Prozent im Verhältnis zum BIP moderat geblieben. Das war in Spanien vor dem Kollaps tatsächlich auch so. Spanien war mit einer Staatsverschul-

dungsquote von circa 50 Prozent des BIP vor der Krise nicht überschuldet. Bedauerlicherweise hatte aber zugleich die Verschuldung
der Banken, der Steuerzahler und vieler Unternehmen ein bedrohli-
ches Level erreicht – fast genauso wie aktuell in China. Der Zinssatz
für zehnjährige chinesische Staatsanleihen beläuft sich auf »nur«
3,45 Prozent. AAA-Unternehmensanleihen rentieren mit 5,3 Prozent.
  Teilweise zweistellige Wachstumsraten wie in der Vergangenheit
zu erreichen (vgl. Abbildung 18), ist für die chinesische Wirtschaft in
Zukunft ausgeschlossen. Mittelfristig wird man sich mit Wachstumsraten um die 5 Prozent anfreunden müssen. Aller Wahrscheinlichkeit
nach kommt es ab 2019 zu einer Verlangsamung.

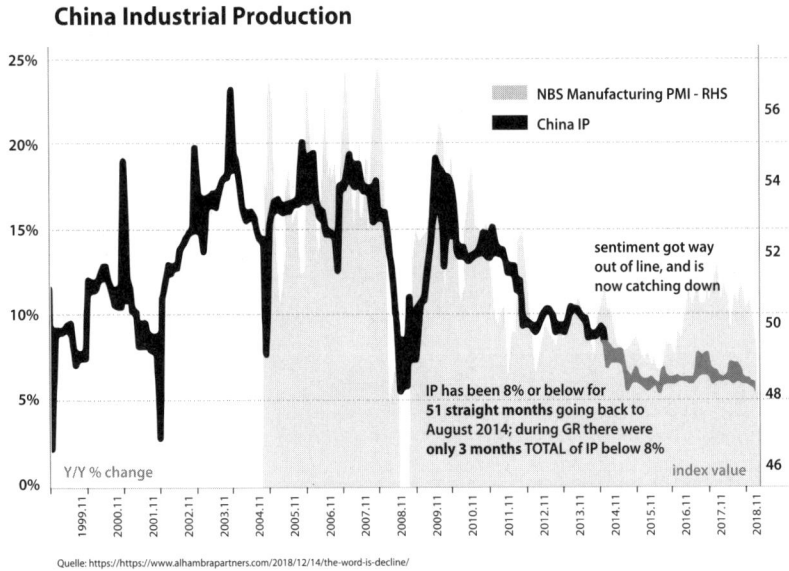

Abbildung 18: Industrieproduktion Chinas

Die Einzelhandelsumsätze (vgl. Abbildung 19) nähern sich aktuell
dem Niveau an, das vor der Subprime-Krise 2008/2009 herrschte.
Damals kam Chinas Wirtschaft mit einem blauen Auge davon. Diesmal sind die Vorzeichen jedoch andere. Allein der chinesische Immo-

bilienmarkt ist völlig überhitzt. Darauf gehen wir an späterer Stelle noch ausführlich ein. Ein rasanter Einbruch ließ sich im weltweit größten Absatzmarkt für Autos seit Beginn des Jahres 2018 ebenfalls beobachten (siehe Abbildung 20). Besonders in kleinen Städten, welche eigentlich nach und nach vom Wohlstandswachstum Chinas profitieren sollten, ist diese Verlangsamung besonders deutlich zu erkennen.

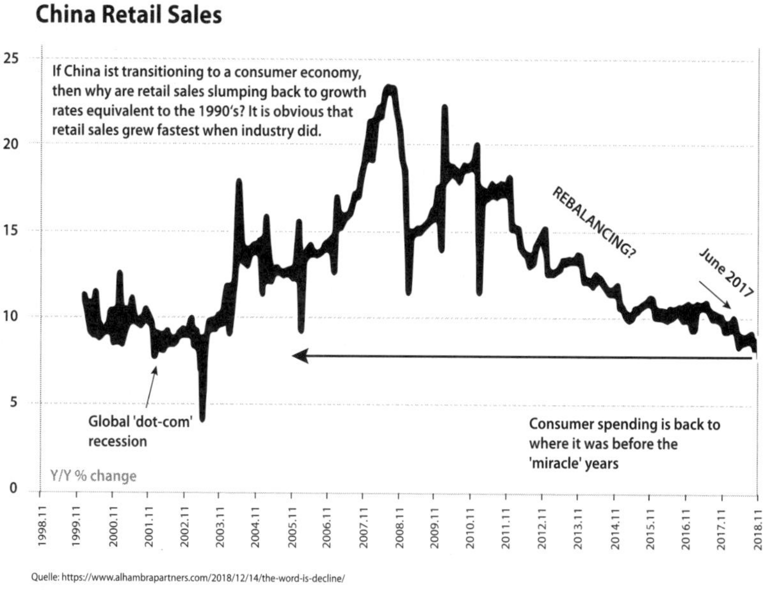
China Retail Sales
If China ist transitioning to a consumer economy, then why are retail sales slumping back to growth rates equivalent to the 1990's? It is obvious that retail sales grew fastest when industry did.
REBALANCING?
June 2017
Global 'dot-com' recession
Consumer spending is back to where it was before the 'miracle' years
Y/Y % change
25
20
15
10
5
0
1998.11
1999.11
2000.11
2001.11
2002.11
2003.11
2004.11
2005.11
2006.11
2007.11
2008.11
2009.11
2010.11
2011.11
2012.11
2013.11
2014.11
2015.11
2016.11
2017.11
2018.11
Quelle: https://www.alhambrapartners.com/2018/12/14/the-word-is-decline/

Abbildung 19: Verkaufsumsätze im chinesischen Einzelhandel

Sollte China die Spitze seiner Automobilverkäufe bereits erreicht haben, hätte dies auch für die deutschen Autohersteller und für eine Reihe von Zuliefererbetrieben ernsthafte Folgen. Diese Sorgen lassen sich an den massiven Kursverlusten zahlreicher deutscher Zulieferer aus dem MDAX und SDAX bereits erkennen. Zwischen 2016 und 2018 hat die Branche fast 40 Prozent an Börsenwert verloren.

Has China Reached Peak Automobile?

Annual car sales growth in China from 2009 to 2018

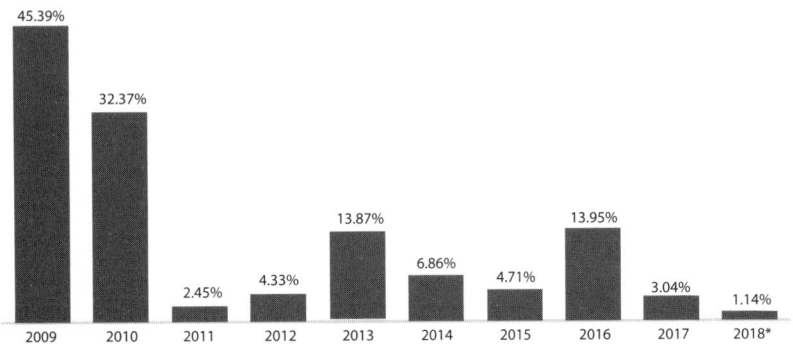

* 2018 represents this year through September compared with the same period last year.

Quelle: Bloomberg
https://www.statista.com/chart/15783/annual-car-sales-growth-in-china

Abbildung 20: Hat China die Spitze des Automobilbooms schon erreicht?

Quelle: https://www.zerohedge.com/news/2017-12-14/global-deflation-alert-chinese-credit-creation-tumbles-27-month-low-why-matters

Abbildung 21: Chinas Kreditvergaben versus Immobilienpreise

Vergangenen Herbst rollte eine Welle von Protesten durch mehrere chinesische Städte. Die Demonstranten wandten sich gegen die sinkenden Wohnungspreise. In Shanghai sollen Demonstranten das Verkaufsbüro einer Immobiliengesellschaft verwüstet haben. Ähnliche Vorfälle soll es laut *Financial Times* auch in Xiamen, Guiyang und einer Reihe kleinerer Städte gegeben haben. Die Wut der Demonstranten rührt offenbar daher, dass sie im vergangenen Jahr Wohnungen zu Höchstpreisen gekauft haben und dass gleichwertige Immobilien jetzt deutlich billiger auf den Markt kommen. Die Zeitung beruft sich auf mehrere Online-Berichte, die aber schnell von der staatlichen Zensur entfernt worden sein sollen. Zugleich gingen die Verkaufszahlen während der traditionell starken »goldenen Woche« Anfang Oktober 2018 um 27 Prozent gegenüber dem Vorjahr zurück. Die Immobiliengesellschaften, die 2017 noch Rekordpreise auf Grundstücksauktionen zahlten, versuchen der schwachen Nachfrage nun mit Rabatten zu begegnen. Das in Shanghai angegriffene Unternehmen soll Käufern neuer Wohnungen 25 Prozent Abschlag auf den Listenpreis angeboten haben. Diejenigen, die mehr bezahlt haben, fühlen sich nun betrogen und fordern eine nachträgliche Entschädigung. Außerdem solle die Regierung eingreifen, um den Markt zu stützen. Die Verunsicherung der Immobilieneigentümer ist nachvollziehbar. Sinken die Preise, sinkt auch der Wert ihrer Kreditsicherheiten. In den vergangenen Jahren hat der Staat die Aufs und Abs des Immobilienmarkts immer wieder gedämpft, der einen Großteil der Volkswirtschaft, des Privatvermögens und vor allem der Schulden ausmacht. Zuletzt ergriff der Staat aber eher Maßnahmen gegen zu stark steigende Preise. So wurden die Banken zu härteren Bedingungen bei der Kreditvergabe angehalten und die Haushaltsmittel für Stadtsanierungen gekürzt.

Die Bilanzsumme der chinesischen Banken hat sich seit der Subprime-Krise 2008 verfünffacht. Das ist größtenteils auf die Kreditvergabe zurückzuführen. Vergleicht man diese Zahlen mit Europa und den USA, fällt es nicht schwer, ein enormes Ungleichgewicht festzustellen. Ein solcher Anstieg weist eindeutige Parallelen zur Immobilienblase in den USA auf. Fallen zwischen 6 und 8 Prozent dieser Kredite aus, verlieren die Banken ihr komplettes Eigenkapital. China hat immer noch alarmierend viele leerstehende Immobilien, wie eine Analyse des Satelliten-Anbieters DigitalGlobe zeigt. Offizielle Daten gibt es darüber ansonsten nicht. Wang Jianlin, bis 2016 reichster Mann Chinas und Gründer der mittlerweile in die Schlagzeilen geratenen Wanda Group, bezeichnet den chinesischen Immobilienmarkt als »größte Blase in der Geschichte«. Laut Wang besteht das Hauptproblem darin, dass die Preise in den großen chinesischen Metropolen wie Shanghai weiter steigen, in tausenden von kleineren Städten, in denen eine große Anzahl von Immobilien leer steht, sind sie allerdings während der vergangenen zwei Jahre massiv gefallen. Seine Wanda Group, die in ganz China riesige Einkaufszentren und Bürokomplexe entwickelte, hat das Immobiliengeschäft schrittweise reduziert.

Fazit

Die chinesische Immobilien-, Anleihen- und Wachstumsblase hat sich aus unserer Sicht noch in keiner Weise an den westlichen Börsen niedergeschlagen. Das Thema befindet sich nicht auf dem Radarschirm der meisten Anleger. Themen wie der drohende Handelskrieg und die vermehrten Zölle werden hingegen überbewertet. Noch überraschender ist für uns, dass sich der Sydney Stock Exchange Index nahe eines Allzeithochs befindet, obwohl Australien wirtschaftlich sehr stark mit Asien verbunden ist und sich dort – aus unserer Sicht – eine stark aufgeblähte Immobilienblase gebildet hat. Gelegentlich bekommen unsere Medien große Pleiten mit, so etwa die der Unternehmen HNA und Wanda. Sie steigen dann aber nicht tiefer in die Problematik ein, die zu den entsprechenden Insolvenzen geführt hat. Vielleicht wird diese Problematik auch deshalb ignoriert, weil die Staatsverschuldung – im Gegensatz zur Privatverschuldung und der Verschuldung der Unternehmen – nicht besonders hoch ist.

Insgesamt kommt der chinesische schwarze Schwan dem Ufer immer näher. Noch wird die China-Problematik nicht ausreichend wahrgenommen. Das liegt zum Teil an der Verzögerung eines Zusammenbruchs in den USA und Europa aufgrund minimaler Zinsen und der US-Steuerreform. Es liegt zudem auch an einer gewissen gutgläubigen Überzeugung, dass die Chinesen ihre ernsten Herausforderungen auch dieses Mal wieder in den Griff bekommen. Wir haben den Eindruck, dass China den Überblick verloren hat und die Probleme einer eklatanten Verschuldung, fehlgelaufener Investments sowie anderer Fehlallokationen nur weiter vor sich herschiebt.

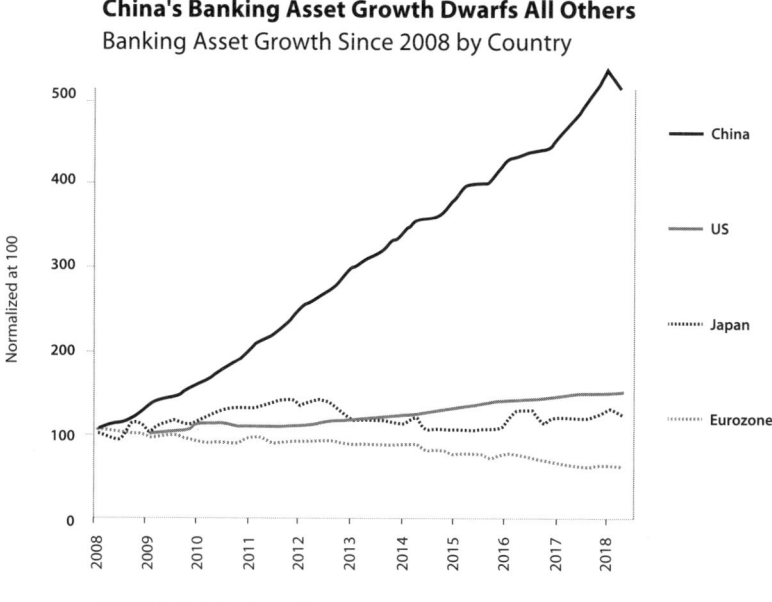

Abbildung 22: Wachstum der Assets von Banken seit 2008

Die chinesischen Maßnahmen bestehen vor allem in folgenden Schritten: Steuerreform, Geld drucken, die Nachfrage durch liberale Kreditanforderungen ankurbeln und weiter massiv in die eigene Infrastruktur investieren. Diese größtenteils künstlichen Maßnahmen lösen keine fundamentalen Probleme. Sie könnten aber dazu führen, dass der von uns antizipierte Crash in einen Verfall übergeht, der dem Japans gleicht. Am Gesamtbild ändert eine solche Wirtschaftskosmetik relativ wenig. Die Probleme, die eine Regierung vor sich herschiebt, werden mit jedem Tag größer.

Halten Sie in diesem Umfeld bestenfalls nur höchst selektiv asiatische Emerging-Market- oder chinesische Schrott-Anleihen, weil höchstwahrscheinlich eine Pleitewelle bevorsteht. Nebenbei lässt sich feststellen, dass ein Anstieg der Zinsspanne zwischen Staatsanleihen und Schrottanleihen ein nützlicher Frühindikator sein kann.

Südkorea

Südkorea wirft relativ unerwartet Fragen auf. Südkoreas Industrieproduktion fiel 2018 um 8,4 Prozent und lag damit weit unter der Konsensschätzung von -5,4 Prozent und erreichte den tiefsten Stand seit März 2009 (siehe Abbildung 23).

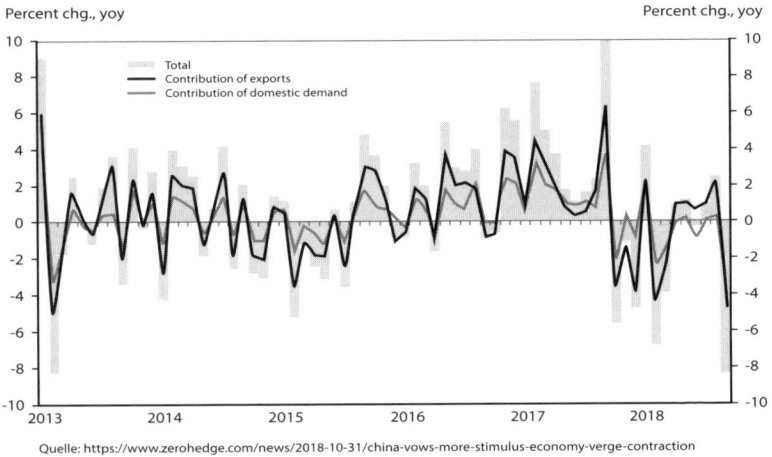

Quelle: https://www.zerohedge.com/news/2018-10-31/china-vows-more-stimulus-economy-verge-contraction

Abbildung 23: Südkoreas Industrieproduktion

Der Rückgang war bei elektronischen Bauteilen (-7,8 Prozent) und bei elektrischen Geräten (-6,0 Prozent) besonders ausgeprägt. Auch der Automobilsektor mit starken Marken wie Hyundai und Kia (-4,8 Prozent) hat zum Rückgang beigetragen. Dieser Abschwung deutet darauf hin, dass weltweit einige der wichtigsten Sektoren vor einer Verlangsamung des Wachstums stehen. Südkorea steht dabei an der

Front zwischen den USA und China. Noch immer sind 30.000 amerikanische Soldaten in Südkorea stationiert. Seit Trumps Amtszeit hat die Aufrüstung in Südkorea deutlich zugenommen. Andererseits werden 25 Prozent der südkoreanischen Waren nach China exportiert. Hier besteht reichlich politischer Zündstoff: Südkorea, das sowieso als Brückenkopf Amerikas auf dem asiatischen Kontinent fungiert, toleriert die US-Aufrüstung. Dies gefällt China natürlich nicht.

Japan

Mitte der 1980er-Jahre galt Japan als die dynamischste Volkswirtschaft der Welt und seine Hersteller als die dominierenden industriellen Produzenten auf dem ganzen Globus. Japans BIP-Wachstum betrug in den vorangegangenen 30 Jahren, trotz eines leichten Abschwungs nach dem ersten Ölschock in den 1970er-Jahren, im Durchschnitt rund 7 Prozent pro Jahr und stieg Mitte der 1980er-Jahre um rund 4 Prozent. »Japan als Nummer Eins«, so wurde die Ära bezeichnet. Doch diese Ära gipfelte in einer unrühmlichen (Vermögens-)Blase, das Wirtschaftswachstum erwies sich als nicht nachhaltig.

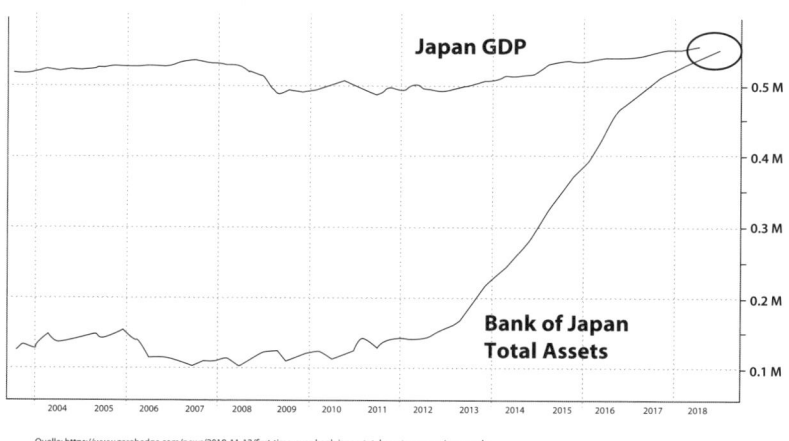

Quelle: https://www.zerohedge.com/news/2018-11-12/first-time-ever-bank-japan-total-assets-surpass-japans-gdp

Abbildung 24: Bruttoinlandsprodukt von Japan versus Vermögenswerte der Bank of Japan

Infolge ausgeweiteter Anleihenkäufe bleibt die japanische Zentralbank jetzt auf Vermögenswerten sitzen, die mehr wert sind als die gesamte Volkswirtschaft des Landes. Die von der Bank of Japan Mitte November veröffentlichten Daten belegen: Ihre Gesamtbestände liegen bei 553,6 Billionen Yen (4,9 Billionen US-Dollar), nachdem jahrelang Geld gedruckt wurde, um die stagnierende Wirtschaft des Landes voranzubringen. Die Bank of Japan hat Vermögenswerte erworben, die 100 Prozent der japanischen Produktion entsprachen. Dies führte zu einem schwächeren Yen, zu einem fünfjährigen Wirtschaftswachstum und zu einem Rückgang der Arbeitslosenquote auf 2,3 Prozent. Die Jahre der starken Stimulierung haben Teile der Finanzmärkte Japans verzerrt. Die Zentralbank sieht sich mit schwindenden Handlungsoptionen konfrontiert. Sie kann kaum noch etwas tun, im Falle einer neuen Krise das Wachstum zu steigern. Es ist jedoch unwahrscheinlich, dass der bestehende Krisenmodus bald beendet wird. Die Bank of Japan hat den größten Teil des enormen Bestands an Vermögenswerten ab dem Jahr 2013 angehäuft, als ihr Vorsitzender Haruhiko Kuroda einen beispiellosen Plan zum Kauf von Staatsanleihen in großem Umfang umgesetzt hat. Das Ziel bestand darin, durch eine Absenkung der Zinssätze Verbraucher und Unternehmen zu ermutigen, mehr Geld auszugeben. Dieser Schritt ähnelte den außerordentlichen geldpolitischen Lockerungsprogrammen, die in den USA und in Europa nach der globalen Finanzkrise aufgelegt wurden. Die Bilanzsumme der US-Notenbank beläuft sich auf etwa ein Fünftel des US-BIP, und die Bilanz der europäischen Zentralbank liegt etwa in der Größenordnung von 40 Prozent der Wirtschaft in der Eurozone. Japan konnte Anfang 2018 noch das größte Wirtschaftswachstum seit Jahrzehnten verzeichnen, doch dieses Wachstum ist bereits wieder Geschichte. Laut den zuletzt veröffentlichten Regierungsdaten schrumpfte die Wirtschaft im dritten Quartal 2018 mit einer annualisierten Rate von 1,2 Prozent. Trotz der massiven Anleihenkäufe der Zentralbank und anderer ungewöhnlicher Maßnahmen wie der Einführung von Negativzinsen blieb die Inflation hartnäckig weit unter dem Ziel von 2 Prozent. Die Bank of Japan sagte kürzlich, sie werde die langwierigen Bemühungen nicht beenden, bis dieses Ziel erreicht ist. Das Hauptproblem, das auf diese Weise bekämpft werden soll, bekommt jedoch weder die Zentralbank noch die Regierung dauerhaft in den Griff: die Deflation, also den Verfall der Preise. Zwar sinken die Preise mittlerweile kaum noch oder es sind nur noch moderate Preissenkungen zu beobachten; gleichwohl gibt es kaum Grund zur Entwarnung. Denn je weniger Waren gekauft werden, desto eher sinken die Preise. Dadurch wiederum sinken die Gewinne der Firmen, die immer weniger investieren und ihren Beschäftigten immer niedrigere Löhne zahlen. Und im schlimmsten Fall horten dann alle nur noch Geld – Firmen wie Verbraucher.

Bei einem Crash am Aktienmarkt wird viel Geld – nämlich das der Aktienbesitzer – vernichtet. Dies führt dann mit großer Wahrscheinlichkeit zu einer Deflation. In Zeiten der Deflation gewinnt Bargeld an Wert, wogegen Sachanlagen an Wert verlieren. Dies ergibt sich daraus, dass die Aktien nur noch den Bruchteil ihres vorherigen Wertes haben und die Geldbesitzer – wenn sie es denn wollen – diese Aktien nun zu einem sehr niedrigen Wert kaufen können. Da nur die wenigsten Menschen Aktien besitzen und den größten Teil ihres Vermögens in Festgeld und ähnlichen Anlagen halten, werden sie von diesem Aktiencrash zunächst nicht betroffen sein. Es kann allerdings sein, dass die entsprechenden Firmen durch den Aktiencrash in Schwierigkeiten geraten und deshalb die Arbeitslosigkeit steigt. Dies wiederum führt zu einem Einbruch der Nachfrage nach anderen Sachgütern, sodass deren Preise in der Theorie sinken müssten. Es beginnt also ein klassischer Deflations-Zyklus, der für die Wirtschaft sehr negative Folgen haben kann. Der Investor jedoch, der über ausreichende Mengen an Bargeld auf seinen Konten verfügt, kann dies leicht überstehen, weil sein Geld durch die Deflation an Wert gewinnt und die Sachwerte zugleich an Wert verlieren. Mit derselben Summe kann folglich mehr gekauft werden. Zu den betroffenen Sachwerten gehört allerdings leider auch der Sachwert Arbeitskraft, denn es kommt in diesem Zyklus dann auch mit hoher Wahrscheinlichkeit zu beachtlichen Lohnsenkungen. Allerdings schießt das Angebot durch die Decke, wenn Investoren ihre Sachwerte möglichst schnell verschleudern möchten – sei es aus Angst oder sei es, weil sie ihre Schulden (deren Wert ebenfalls mit der Deflation steigt) bedienen müssen.

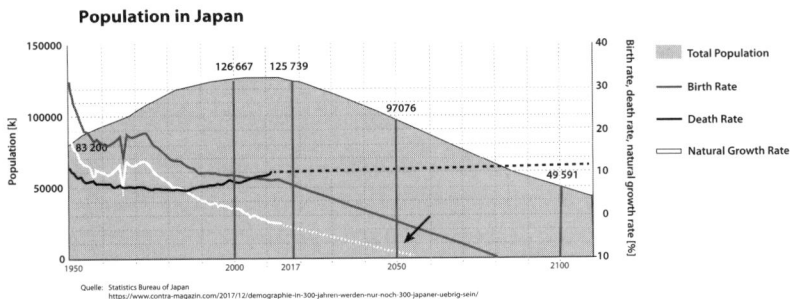

Abbildung 25: Übersicht und Ausblick über die Bevölkerungsentwicklung in Japan

Negative Zinssätze haben in Japan die Gewinnmargen gedrückt, und die riesigen Anleihekäufe haben den regulären Handel auf dem einst lukrativen Anleihemarkt praktisch zum Erliegen gebracht.

Zudem ist das Land massiv überaltert. Im Jahr 2017 lebten bereits 66.000 über Hundertjährige in Japan, etwa so viele, wie eine mittlere deutsche Stadt Einwohner hat. Von den Hochbetagten waren 87,5 Prozent Frauen. Zudem arbeiten mittlerweile 40 Prozent der Arbeitskräfte als sogenannte Hiseiki, als »Nicht-Reguläre«, und nehmen selten mehr als eine Woche pro Jahr frei. Das kollektive Altern verändert auch das Konsumverhalten. Lange verdienten die Konzerne ihr Geld vorwiegend auf dem heimischen Markt, und mit diesem Geld finanzierten sie dann ihre Exportoffensiven. Doch mit der Bevölkerung schrumpft auch der heimische Absatzmarkt. Allein Toyota verkaufte in Japan 2015 rund 200.000 Autos weniger als zehn Jahre zuvor. Verschiedene Faktoren haben das Wachstum japanischer Unternehmen im Vergleich zu internationalen

Konkurrenten beeinträchtigt. Dazu gehören ein Einbruch der Binnenkonjunktur, Langsamkeit bei der Deregulierung, Versagen bei der Nutzung von Online-Geschäften, eine konservative Denkweise unter den Führungskräften und fehlendes Fachpersonal im grenzüberschreitenden Geschäft, was zum Teil auf mangelnde Fremdsprachenkenntnisse zurückzuführen ist. Unternehmen, die hinter den Zeiten zurückbleiben, verschwenden letztendlich das verfügbare Kapital und die Humanressourcen und behindern dadurch Wachstum und Innovation in der gesamten japanischen Wirtschaft.

Eine ähnliche Entwicklung könnte auch China eines Tages nehmen. Chinas Entwicklung im Laufe der vergangenen 15 Jahre ähnelt der Entwicklung Japans in den 1980er-Jahren. Japan erlebte damals ein unbeschwertes Zeitalter des schnellen Wachstums mit einer Regierung, die nationale Champions staatlich finanzierte und es zudem unterstützte, den Marktzugang von Ausländern zu beschränken. Der Wert der Unternehmen wuchs binnen weniger Jahre auf mehrere Hundert Milliarden Dollar an. Auch demographische Faktoren, herbeigeführt durch die Ein-Kind-Ehe, könnten in China in einigen Jahrzehnten zu einer ähnlichen Vergreisung der Gesellschaft führen wie in Japan.

Fazit

Den »Emerging and Developing Markets« steht in den kommenden fünf bis sechs Jahren eine noch nie dagewesene Finanzierungswelle bevor (vgl. Abbildung 26). Diese Belastung könnte zu einem ähnlichen Zeitpunkt eintreten wie bei der Refinanzierung der US-Staatsanleihen. In den Emerging Markets müssen bis Mitte 2023 Anleihen im Wert von circa 5,7 Billionen US-Dollar refinanziert werden. Zudem sind selbst diese Zahlen mutmaßlich noch geschönt, da Faktoren wie Schattenbankensysteme bei den entsprechenden Berechnungen komplett unberücksichtigt geblieben sind.

Bond redemptions in emerging nations are growing sharply
(total including government and corporate bonds, in trillions of dollars)

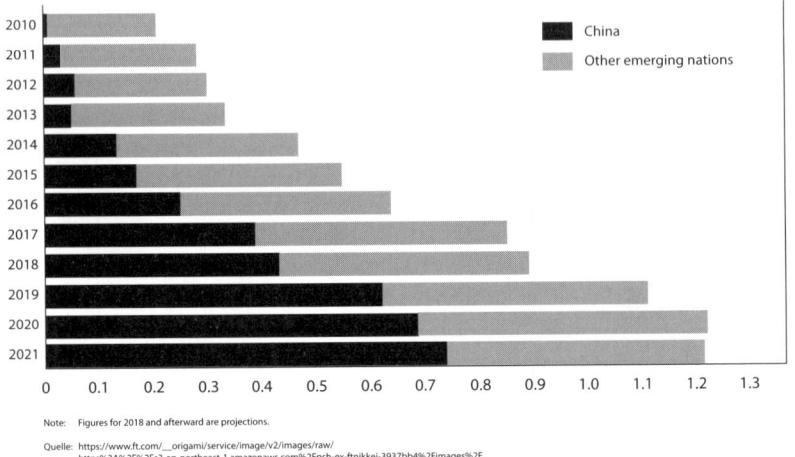

Note: Figures for 2018 and afterward are projections.

Quelle: https://www.ft.com/__origami/service/image/v2/images/raw/
         https%3A%2F%2Fs3-ap-northeast-1.amazonaws.com%2Fpsh-ex-ftnikkei-3937bb4%2Fimages%2F_
         aliases%2Farticleimage%2F2%2F6%2F3%2F9%2F15119362-1-eng GB%2FBond_redemptions_in_emerging_nations_are_growing_sharply-bar_
         chart-ft-nar-themelarge-580x458.png?source=nar-cms

Abbildung 26: Eine Refinanzierung im Umfang von rund 5,7 Billionen US-Dollar wird in den Emerging Markets bis 2023 nötig.

1.2 Rekordschulden und Haushaltsdefizite in den entwickelten Ländern

»Die Verbindlichkeiten stimmen zu 100 Prozent. Es sind die Vermögenswerte, über die du dich sorgen solltest.«

CHARLIE MUNGER

Vereinigte Staaten

Der globale Junk-Bond-Markt (der Markt der Hochzinsanleihen) erreicht aktuell eine Größe von circa 2,5 Billionen US-Dollar. 2007, bei Ausbruch der Subprime-Krise, lag dieser Wert bei knapp 1 Billion

US-Dollar. Das weltweite Zinsniveau ist seit Beginn der Datenerfassung auf einem absoluten Tiefstand. Eine eigentlich dringend notwendige Anhebung erscheint allerdings vor allem in Europa äußerst unwahrscheinlich, weil die sogenannten Peripherieländer (Portugal, Irland, Italien, Griechenland und Spanien) bei einem Zinsanstieg sofort zahlungsunfähig wären. Bereits seit Ende 2014 klafft eine Lücke zwischen dem inneren Wert der Indizes und ihrer aktuellen Bewertung am Kapitalmarkt. Seit dieser Zeit stiegen die weltweit größten Indizes durchschnittlich um weitere 40 Prozent, während die Weltwirtschaft lediglich Wachstumsraten im niedrigen einstelligen Prozentbereich aufwies. Auf klassische Korrelationsanalysen kann derzeit nur sekundär zurückgegriffen werden, primär scheinen vor allem die Gelddruckaktivitäten der führenden Zentralbanken als Trigger für eine massive Überbewertung der Märkte verantwortlich zu sein. In der Depression nach der Subprime-Krise 2008/2009 gaben die globalen Zentralbanken circa 120 Milliarden US-Dollar pro Monat in den Geldkreislauf. Aktuell liegt dieser Betrag bei etwas unter 200 Milliarden US-Dollar. Die Geldschwemme hat in den Märkten seit 2012 dazu geführt, dass sich selbst unrentable Unternehmen zu günstigen Konditionen refinanzieren konnten. Nichtsdestotrotz wird sich das Gelddrucken in den nächsten Jahren deutlich verlangsamen. Die US-Notenbank hat angekündigt, ihre überstrapazierte Bilanz im kommenden Jahr abbauen zu wollen – die Schulden liegen beim 77-fachen des Eigenkapitals. Um Geld in den Wirtschaftskreislauf zu bringen, will die Fed Anleihen verkaufen, die sie in den vergangenen Jahren gekauft hat. Ab 2019 wird die Bilanz um circa 60 Milliarden US-Dollar monatlich abgebaut werden. Die Steuerreform in den USA soll die Unternehmen entlasten und die US-Wirtschaft mit circa 0,5 Prozent Wachstum pro Jahr beflügeln. Dieser Effekt dürfte jedoch zum Teil durch die Ausgaben der Unternehmen für höhere Zinsen ausgebremst werden. Viele Hoffnungen werden aktuell auf die Industrie 4.0 und die Digitalisierung gelegt. Betrachtet man jedoch die letzten 400 Jahre Finanzgeschichte, wird deutlich, dass Innovationen die Wirtschaft zwar langfristig prägen, dass jedoch massive Überbewertungen und Faktoren wie stagnierende Unternehmensgewinne oder ein fehlendes Wachstum des Produktionsvolumens nicht langfristig von Kapitalmärkten toleriert werden können. Es ist eine Frage der Zeit, bis der Schuldenberg implodiert. Die Mehrzahl der Investoren nimmt diese erheblichen Risiken allerdings nicht wahr oder stimmt zumindest ihr Investitionsverhalten nicht darauf ab. Nun steht der Anfang einer großen Neu- und Refinanzierungswelle bevor (vgl. Tabelle 2). Wir haben für diese Berechnung alle Daten aus über 50 verschiedenen Quellen berücksichtigt, die wir ausfindig machen konnten. Weltweit kommen wir auf ein Refinanzierungsvolumen von ungefähr 11,3 Billionen US-Dollar bis ins Jahr 2023.

Tabelle 2: Globale Übersicht über Refinanzierung und Neuverschuldung

Region	Land: jährl. Refinanzierung	Land: jährl. Neuverschuldung	Unternehmen: jährl. Refinanzierung	Unternehmen: jährl. Neuverschuldung
USA	1,2 Billionen Dollar	1,1 Billionen Dollar	1,1 Billionen Dollar	0,4 Billionen Dollar
Europa	1,27 Billionen Dollar	0,3 Billionen Dollar	1,15 Billionen Dollar	0,2 Billionen Dollar
Asien/EM	1,21 Billionen Dollar	1,4 Billionen Dollar	1,34 Billionen Dollar	0,6 Billionen Dollar
Total USA & EU: 6,72 Billionen Dollar				
Total alle zusammen: 11,27 Billionen Dollar				

Quelle: Eigene Darstellung

Was wäre, wenn die Zinsen zu schnell steigen? Würde die US-Notenbank Fed dann einen Rückzieher machen? Wie würden die Märkte auf eine solche Kehrtwende reagieren? Würde das Vertrauen in die Glaubwürdigkeit und Allmacht der Fed einbrechen oder liefe die Rallye weiter? Bereits jetzt fleht der Chef der indischen Zentralbank, Urjit Patel, die Fed-Vorstände an, mit dem Ausstieg aus der ultralockeren Geldpolitik auszusetzen, weil so viele Länder die steigenden US-Dollar-Zinsen nur schwerlich bedienen können. Belastend kommt hinzu, dass die meisten Emerging-Market-Währungen gegenüber dem US-Dollar deutlich an Wert verloren haben und dass sich institutionelle Anleger aus diesen Ländern zurückziehen.

Wir können nicht mit Gewissheit behaupten, dass ein möglicher Zinsschock in den USA nicht doch durch die globale Akkumulation der höher verzinsten US-amerikanischen Staatsanleihen aufgefangen wird. Dagegen spricht zumindest, dass einige Länder wie zum Beispiel China und Russland wenig begeistert sind von ihren »amerikanischen Freunden«. Sie werden ihre Positionen an US-Staatsanleihen nicht weiter aufbauen beziehungsweise haben diese bereits abgebaut. Auch wenn sämtliche US-Staatsanleihen ohne größere Probleme von Nicht-Amerikanern aufgesaugt werden würden, wäre eine weitere Stärkung des US-Dollars wahrscheinlich. Das schadet wiederum den Ländern und den Gesellschaften, die sich seit 2009 überproportional in US-Dollar verschuldet haben. Immer wieder vernimmt man Kommentare, wonach die US-Währung ihre Funktion als Welt-Reservewährung bald verlieren wird. So weit ist es noch nicht, meinen wir, obwohl sich die USA alle Mühe geben, ihre eigene wirtschaftliche Vorherrschaft zu untergraben. Denn es gibt keine aktuelle Alternative zum US-Dollar, außer Gold als mittel- und langfristige Anlage. Wer will schon chronisch überschuldete Renminbi, oder den kränkelnden Yen, oder gar den schwerkranken Euro? Selbst von Special Drawing Rights (SDRs), also Sonderziehungsrechten, die über den IWF als US-Dollar-Alternative ins Spiel gebracht werden könnten, sind wir noch Jahre entfernt.

Donald Trump hat vor zwei Jahren von Vorgänger Barack Obama ein prognostiziertes Haushaltsdefizit von 700 Milliarden Dollar für das Geschäftsjahr 2019 geerbt (das Geschäftsjahr der amerikanischen Regierung beginnt am 1. Oktober 2018 und endet am 30. September 2019). Aber der selbstdeklarierte »König der Schulden« entschloss sich, allein für das Jahr 2018 Steuersenkungen in Höhe von 300 Milliarden Dollar durchzusetzen. Dazu kommen noch weitere

Aufwendungen von circa 200 Milliarden Dollar (Militärbudget, Umweltkatastrophenhilfe, Inlandsausgaben und so weiter). Wie sich die US-Staatsschulden weiter entwickeln könnten, zeigt Abbildung 27. Insgesamt haben Trump und die Republikaner den Kreditbedarf für 2019 auf 1,1 Billionen US-Dollar nach oben gehievt. Gleichzeitig will die amerikanische Zentralbank ihre Bilanz um 600 Milliarden US-Dollar verschlanken (man spricht hier vom Quantitative Tightening, kurz QT). Die Bond-Händler an der Wall Street werden so mit 1,8 Billionen US-Treasury-Papieren überschwemmt.

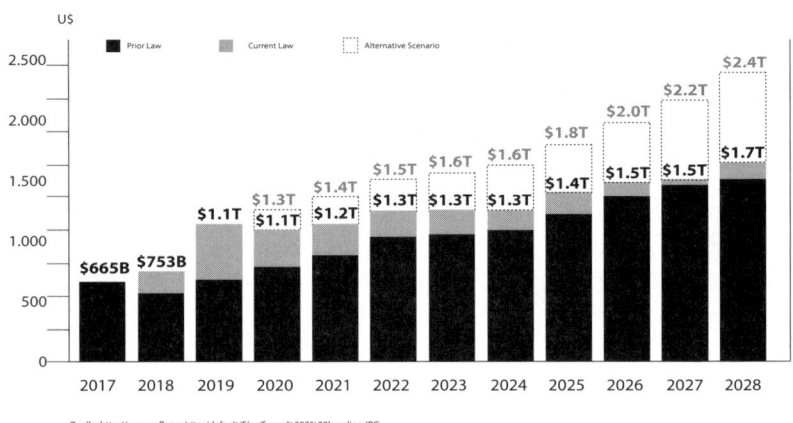

Quelle: http://www.crfb.org/sites/default/files/figure%203%20baseline.JPG

Abbildung 27: Prognostiziertes Haushaltsdefizit in den USA

Aus Abbildung 28 lässt sich ablesen, was in den kommenden fünf bis sieben Jahren verstärkt auf US-Unternehmen zukommen wird.

Das Ausmaß dieser kurz- und mittelfristig anstehenden Refinanzierung im Umfang von circa 6 Billionen US-Dollar ist ernüchternd. Es sollte aber niemanden überraschen, denn die US-Unternehmen haben ihre Verschuldung seit dem Jahr 2003 auf insgesamt rund 15 Billionen US-Dollar verdoppelt.

Noch nie wurde versucht – oder auch nur in Erwägung gezogen – 1,8 Billionen Dollar beziehungsweise 8,8 Prozent des BIP in einem Jahr zu finanzieren.

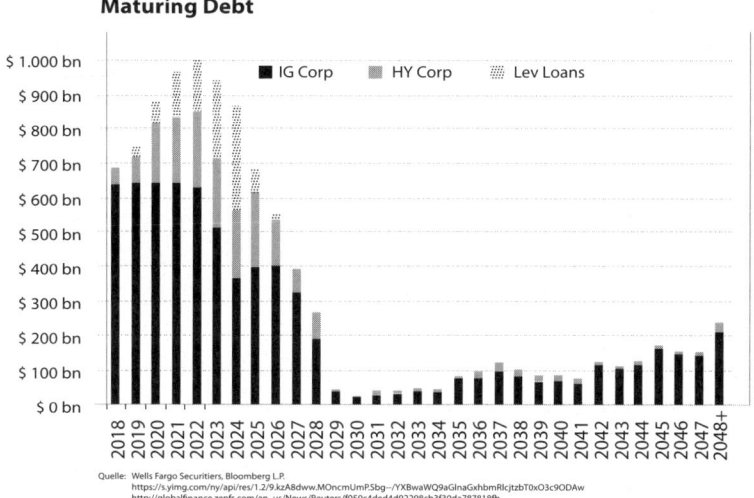

Maturing Debt

■ IG Corp   ▨ HY Corp   ▧ Lev Loans

Quelle: Wells Fargo Securitiers, Bloomberg L.P.
https://s.yimg.com/ny/api/res/1.2/9.kzA8dww.MOncmUmP.5bg--/YXBwaWQ9aGlnaGxhbmRlcjtzbT0xO3c9ODAw
http://globalfinance.zenfs.com/en_us/News/Reuters/f050c4ded4d92298cb3f30da787818fb

Abbildung 28: Rekordbestände bei amerikanischen Schrottanleihen und gehebelten Krediten

Dies soll nun ausgerechnet an der Spitze eines Konjunkturzyklus geschehen, der vor dem Ende des Geschäftsjahres 2019 einen neuen Rekord aufstellen wird. Immerhin reden wir hier über ein Angebot an Staatsanleihen, das circa 8 Prozent aller bestehenden US-Staatsanleihen ausmacht. Aus volkswirtschaftlicher Sicht erscheinen uns diese Maßnahmen, die monströs hohe Risiken in sich bergen, wie purer Wahnsinn. Im historischen Vergleich belief sich das Haushaltsdefizit an der Spitze des letzten Zyklus (Geschäftsjahr 2007) auf 160 Milliarden Dollar oder 1,1 Prozent des BIP. Die Fed kaufte damals US-Anleihen hinzu und verkaufte sie, anders als aktuell, bewusst nicht.

Selbst bei den heutigen niedrigen Sollzinsen belaufen sich die Aufwendungen US-amerikanischer Schuldner (Haushalte, Unternehmen, Regierungen und Finanzinstitute, die zusammen 68 Billionen US-Dollar an Schulden angehäuft haben) für den zusätzlichen Schuldendienst auf 900 Milliarden US-Dollar jährlich. Diese ernüchternden Fakten haben die wenigsten Marktteilnehmer auf ihrem Radarschirm. 80 Prozent der US-Haushalte, die bereits in höchstem Maße verschuldet sind, können sich gar nicht auf dieses Szenario einstellen. Selbst eine finanziell überschaubare Autoreparatur im Umfang von 500 US-Dollar können sich 50 Prozent der Amerikaner nur mit einem Dispo-Kredit leisten. Aus diesem Grund kommen wir zu dem Schluss, dass die Zinsen, vom aktuellen Niveau aus betrachtet, nicht übermäßig steigen müssen, um die Unternehmensgewinne deutlich negativ zu beeinflussen. Selbst Zinssätze von 4 bis 5 Prozent würden die Gewinne vieler US-Unternehmen deutlich schmälern.

Maturing Fed Treasury Holdings
$ 1.7-trillion US government debt held by the Fed is maturing by 2023

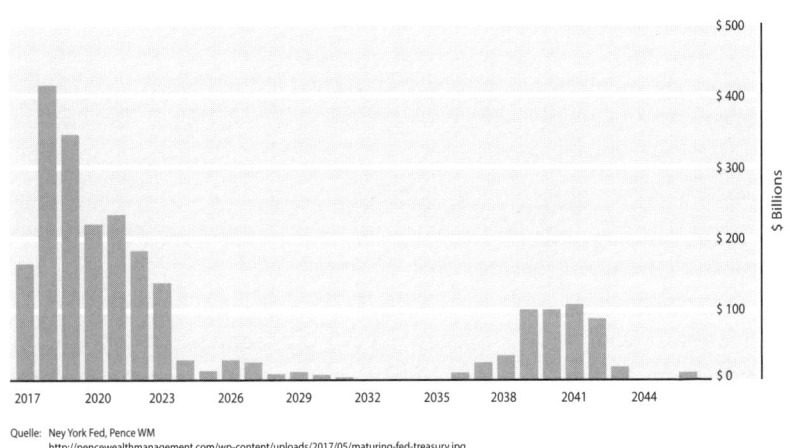

Quelle: Ney York Fed, Pence WM
http://pencewealthmanagement.com/wp-content/uploads/2017/05/maturing-fed-treasury.jpg

Abbildung 29: Laufzeiten der US-Staatsanleihen

Wohlgemerkt: Die durchschnittliche Finanzierungsdauer der US-Staatsanleihen liegt aktuell bei lediglich circa 5,8 Jahren. In der Folge könnten höhere Zinsen das Haushaltsdefizit bereits 2019 um 10 bis 14 Prozent anschwellen lassen. Dies wiederum würde das allgemeine Zinsniveau beflügeln (weil das Angebot größer wäre als die Nachfrage) und den US-Dollar weiter stärken. Das US-Haushaltsdefizit sollte in den kommenden Jahren folglich förmlich explodieren. Die in Abbildung 27 gezeigte Grafik stammt von der US-Regierung selbst. Wir erwarten, dass die wirklichen Defizite deutlich höher ausfallen, als es die US-Regierung aktuell prognostiziert. Diese neuen Defizite sollen ausschließlich über Neuschulden finanziert werden. Jedoch lässt sich nicht wirklich kategorisch ausschließen, dass die US-Regierung und die Fed eines Tages Helikopter-Geld zur Haushaltsfinanzierung einsetzen werden.

In den kommenden Jahren wird sich global ein Refinanzierungsbedarf ergeben, zugleich werden die Haushaltsdefizite in den USA und in anderen Ländern und Regionen der Welt weiter steigen. Aufgrund des ohnehin schon besorgniserregenden Verschuldungsgrades auf breiter Front dürften sich selbst relativ moderate Zinssteigerungen negativ auf das Anlageverhalten auswirken. Die auf Pump finanzierte US-Steuerreform, ein eklatantes US-Haushaltsdefizit von circa 1,2 Billionen pro Jahr, Verbindlichkeiten in Höhe von 7 Billionen US-Dollar bei den US-Unternehmen, die in den nächsten sieben Jahren refinanziert werden müssen, Refinanzierungswellen in Entwicklungsländern in harten Währungen, steigende Zinsen in Italien, eine amerikanische Zentralbank, die ihre Bilanz verschlanken will: Alles zusammen wird die Anleihen- und Aktienmärkte schwer belasten. Alleine in den USA ab Oktober 2018 in den darauffolgenden vier Quartalen ein Finanzierungsbedarf von circa 3 Billionen US-Dollar entstehen. Damit aber nicht genug. Aktienrückkäufe, Dividenden und Übernahmen, die größtenteils auf Pump finanziert werden, dürften das Angebot an Anleihen weiter erhöhen, ohne dass zugleich die Nachfrage ansteigen würde.

Der seit den 1970er-Jahren bestehende Trend wird sich weiterhin fortsetzen: Das Wachstum der Industrieländer geht in den vergangenen Jahrzehnten treppenstufenartig bergab. Die Ausschläge nach unten werden größer, die Ausschläge nach oben kleiner. Dahinter stehen keine konjunkturellen Schwankungen, sondern es handelt sich um einen strukturellen Wandel. Ein Faktor ist die demographische Entwicklung. Wachstum ist gekoppelt an ein Bevölkerungswachstum, und dieses Bevölkerungswachstum neigt sich dem Ende zu. Zudem verringert sich der Anteil der Erwerbsbevölkerung im Verhältnis zur Gesamtbevölkerung laufend. Zweitens gibt es nur noch geringe Produktivitätsfortschritte. Besonders kapitalintensive Branchen brauchen jedoch Produktivitätszuwächse, um ihr eingesetztes Kapital angemessen zu verzinsen. Der Produktivitätsrückgang wird in starken Konjunkturphasen von Aktionären geduldet, in einem wirtschaftlichen Abschwung allerdings mit massiven Kursverlusten abgestraft. Bis in die 2000er-Jahre gab es vor allem in den deutschen Schlüsselindustrien einen Anstieg, seitdem sind die Gewinne aber bescheiden. Der deutsche Maschinenbau etwa vermeldet kaum noch Produktivitätszuwächse; ähnlich sieht es beim Automobilbau aus. In guten Jahren hätten hohe und stabile Cashflows sowie niedrige Zinsen die Möglichkeit geboten, Staats- sowie Unternehmensschulden in Europa abzubauen.

Auch die Verschuldung der Haushalte in den USA ist nicht mehr weit vom Höchststand des Jahres 2007 entfernt. Das Volumen an Auto- und Studentenkrediten hat den damaligen Höchststand sogar übertroffen. Das Volumen der US-amerikanischen Studentendarlehen erreichte im Dezember 2018 einen Rekordstand von 1,465 Billionen US-Dollar (vgl. Abbildung 30). Für 90 Prozent dieser Kredite bürgt das amerikanische Bildungsministerium. Bei steigender Arbeitslosigkeit in einer Rezession dürfte sich dies negativ auf das US-Haushaltsbudget auswirken.

In den vergangenen zehn Jahren hat sich die Gesamtverschuldung der Studenten, die ursprünglich bei 675 Milliarden US-Dollar lag, mehr als verdoppelt. Insbesondere US-Amerikaner zwischen dem 24. und dem 33. Lebensjahr werden von der massiven Schuldenlast erdrückt. Mehr als 2,7 Millionen Kreditnehmer müssen in den nächsten Jahren über 100.000 US-Dollar zurückzahlen, mehr als 200.000 Bürger sogar über 250.000 US-Dollar. Viele US-Amerikaner können ihre Studentendarlehen bis ins hohe Alter nicht begleichen. 1,8 Millionen Kreditnehmer, die älter als 63 sind, haben noch 62,5 Milliarden US-Dollar an Darlehensschulden offen. In der Altersgruppe der 50- bis 61-Jährigen sind nach Angaben des US-Bildungsministeriums sogar noch 213,6 Milliarden Dollar an Schulden ungetilgt.

On the Hook

Record level of student debt shows no signs of slowing

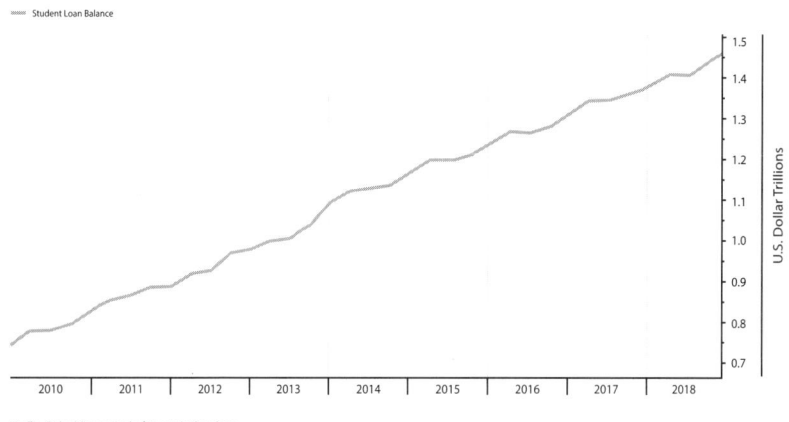

Quelle: Federal Reserve Bank of New York; Bloomberg
http://www.bloomberg.com/news/articles/2018-12-17/u-s-student-loan-debt-sets-record-doubling-since-recession

Abbildung 30: Studentenkredite in den USA

1.3 Disintermediation –
sinkende Risikobereitschaft und die Flucht in vermeintlich sichere Häfen

»Es gibt riesige Unterschiede zwischen Bären- und Bullenmärkten. Wenn man zum Beispiel die Dips in einem echten Bullenmarkt kauft, funktioniert das recht gut. Die Dips in einem Bärenmarkt zu kaufen, radiert dich aus.«

DANIEL J. ZANGER

Disintermediation ist ein Fachbegriff aus der angelsächsischen Finanzsprache. Grob gesagt bedeutet er, dass sich Investoren von als risikoreicher empfundenen Assets trennen, um sich in sichere Häfen zu begeben. Sehr oft kann man starke Kursrückschläge durch ein

Bröckeln in der investiven Peripherie erkennen. Deswegen analysieren wir, ob Disintermediation eindeutig zu erkennen ist, oder ob wir uns dabei in die eigene Tasche lügen. In den USA scheint die Wirtschaft nach der US-Steuerreform förmlich zu boomen, doch beruht ein erheblicher Teil des BIP-Wachstums auf Ausgaben die auf einen Zeitpunkt vorgezogen wurden, bevor die Strafzölle wirksam werden. Des Weiteren muss man sich von dem Gedanken verabschieden, Wirtschaftsschwäche würde in der Folge zu Börsencrashs führen. Das Gegenteil ist der Fall: Seit mehreren Jahrzehnten leiten Börsencrashs eine Phase der Wirtschaftsschwäche ein. In den Jahren 1928, 1999, 2006 und 2007 boomte die Wirtschaft vor dem Crash.

Betrachtet man mit einer Investment-Erfahrung von mehr als vier Jahrzehnten das Geschehen an den Märkten, dann zeigt sich, dass gewisse Verhaltensmuster sich vor einem Crash wiederholen:

1. Zyklische Werte erleiden Margeneinbrüche
2. Es kommt zu Gewinnrückgängen
3. Kapitalanforderungen werden hochgeschraubt und die Kosten steigen
4. Es tritt eine Überschuldung ein
5. Ein extrem schlechtes Chance-Risiko-Verhältnis ist zu verzeichnen

Anhand folgender Kriterien lassen sich Muster zur Disintermediation erkennen, um davon zu profitieren:

1. Indizes sind teuer
2. Unternehmen zeichnen sich durch hohe Cash-Burn-Raten aus
3. Auch Nebenwerte-Indizes sind hoch bewertet
4. Aktien aus Schwellenländern fallen teilweise grundlos um mehr als 20 Prozent
5. »China-Old-School-Staats-Aktien« (Aktien staatsnaher chinesischer Unternehmen) fallen
6. Die Kurse schaffen es nicht mehr, sich nach den Verlusten zu erholen und frühere Höchstpreise wieder zu erreichen

Interessant finden wir die in Abbildung 31 dargestellte Performance des S&P 500 aus dem Jahr 2018. Die Gegenüberstellung des börslichen und des außerbörslichen Handels bringt auffällige Differenzen ans Tageslicht. Direkt nach Veröffentlichung positiver Quartalszahlen durch die Unternehmen im April ist die Hoffnung groß, dass die Kurse steigen (schwarze Linie). Diese Hoffnung hält jedoch nur kurzfristig an. Am Folgetag sinken die Kurse bereits wieder (graue Linie). Die Performance seit Ende September 2018 scheint dies zu bestätigen. Selbst Aktien, welche die Erwartungen teilweise deutlich übertroffen hatten, wurden abverkauft. Aus »Buy the Dip« wurde »Sell on Good News«.

S&P 500 (SPY) After Hours vs.
Regular Trading Performance (%): 2018

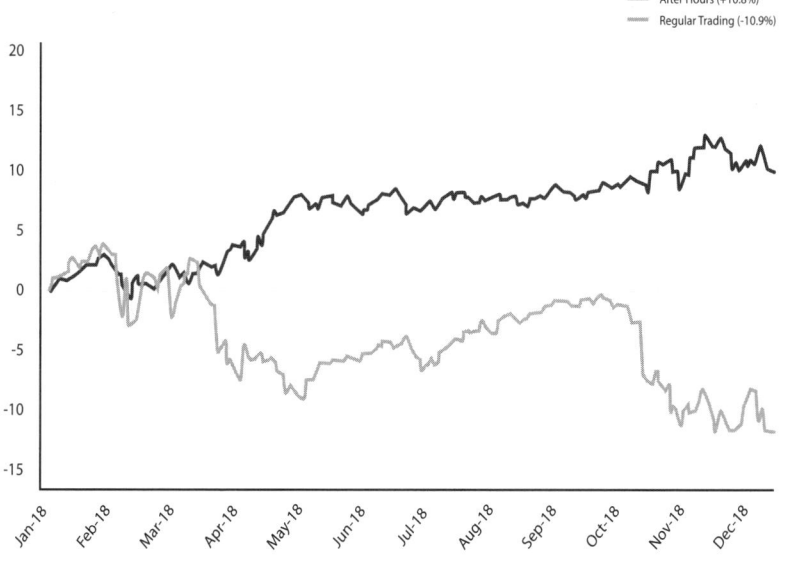

Quelle: https://seekingalpha.com/article/4195624-dissecting-trading-day

Abbildung 31: S&P 500 Performance Index, inner- und außerbörslicher Handel 2018

Die großen amerikanischen Börsen steigen in der Zeit vor dem Crash fulminant – der Anstieg liegt meistens zwischen 30 Prozent und 50 Prozent. Das war ebenfalls im oben aufgeführten S&P 500 Index im Jahr 2018 der Fall. Dieser Anstieg ließ sich vor allen bisherigen Börsencrashs verzeichnen.

Margin Loans, also kreditfinanzierte Wertpapierkäufe, sind auf einem historisch hohen Niveau (aktuell werden Höchstwerte erreicht, die sogar deutlich höher liegen als vor dem Crash von 1929). M&A-Aktivitäten und Aktienrückkäufe erreichen historische Höchststände (auch hier sind aktuell neue Rekordstände zu verzeichnen). Der Risikoappetit ist enorm. Somit performten Nebenwerte, Technologie- und Biotech-Aktien – zumindest in den USA – überproportional gut (die Performance der S&P Small Cap Indizes und des Russell 2000 klettert von einem Hoch zum nächsten). Die Unternehmen mit Verlusten haben im S&P 500 im Jahr 2017 bis Mitte 2018 um insgesamt 50 Prozent besser performt als die darin enthaltenen profitablen Unternehmen.

Die aufgeführten Warnzeichen waren im vierten Quartal 2018 ausnahmslos vorhanden. Die entsprechende Betrachtungsweise ist dennoch mangelhaft, weil man bereits einige Zeit vor jedem Crash erste Risse oder Verwerfungen in der Peripherie wahrnehmen kann. Folglich gibt es schon vor einem Crash erste negative Entwicklungen am Rande des Geschehens, die nicht von der Masse der Investoren wahrgenommen wird. Schließlich fährt auch ein Supertanker noch mehrere Seemeilen, selbst nachdem der Motor ausgeschaltet wurde. Börsen haben im Spätzyklus eine gewisse Eigendynamik – auf Neudeutsch Momentum – das dazu führt, dass die Hausse weitergeht, obwohl die Zeichen für einen Crash schon relativ deutlich sichtbar geworden sind. Vor dem Crash 2000 war bereits 1999 eine abstruse Dotcom-Hysterie erkennbar. Die Bewertungen waren nicht nur astronomisch hoch – viel aussagekräftiger finden wir, dass etliche Mitbewerber zeitgleich so bewertet wurden, als würden sie alle zu Weltmarktführern werden.

Man könnte sagen, der Markt hielt damals jeden mittelmäßigen Sprinter aus 50 Nationen für fähig, bei den Olympischen Spielen die Goldmedaille zu gewinnen. Diese Annahmen grenzten an kollektiven Wahnsinn. Ein Short-Fokus bescherte damals sehr hohe Renditen. Auch in den Jahren 2006 und 2007 war an den US-amerikanischen Immobilienmärkten eine Ermüdung zu erkennen. Die Risikovorsorge bei den Banken war minimal, die Beleihungsquote extrem hoch. Die Kreditausfälle häuften sich. Dennoch erreichten die Märkte, obwohl ein gewisses Crash-Potenzial bereits erkennbar war, ihren Zenit erst im Frühjahr 2008. In diesem Umfeld hielten wir 90 Prozent unserer verfügbaren Mittel in Gold- sowie in Schweizer und US-Staatsanleihen. Der Goldpreis konnte sich dann innerhalb weniger Jahre versechsfachen.

Wie bereits erwähnt, wird die Portfolio-Umschichtung vor einem Crash in der Finanzwelt als Disintermediation bezeichnet. Rein formal bedeutet dieser etwas verwirrende Fachbegriff, dass sich Intermediäre von einem Markt verabschieden oder zumindest teilweise zurückziehen. In der angelsächsischen Finanzwelt geht es aber nicht nur um die Intermediäre, sondern auch um sogenannte Smart-Money-Marktteilnehmer oder risikoaverse Top-Down-Investoren, die ihr Geld vor der großen Masse abziehen und in vermeintlich sichere Häfen fahren.

Obwohl zum Teil weiterhin die Ansicht verbreitet ist, dass China und Asien zur wenig bedeutenden Peripherie gehören, stellt diese Region mittlerweile das Zentrum des Weltwirtschaftswachstums dar.

Im Folgenden listen wir einige Faktoren auf, die aus unserer Sicht Hinweise darauf geben, dass bereits eine Portfolio-Umschichtung in vermeintlich sichere Häfen im Gange ist:

- Einbruch der China-Aktien um 30 Prozent (SSE Composite Index)
- Einbruch des Yuan um 12 Prozent innerhalb kürzester Zeit gegenüber dem US-Dollar
- Eklatante Währungsabwertungen in Argentinien, der Türkei und Venezuela
- Abwertung des Euro gegenüber dem US-Dollar
- Mittelabflüsse aus den Emerging Markets

- Erkennbarer Mittelabfluss in Junk-Bond-ETFs
- Small Cap Indizes wie der Russell 2000 verlieren gegenüber dem Dow Jones Index an Wert
- Signifikante Erhöhung der Rendite bei Schrott- und Unternehmensanleihen und die damit verbundenen Wertverluste primär in Asien, anderen Entwicklungsländern und in China
- Deutliche Wertverluste bei amerikanischen Investment Grade Bonds
- Massiver Rückgang der Metallpreise bereits seit Mai 2018 (Kupfer, Zinn, Bleck, Zink, Kobalt, Nickel und so weiter)
- Schwache Quartalszahlen, die eine Verlangsamung der Wirtschaftsdynamik offenbaren
- Mittelabflüsse bei Momentum-ETFs und anderen vergleichbaren Fonds
- Zunehmende Mittelzuflüsse bei Value-Aktien und defensiven Aktien (Versorger, Real Estate Investment Trusts, Pharma-Werte, Dividenden-Aristokraten)

Die Verzinsung amerikanischer Hypotheken bewegt sich in Richtung 5 Prozent pro Jahr. Weil die Hypothekenzinsen seit Anfang des Jahres 2018 um 20 Prozent gestiegen sind, gibt es momentan überproportional viele Finanzierungen. Viele Kreditnehmer agieren nahezu panikartig, weil sie befürchten, die Zinsen könnten noch weiter steigen.

Aufgrund der Höhe der demnächst anstehenden Refinanzierungen auf globaler Ebene, bei gleichzeitig hohen Haushaltsdefiziten und der wieder strengeren Geldpolitik der Fed (Quantitative Tightening) könnte die Zinsentwicklung etliche Marktteilnehmer auf dem völlig falschen Fuß erwischen. Wir wären keinesfalls überrascht, wenn die Zinsen für zehnjährige US-Staatsanleihen innerhalb von 15 Monaten auf mehr als 4 Prozent ansteigen würden.

Auch bei den Zinsen für amerikanische Hypotheken- und Unternehmensanleihen sollte das Zinsniveau die Hürde von 5 Prozent überschreiten. Wir erlauben uns, zumindest drei Prämissen in den

Raum zu stellen, die derzeit nur wenige Investoren auf dem Radar haben:

1. Der Zinstrend könnte einige Marktteilnehmer unangenehm überraschen. Das würde bedeuten, dass der Goldpreis aufgrund einer höheren Realverzinsung, zumindest in den USA, weiter fiele und der Dollar weiterhin gegen die meisten Währungen an Boden gewinnen würde. Andererseits steigt zurzeit die Unsicherheit der Emerging-Market-Investoren. Auch das Vertrauen der Investoren in die Zukunft der EU und in den Euro selbst hat seit Jahresanfang deutlich abgenommen.

2. Stark steigende Zinsen – bei gleichzeitig hohen Rohstoffpreisen – könnten in eine Stagflation oder in eine Rezession münden. Beide Szenarien versprechen für Aktien wahrlich nichts Gutes. Extrem ausufernde US-amerikanische Haushaltsdefizite könnten in den nächsten Jahren sogar das Grundvertrauen in den US-Dollar ins Wanken bringen.

3. Bei aufkommenden rezessiven Tendenzen schließen wir keineswegs eine weitere Lockerung der Geldpolitik aus (Quantitative Easing 4, chronisches Gelddrucken). Das wiederum könnte zu negativen Realzinsen führen. Es könnte zudem ernste Zweifel an der Allmacht der Zentralbanken verursachen, in der Folge das Vertrauen der Anleger insgesamt schwächen und daraufhin eine erneute Gold-Hausse einläuten. Spätestens, wenn die Unternehmensverschuldung die Wirtschaftsleistung eines Landes mit einer Quote von 42,5 Prozent erreicht sollte man zumindest auf eine nennenswerte Korrektur, vielleicht sogar auf einen Crash, gefasst sein.

Zwar gelten ETFs als die konservativste Form, in Aktien zu investieren, allerdings können auch ETFs in einer hektischen Marktphase Opfer von Disintermediation werden. ETFs sind passiv gemanagte Fonds. Über 95 Prozent dieser Fonds setzen auf steigende Kurse. Wenn also Geld in diese Fonds fließt, dann müssten die Kurse steigen. In den letzten zehn Jahren war jedoch zu erkennen, dass der Mittelzufluss in viele amerikanische ETFs an Dynamik verloren hat. In einigen Teilbereichen wurden mehr Verkäufe als Käufe getätigt. Hier könnte das Pendel nun in die entgegengesetzte Richtung schwingen und zu fallenden Kursen führen.

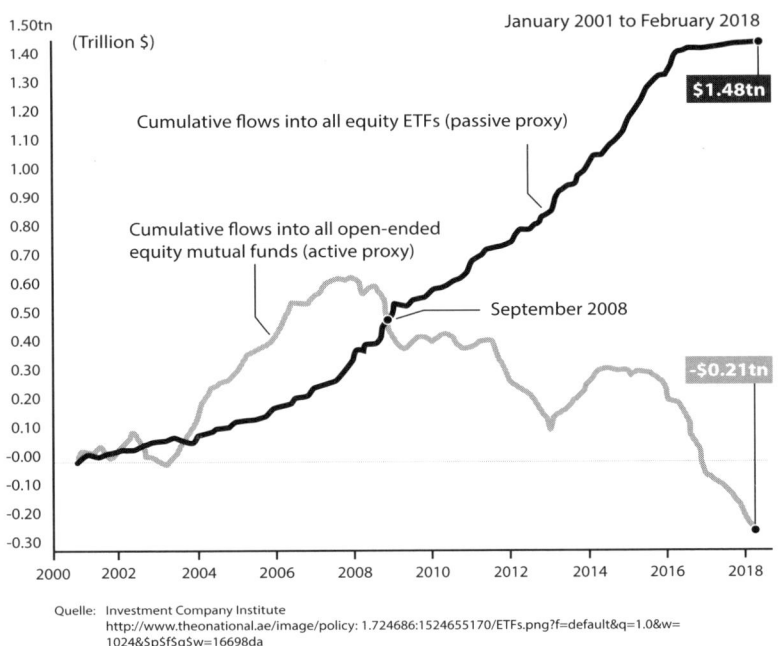

Quelle: Investment Company Institute
http://www.theonational.ae/image/policy: 1.724686:1524655170/ETFs.png?f=default&q=1.0&w=
1024&pfqw=16698da

Abbildung 32: Vergleich der Geldzuflüsse aktiver und passiver Aktienfonds

Aktuell beträgt das weltweite in ETFs investierte Volumen knapp 6 Billionen US-Dollar. Davon werden 1,5 Billionen US-Dollar in den Vereinigten Staaten gehalten. Insbesondere seit der letzten Finanz- und Wirtschaftskrise hat sich ein massiver Wandel von aktiv zu passiv gemanagten Fonds ergeben (vgl. Abbildung 32). Wir möchten uns hier definitiv nicht den ETF-Gegnern anschließen. Der gesamte Aktienmarkt hat derzeit ein Volumen von ungefähr 86 Billionen US-Dollar. Trotzdem würde ein massiver Abverkauf in ETFs einen

Abwärtstrend massiv beschleunigen. Bis zum Sommer 2018 stieg das Investitionsvolumen in ETFs stetig über 50 Monate in Folge an. Hinzu kommt, dass über 80 Prozent der aktiv gemanagten Fonds in der Rendite hinter ihren zugrundeliegenden Indizes zurückbleiben. Dabei spielen die Wertpapierkredite am US-Aktienmarkt inzwischen eine bedeutende Rolle. Noch bis Anfang dieses Jahrtausends betrug der Anteil der Wertpapierkredite am US-BIP nicht mehr als 1 Prozent. Der Wert schwankte nur sehr gering. Doch durch die rückläufigen Zinsen wurde der Aktienkauf auf Pump im Laufe der Zeit immer wichtiger für den US-Aktienmarkt. Aktuell liegt sein Anteil am BIP bei etwas mehr als 3 Prozent und damit sogar leicht über dem Niveau, das zu Beginn der letzten Crashs der Jahre 2000 und 2008 herrschte. Bei einem solchen Kreditvolumen dienen die im Depot verwahrten Wertpapiere als Sicherheit, um weitere Wertpapiere, meist Aktien, zu kaufen. Bei steigenden Aktienkursen wird der Aktienbestand wertvoller und der Kreditrahmen dadurch größer, bei fallenden Aktiennotierungen ist es genau umgekehrt. Anleger könnten bei starken Kursverlusten gezwungen sein, ihre Aktien zu verkaufen. Im Dezember 2018 ist das Volumen der Wertpapierkredite erstmalig seit zehn Jahren so stark gefallen wie in der Subprime-Krise 2008. Die Zinsanhebungen der US-Notenbank Federal Reserve 2018 haben zudem dazu geführt, dass Wertpapierkredite nun ebenfalls allmählich unattraktiver geworden sind.

Fazit

Spekulationen, wonach in Japan und Europa die Zinsen erhöht werden könnten, erachten wir als unrealistisch. Bei der wenig veränderten Staatsverschuldung würde ein normales Zinsniveau von 4 Prozent die Wirtschaftsdynamik in Europa schnell ausbremsen. Unabhängig vom Leitzins steigen jedoch auch bei uns die Zinsen. Man kann es teilweise an der Verzinsung von Anleihen ablesen, aber auch zum Beispiel an den Zinskosten, die aktuell beim Kauf einer Immobilie anfallen. Sie sind zumindest minimal gestiegen.

Insgesamt ergibt sich selbst in Europa ein wesentlich weniger erfreuliches Zinsbild als noch vor einem halben Jahr. Auch der Strafzins, welchen die Zentralbanken verlangen, wenn Banken bei ihnen Geld parken, verliert seine Wirkung. Denn mittlerweile kann man in den USA oder in Neuseeland Anleihen von Schuldnern mit guter Bonität und einer Laufzeit von vier Jahren kaufen, die nach langer Durststrecke wieder 3 Prozent Zinsen und mehr abwerfen. Wesentlich höhere Renditen gibt es von Unternehmen mit guter Bonität in den Währungen Rubel (Russland) oder Leu (Rumänien). Die Renditen liegen deutlich über der Inflation.

Seit Kurzem empfehlen einige der kompetenteren Marktteilnehmer, wie zum Beispiel Flossbach von Storch, zehnjährige US-Staatsanleihen in Depots aufzunehmen, um von einer weiteren Stärke des US-Dollars zu profitieren. Die Strategie ist keineswegs schlecht, aber sowohl die Laufzeit als auch die Verzinsung gefallen uns nicht. Trotzdem wäre das, wenn man von einer Rezession in den USA innerhalb der nächsten zwei Jahre ausgeht, kein schlechter Deal. Andererseits gibt es im drei- bis fünfjährigen Bereich für amerikanische Unternehmensanleihen mittlerweile recht viele attraktive Anleihen mit Verzinsungen von 3,5 Prozent bis 5 Prozent. Diese würden wir derzeit bevorzugen.

Doch ist ein anderer Aspekt für das Anlageverhalten wesentlich wichtiger. Die Verzinsung der zehnjährigen US-Staatsanleihen hat sich in den letzten Monaten deutlich von circa 3,34 Prozent auf rund 3,0 Prozent reduziert. Das liegt an der Disintermediation am Markt. Investoren trennen sich von risikobehafteten Investments und suchen in US-Staatsanleihen, Blue-Chip-Value-Aktien und Dividenden-Aristokraten sichere Häfen. Normalerweise haben fallende Zinsen eine positive Wirkung auf Aktienmärkte. Aber der Zinsspread zwischen US-Staatsanleihen, Investment-Grade-Anleihen und Junk Bonds weitet sich aus. Das bedeutet, dass Unternehmen (mit nur wenigen Ausnahmen im AA+- und AAA-Ratingbereich) trotz der niedrigeren Zinsen bei US-Staatsanleihen höhere Zinsaufwendungen bei Refinanzierungen und Krediten haben.

Dazu eine kurze exemplarische Erläuterung:

Tabelle 3: Zinsspreads in der Disintermediation

Zinssatz zehnjährige US-Staatsanleihe Höchststand 2018:	3,34 Prozent
Aktueller Zinssatz	2,85 Prozent
BBB, Junk Bond-Anleihen, ... Höchststand aktuell	7,14 Prozent
Vorheriger Höchststand	6,44 Prozent
Differenz, Erhöhung der Zinskosten im zehnjährigen Bereich	0,07 Prozent (7 Basispunkte)
Erhöhung der Zinskosten in Prozent	10,8 Prozent

Quelle: Eigene Darstellung

Daher sind wir der Meinung, dass sich niedrige Zinsen bei US-Staatsanleihen positiv auf die Börse auswirken. Die meisten Unternehmen werden jedoch aufgrund der geringeren Risikobereitschaft und der bevorstehenden fünfjährigen Finanzierungswelle auf globaler Ebene trotzdem deutlich höhere Zinsen zahlen müssen. Dies wiederum dürfte sich negativ auf die Aktienmärkte auswirken.

1.4 Die Zinsspanne lügt (fast nie)

»Sage ich damit, dass wir nie wieder eine Finanzkrise erleben werden? Nein, das würde wahrscheinlich zu weit gehen. Aber ich denke, dass wir viel sicherer sind, und ich glaube nicht, dass wir zu unseren Lebzeiten eine weitere Krise erleben werden.«

JANET YELLEN

Als Credit Spread (Zinsspanne) bezeichnet man die Differenz zwischen der Rendite einer risikobehafteten Anleihe und der Rendite einer quasi risikolosen Benchmark. Trotz eines Handelskriegs und anderer dunkler Wolken am Horizont gaben die Credit Spreads für Hochzinsanleihen (Junk Bonds) in den USA bis November 2018 noch keinen Anlass zur Sorge. Seit Ende der 1980er-Jahre hatte dieser »Ramsch-Treasury-Spread« stets vor einer Rezession einen zwischenzeitlichen Höhepunkt erreicht, was ihn aus unserer Sicht zu einem überdurchschnittlich guten Frühindikator macht. Speziell die Credit Spreads von Hochzinsanleihen zu betrachten, erscheint uns besonders deshalb sinnvoll, weil Junk Bonds wahrscheinlich die verwundbarste Anleiheklasse darstellen. So liegt es nahe, dass sich zumindest intelligente Investoren aus dieser Anlageklasse verabschieden, noch bevor sie kollabiert.

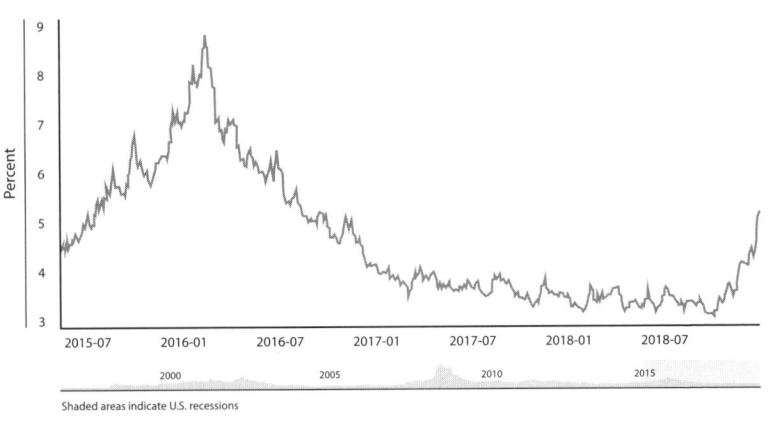

ICE BofAML US High Yield Master II Option-Adjusted Spread

Shaded areas indicate U.S. recessions

Quelle: ICE Benchmark Administration Limited (IBA)
http://fred.stlouisfed.org/series/BAMLH0A0HYM2

Abbildung 33: Zinsspannen zehnjährige Staatsanleihen und zehnjährige Junk-Bonds

Wie Sie in Abbildung 33 sehen, ist die Spanne innerhalb von zwei Monaten von 3,1 Prozent auf 4,17 Prozent gestiegen. Vor den Crashs in den Jahren 2000 und 2008 lag sie zwischen 4,5 Prozent und 6 Prozent. Ein so deutlicher Renditeanstieg oder Wertverfall war seit Ende 2017 nicht erkennbar. Das Verhältnis blieb auf niedrigem Niveau stabil, stieg im Oktober 2018 allerdings rasant an. Generell achten wir sehr genau auf den Zinsspread bei den amerikanischen Junk Bonds und den US-amerikanischen Staatsanleihen. Eine Korrelation zu Leitindizes wie dem S&P 500 lässt sich aktuell bereits feststellen. Der S&P 500 verlor nach dem rasanten Anstieg des Spreads auf Drei-Monats-Basis beispielsweise 9 Prozent und gab damit die komplette Performance aus dem Jahr 2018 wieder ab.

Allerdings hatte dieser Indikator in der Vergangenheit auch schon vereinzelt Fehlsignale ausgesendet.

Da wir die Zinsspanne zwischen Junk Bonds und US-Staatsanleihen als einen sehr wichtigen, weil recht verlässlichen Marktindikator betrachten, ziehen wir folgendes Fazit: Eine breite Kluft zwischen hochverzinslichen und zehnjährigen Anleihen signalisiert (fast) immer eine bevorstehende Rezession (vgl. Abbildung 34). Zudem zeigt dieser Indikator eine sehr hohe Korrelation zur Börsenentwicklung. Falls der betreffende Spread in den USA markant ansteigt, sollten die Aktienmärkte fallen.

ICE BofAML US High Yield Master II Option-Adjusted Spread

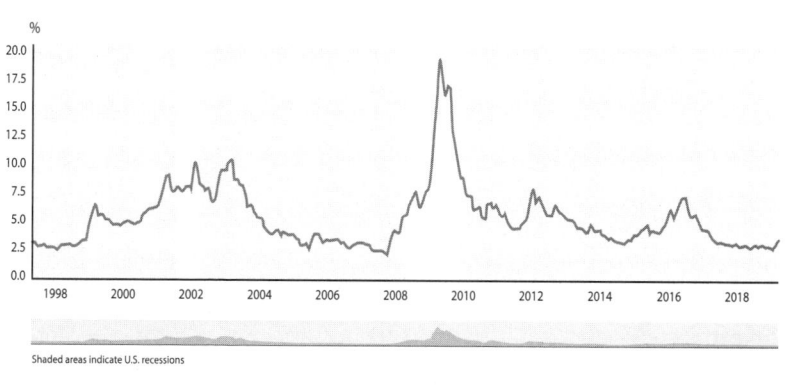

Shaded areas indicate U.S. recessions

Quelle: ICE Benchmark Administration Limied (IBA)
https://fred.stlouisfed.org/series/BAMLH0A0HYM2

Abbildung 34: Zinsspread (Rendite zehnjähriger US-Junk-Bonds minus Rendite für zehnjährige US-Staatsanleihen)

Als Beispiele hierfür lassen sich die Jahre 2011 und 2015 nennen, in denen es allerdings trotzdem zu vereinzelten Marktkorrekturen kam. Im Jahr 2015 verbuchte der S&P 500 ein Minus von 0,8 Prozent und im Jahr 2011 stagnierte er, jedoch in einem deutlich gesünderen Marktumfeld. Das ist diesmal nicht der Fall. Mit der Bilanzverkürzung der amerikanischen Zentralbank Fed und einer Stabilisierung der Bilanzsumme der Europäischen Zentralbank erachten wir den Zinsspread als wichtigen Indikator, der uns einen Hinweis auf die zu erwartende negative Entwicklung an den Börsen und auf steigende Zinsen bei Unternehmensanleihen und Krediten gibt. Wichtig ist generell: Kein Indikator liefert ein komplettes Bild vom Zustand des Marktes und von den daraus resultierenden Chancen und Risiken. Vielmehr setzen sich die verschiedenen Indikatoren zu einem Puzzle zusammen.

Je mehr Teile zusammengetragen werden, desto vollständiger das Bild und desto höher die Trefferwahrscheinlichkeit. Allerdings ist es wichtig, sich auch die Faktoren anzuschauen, die einen Hinweis darauf geben, dass das prognostizierte Bild vollkommen falsch sein könnte.

Wir glauben, dass ein »Renditeschock« auf dem Rentenmarkt diesmal der Trigger für einen Absturz sein könnte. Die Zentralbanken der Welt haben mit ihrer Politik der niedrigen Zinsen ein Kreditmonster entfesselt. Die Schuldenlast der US-Unternehmen hat sich seit 2009 fast verdoppelt und liegt jetzt bei 14,6 Billionen US-Dollar. Die zusätzliche Zinsbelastung sollte die Ertragskraft des S&P 500 um 150 Milliarden US-Dollar schmälern. Wir können uns kaum vorstellen, dass alle Investoren die daraus resultierenden künftigen Probleme bereits ins Kalkül gezogen haben. Auch die Verschuldung der privaten Haushalte ist so hoch wie noch nie. In einer Phase der Rekorddefizite, die refinanziert werden müssen, will die US-Notenbank zeitgleich Milliarden an Anleihen aus ihren Depots abstoßen, um ihre Bilanz zu stärken. Dementsprechend könnte die Rendite zehnjähriger Anleihen in den kommenden zwölf bis 15 Monaten auf 4 bis 5 Prozent steigen.

Kritik an der Zinsspread-These

Einige Marktkommentatoren und Akademiker behaupten, dass der Zinsspread als Indikator an Bedeutung verloren hat, da er teilweise erst nach einer Korrektur oder einem Crash auftritt oder simultan dazu. Des Weiteren kann ein steigender Zinsspread auch ein Fehlsignal liefern. Diese Schlussfolgerung empfinden wir als etwas überzogen, denn dieser Indikator hat die folgenden Vorteile:

- Er erkennt oft genug einen Crash frühzeitig.
- Er bestätigt einen Crash durch die zeitgleiche Erkennung einer vorhergehenden Korrektur und dient als Bestätigung eines Abwärtstrends.
- Wenn dieser Indikator wirklich Fehlsignale sendet, ist die Performance in den folgenden vier bis acht Quartalen relativ zum Risiko meistens sowieso unattraktiv. Entsprechend ist keine kurzfristige Umpositionierung des Portfolios notwendig.
- Wenn der Zinsspread-Trend deutlich fällt, sollte man long positioniert sein.

Somit bestehen aus unserer Sicht keine Gründe, diesen Indikator zu ignorieren oder als irrelevant abzutun.

Bottom-Up-Analyse

Um unsere These von steigenden Zinsen in der realen Welt zu verifizieren, haben wir uns ausführlich mit drei Koryphäen (anerkannten und bekannten Persönlichkeiten in ihren Bereichen) unterhalten:

1. *Ein Immobilienguru*
Der Immobilienguru ist der Meinung, dass die Zinsen für deutsche, europäische und global agierende Immobilienunternehmen steigen werden. Vor allem in den Bereichen Immobilienentwicklung, Einzelhandelsimmobilien und bei Industrieliegenschaften steigen

die operativen Risiken sowie die Zinskosten. Bemerkenswert ist, dass Banken bei Immobilienkrediten nach wie vor lediglich geringes Eigenkapital vorhalten müssen (ähnlich wie bei europäischen Staatsanleihen wie Italien und Griechenland). Andererseits sind viele Kreditportfolios und die Beleihungsgrenzen (ähnlich wie in den USA im Jahr 2007) zunehmend ausgereizt. Auch das Eigenkapital vieler Banken ist zu dünn, um weiterhin das Kreditvolumen signifikant zu steigern. In diesen Bereichen sollte sich die Spreu (niedrige Eigenkapitalquote, geringe operative Gewinne im Verhältnis zu den Zinskosten, negativer oder nur niedriger freier Cashflow, liberale Bilanzierung) vom Weizen (Wertschöpfer, solide Bilanzen und hoher freier Cashflow) trennen.

2. *Ein Kreditguru*
Der Vorstand eines namhaften Kreditinstituts hatte Folgendes zu sagen: Viele deutsche Großunternehmen, wie zum Beispiel VW, Bosch und Continentale, müssten in den kommenden Jahren stark investieren, um ihre Produktpalette im Trend halten zu können. Dazu reichen die aktuellen Cashflows kaum – zumindest dann nicht, wenn man nach wie vor hohe Dividenden auszahlen will. Zudem ist die Eigenkapitalquote der meisten Unternehmen ohnehin schon fragwürdig (unter 30 Prozent). Deswegen achtet dieser namhafte Vorstand bei allen Kreditengagements darauf, ob in den nächsten vier bis fünf Jahren hohe Refinanzierungen anstehen und wie hoch der zusätzliche Bedarf an Krediten ist. Des Weiteren ist er der Meinung, dass höhere Zinskosten bei DAX-Unternehmen insgesamt eine Signalwirkung für die Kreditvergabe darstellen.

3. *Ein Kreditanalyst*
Dieser Experte empfiehlt allen Investoren dringend, diejenigen Titel zu vermeiden, die ihre Kapitalkosten nur noch mit Mühe oder überhaupt nicht mehr erwirtschaften. Aus seiner Sicht wird die Aktien- und Kreditanalyse sehr wichtige Hinweise auf die zukünftige Ertragskraft eines Unternehmens ermöglichen. Bevor

man investiert, sollte man den zukünftigen Kapitalbedarf berechnen. Zudem sollte man definitiv sehr zyklische Unternehmen vermeiden, die aktuell noch mit hohen historischen Gewinnmargen arbeiten. Vermeiden sollte man Unternehmen mit geringer Eigenkapitalquote, niedriger Zinsabdeckung, hohem Kapitalbedarf und niedrigem freien Cashflow.

Tabelle 4: Renditeerwartungen 2018/2019 bis 2029 (nominal)

Best-Case-Aktien	2,84 Prozent per annum
Worst-Case-Drawdown	≈ 60 Prozent Chance/Risiko ≈ 0,291 zu 1,00
Crash, Korrektur 2018, 2019, 2020	84 Prozent

Quelle: Eigene Darstellung

Das ist für viele Investoren leichter gesagt als getan, aber wir helfen Ihnen gerne bei dieser Portfolio-Bereinigung und bei der Absicherung von Kernpositionen. Die negativen Zeichen am Kapitalmarkt sind nicht wirklich schwer zu erkennen. Italien ist aufgrund schwellender Haushaltsdefizite und mangelnder fiskalischer Disziplin außer Kontrolle. In Frankreich werden die Schulden, trotz Macron und einer äußerst lockeren EZB-Geldpolitik, weiter ausgebaut. Das Volumen an Zombie-Krediten und die Anzahl von Zombie-Banken (unter anderem Deutsche Bank und Commerzbank) in Europa, China (hier muss man konkret auf das Schattenbankensystem achten) sowie diversen Schwellenländern nimmt eher zu als ab. Wir vermuten sehr stark, dass die Anzahl an Zombie-Firmen in den nächsten zwei Jahren eher wachsen als schrumpfen wird. Selbst in den boomenden USA geht Goldman Sachs mittlerweile von Zombie-Unternehmen mit einem Börsenwert von 1,3 Billionen US-Dollar aus. Generell steht der Bond-Markt vor einer enormen globalen Refinanzierungswelle. Diese betrifft nicht nur Länder, sondern auch etliche Unternehmen in Nordamerika. Zudem wird die Geldpolitik von locker auf restriktiv umgestellt. Zugleich macht das Haushaltsdefizit in den USA im kommenden Jahr 5 Prozent der

Wirtschaftsleistung aus, was auch einen erhöhten Finanzierungsbedarf mit sich bringt. Der wiedererstarkte US-Dollar macht all den Ländern und Unternehmen schwer zu schaffen, die sich aufgrund der Geldschwemme in harten Währungen verschuldet haben. Der abstrus hohe Verschuldungsgrad in China sowie die immer weniger effektiven Interventionen mitsamt den herben Währungsverlusten in einigen Schwellenländern erhöhen die Ausfallrisiken und die Inflation, ein Crash und diverse Handelskriege verlangsamen zudem die Wachstumsdynamik. Circa 30 Prozent der US-Unternehmensgewinne (S&P 500) werden im Ausland erwirtschaftet. Steigende Zinskosten und niedrigere Erträge im Ausland dürften die Gewinnmargen spätestens im nächsten Jahr negativ beeinflussen. Selbst bei den Personalkosten ist eine leicht steigende Tendenz feststellbar. Hohe Ölpreise bedeuten vor allem für Importnationen wie Indien nichts Gutes, aber auch Deutschland und große Teile der EU leiden darunter. Indizes wie der Russell 2000 beinhalten circa 600 Unternehmen, die ihre Entwicklung nur durch Kredite oder Kapitalerhöhungen finanzieren können. Der markante Einfluss der US-Steuerreform auf die Nettoerträge wird voraussichtlich in den nächsten zwei Jahren deutlich abnehmen. Der sogenannte Ertragsboom der amerikanischen Unternehmen kann seit 2007 mit 83 Prozent durch niedrigere Zinskosten erklärt werden. Zudem befinden wir uns bereits in der längsten Haussephase ohne deutliche Korrektur, und aktuell in der ältesten Wirtschaftserholung in den USA seit 118 Jahren. Trotzdem befinden sich globale Aktien- und Anleihebewertungen immer noch auf dem höchsten Stand seit 218 Jahren. Zugleich sind wir im Zeitalter der zunehmenden globalen Vergreisung angekommen (Ausnahmen gibt es in den wirtschaftlich weniger bedeutenden Regionen wie zum Teil Südamerika, Afrika und Teilen Asiens).

Konsequenz

Bevor die amerikanischen Börsen wirklich wackeln, sollten die Renditen der amerikanischen Junk Bonds im Verhältnis zu den Renditen der amerikanischen Staatsanleihen noch deutlicher steigen. Das bedeutet, zumindest aus makroökonomischer und quantitativer Sicht, dass ein Crash nicht zwingend imminent ist. Dennoch sollte man nicht blind long in Aktien oder Anleihen investiert sein. Eine Entwarnung bedeutet diese Einschätzung keinesfalls, weil besagter Credit Spread zwischen Junk Bonds und zehnjährigen Staatsanleihen in den Emerging Markets und Asien (inklusive China) seit März 2018 einen kräftigen Anstieg verzeichnet. Kaum beachtet von der breiten Masse der Investoren stieg diese wichtige Zinsspanne, auch in Europa, seit Anfang des Jahres immerhin von 2,16 Prozent auf über 4 Prozent.

Am besten shortet man Unternehmen, die deutlich über ihrem inneren Wert notieren. Diese Kandidaten finden wir mit sogenannten diskontierten Cashflows und Dividendenmodellen (kurz: DCF, DDM). Wenn die Zinsen steigen, dürften diese Unternehmen überproportional fallen. Die Chance, dass die US-Zinsen im Jahr 2019 deutlich steigen oder dass in den nächsten 24 Monaten eine Rezession oder ein Niedergang in Japan beginnt, bewerten wir mit einer Wahrscheinlichkeit von über 70 Prozent.

1.5 Warum wir mit allem falsch liegen könnten – Oder doch nicht?

»Investieren ist ein Geschäft, bei dem du sehr lange sehr dämlich aussehen kannst, bevor du Recht bekommst.«

BILL ACKMAN

Dass sich Aktien und Anleihen auf dem höchsten Bewertungsstand seit 218 Jahren befinden und die Zinsen auf dem niedrigsten Stand seit 737 Jahren sind, sollte Ihnen bereits bewusst sein. Auch bei den globalen Schulden wurden die Höchststände aus dem Jahr 2007 bereits überschritten. Entlastend für die Märkte ist die wirtschaftliche

Erholung in Europa sowie die US-Steuerreform, die ab 2019 circa 0,4 Prozent zum US-Wirtschaftswachstum beitragen sollte. Nicht unbedeutend sind die Strafzinsen, die sich bei Investmentfonds und größeren Vermögen von circa 0,25 Prozent auf bis zu 0,6 Prozent erhöht haben. Das zwingt viele Fonds förmlich, mit einem hohen Portfolioanteil investiert zu sein und mit einer minimalen Bargeldquote zu agieren, denn nur so lassen sich die Strafzinsen vermeiden. Es ist durchaus auch möglich, dass der Markt viel länger braucht, bevor er kollabiert, wie etwa zum Beispiel im Crash von 2008 und 2009 geschehen. Damals, bereits zwölf Monate vor dem Zusammenbruch an den Börsen, gab es auch glasklare negative Signale von der Zinsfront sowie aus dem Immobilienbereich. Dennoch lief der Markt noch etwa ein Jahr lang weiter nach oben. Der Markt antizipiert zwar generell wirtschaftliche Entwicklungen, aber er tut das nicht immer.

Wir sind unbedingt der Meinung, dass Börsencrashs häufiger Rezessionen einleiten als schlechte wirtschaftliche Entwicklungen einen Börsencrash!

So lief zum Beispiel die Wirtschaft in den Monaten vor dem Platzen der Dotcom-Blase oder vor Ausbruch der US-Immobilienkrise noch relativ gut. Auch vor dem monumentalen Crash im Jahr 1929 brummte der Konjunkturmotor noch auf Hochtouren. Was den Markt bereinigt, ist meistens ein »schwarzer Schwan«, etwa die Insolvenz der US-Investmentbank Lehman Brothers, ein unerwarteter Zinsschock oder eine nicht vorhersehbare militärische Eskalation, ein nukleares Desaster oder sogar auch eine Naturkatastrophe. Deswegen sollte man sich nicht zu obsessiv mit wirtschaftlichen und politischen Voraussagen beschäftigen, sondern eher mit einer objektiven Analyse der entscheidenden Korrelationen.

Dazu gehören auch die Leading Economic Indicators (abgekürzt LEI, übersetzt bedeutet der Begriff »wirtschaftliche Frühindikatoren«, vgl. Abbildung 35 und 36). Wenn diese Kennzahlen neue Höchststände erreichen, kommt es regelmäßig spätestens zwei Jahre danach zu einer Rezession. Achten Sie bitte auf die Jahre 1999, 2006 und das aktuelle Zeitfenster. Der LEI erreichte vor den jeweiligen Crashs ein

Spitzenniveau – spätestens zwei Jahre danach kam es zu signifikanten Kurseinbrüchen. Als Finanzexperten halten wir mehr von den LEIs als von den CEIs (Indikatoren zum Vertrauen der Haushalte in die Wirtschaftslage), da sie aus unserer Sicht die verlässlicheren Frühindikatoren sind. Die CEIs reagieren eher auf den Markt, laufen ihm aber nicht voraus. Schwarze Schwäne und negative Faktoren sind vor Börsencrashs oder Korrekturen oftmals im Vorfeld sichtbar.

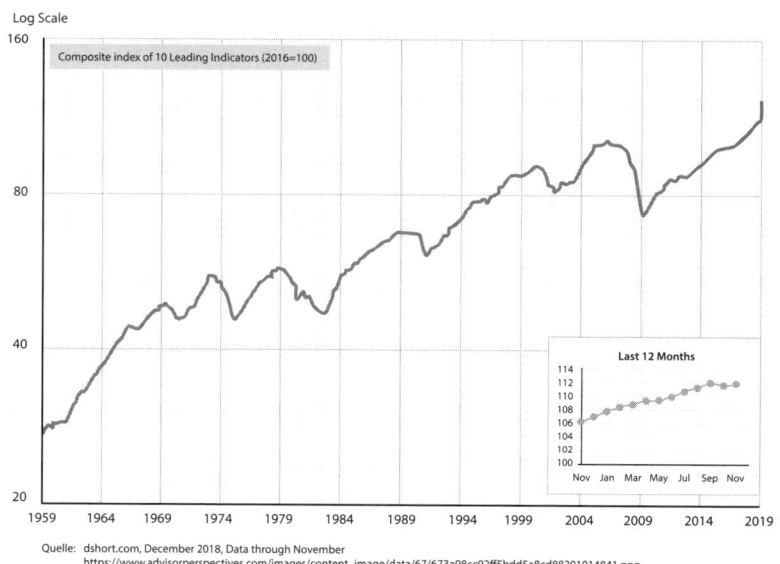

Conference Board Leading Economic Index with Recessions Highlighted

Abbildung 35: Leading Economic Indicators (LEI) und Konsumentenvertrauen (1959–2018)

Alles Gute ist bereits im Markt abgebildet, selbst der Optimismus.
Der US-amerikanische LEI hat sich im September 2018 weiter verbessert, was darauf hindeutet, dass sich der US-Konjunkturzyklus bis 2019 in einer starken Wachstumsphase befindet. Allerdings hat sich das Wachstum des LEI in den letzten Monaten etwas verlangsamt,

was ein Anzeichen dafür sein könnte, dass die Wirtschaft sich mit Kapazitätsengpässen und zunehmend angespannten Arbeitsmärkten konfrontiert sieht.

Zum besseren Verständnis der Beziehung zwischen dem LEI und dem Auftreten einer Rezession schauen Sie sich Abbildung 36 an. Sie zeigt die prozentuale Abschwächung des Konsumentenklimas in einer Rezession.

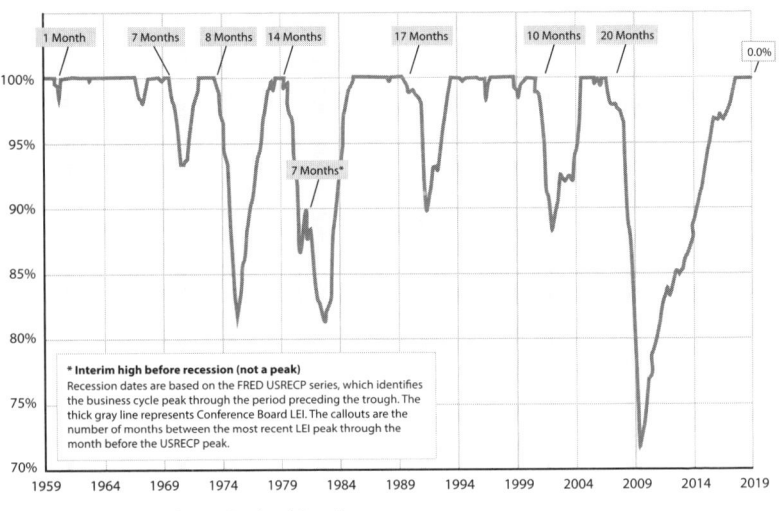

Conference Board Leading Economic Index Peaks with Months before Recessions

Quelle: dshort.com, October 2018, Data through September
http://www.advisorperspectives.com/images/content_image/data/9d/9d0afecb90f0dd1b99731a6eb9f6cf01.png

Abbildung 36: Leading Economic Index vor großen Rezessionen

Investoren neigen dazu, dem »Feature Positive Effect« und dem »Confirmation Bias« zu unterliegen. Wer eine These aufstellt, sucht sich genau die Argumente zusammen, die diese Annahme stützen. Dabei fokussiert der- oder diejenige überhaupt nicht das Nicht-Offensichtliche, welches die aufgestellte These untergraben könnte. Die Berücksichtigung solcher potenziellen Fehlerquellen kann man bei absoluten Spitzeninvestoren beobachten: Soros betete den Philosophen Karl Popper beinahe an, welcher das Konzept der Falsifizierung de facto ins Leben gerufen hatte; Ray Dalio fragt sich stets, wie er denn wissen könne, ob er richtig liegt; und auch Nassim Taleb bewegt sich meisterhaft auf diesem Terrain und pflegt engen Kontakt zum Psychologen Kahnemann und dem inzwischen verstorbenen Mathematiker Mandelbrot, die ebenfalls zu Pionieren dieses Gebiets gehören. Einige Beispiele machen deutlich, wozu die genannten Denkfehler führen können:

- Facebook fällt über Nacht um 23 Prozent, aber am nächsten Tag steigt der deutsche TecDAX um mehr als 1 Prozent.
- 15 Prozent der S&P 500-Unternehmen können ihre Zinsen nicht aus dem Cashflow bedienen; ein historischer Rekordwert. Trotzdem steigt dieser Index beinahe börsentäglich.
- Die Ausfallquote bei Autokrediten steigt deutlich. Dennoch fallen die autofinanzierenden Subprime-Spezialisten (zum Beispiel CACC) nicht im Wert.
- Die wichtigsten Schifffahrtsunternehmen purzeln im Preis (COSCO, Maersk), aber kein Ökonom revidiert daraufhin seine Wachstumserwartungen.
- Die Zinsen steigen deutlich, aber die Investment Grade Bonds fallen viel deutlicher im Wert als die Junk Bonds. US-amerikanische Junk Bonds performen somit in einem wackligen globalen Umfeld viel besser als Investment Grade Bonds.
- Die Zinsspanne zwischen amerikanischen Schrottanleihen und Staatsanleihen befindet sich trotz Strafzöllen und einer zunehmend flachen Zinskurve auf einem historisch niedrigen Level.

John Hussmann war einer der wenigen wirklich brillanten Marktkenner, der die Crashs von 2000 bis 2002 und 2008 bis 2009 nahezu perfekt vorausgesagt hat und der »leider« schon seit vier Jahren vergebens auf einen Crash hofft. Hussmann arbeitet mit dem Shiller-KGV und den Gewinnmargen der großen amerikanischen Unternehmen.

Diesmal lag er wohl deshalb daneben, weil er vier wesentliche Faktoren in seinen Modellen ignoriert hat:

1. Aktuell herrscht die größte globale Geldschwemme seit Menschengedenken – verursacht durch die internationalen Notenbanken.

2. Diese ermöglichte wiederum das höchste Aktienrückkaufvolumen der Finanzgeschichte sowie eine Flut von Übernahmen. Dadurch kam es zu einer signifikanten Verknappung von Aktien und zu einer Erhöhung der Gewinne pro Aktie.

3. Es herrscht ein Mangel an Alternativen in einem Minimal-Zinsumfeld, und bei Anleihen für Mainstream-Investoren sind nur negative reale Renditen möglich.

4. Das billige Geld und zuletzt die US-Steuerreform verlängern beide den US-Geschäftszyklus um mehrere Jahre. Ergo bleibt die Gewinndynamik und bleiben die Gewinnmargen viel länger auf einem historischen Höchststand als in vorherigen Wirtschaftszyklen.

Und weil jeder intelligente Analyst davon lebt, frühzeitig Markttrends zu erkennen und zu bewerten, haben wir uns immer auf einen Crash oder ein Verfallsszenario in den Jahren 2017 bis 2019 festgelegt. Es geht nämlich nicht darum, Recht zu haben. Denn nur *der Markt hat immer Recht*. Und ein Trend läuft meistens länger, als man erwarten würde. Besonders dann, wenn Makrofaktoren und Manipulationen im Spiel sind.

KAPITEL 2

Technologische Trends – Segen oder Schwarze Hightech-Schwäne?

»Jene, die sich dem Wandel nicht anpassen können, werden von ihm weggefegt. Jene, die den Wandel erkennen und dementsprechend reagieren, werden davon profitieren.«

JIM ROGERS

Im folgenden Abschnitt möchten wir Ihnen einen kurzen Überblick über die wichtigsten Technologien der kommenden zehn Jahre geben. Anhand von einigen Beispielen soll aufgezeigt werden, wie diese disruptiven Trends sowohl die Gesellschaft als auch die Wirtschaft nachhaltig und fundamental verändern werden. Die letzten 15 Jahre wurden vor allem durch die flächendeckende Verbreitung des Internets geprägt. Die Schaffung zahlreicher eCommerce-Plattformen wie Amazon und Alibaba oder der Siegeszug der sozialen Netzwerke wie Facebook und Tencent haben unser Verhalten komplett verändert. Google und Facebook können einen jeden von uns als Mensch anhand unseres Suchverhaltens besser beschreiben als unser Partner oder unsere engsten Freunde. Dies führte auf der einen Seite zu einer Erleichterung des Lebens, auf der anderen jedoch führt es auch zu einer höheren Komplexität des Alltags.

Bevor wir in ein Unternehmen investieren, stellen wir uns vorher die Frage, ob die betreffende Firma »amazonisiert« werden kann.

Konkret heißt das: Kann Amazon (oder ein anderer Tech-Gigant) sich dieses Geschäftsmodell mühelos einverleiben und sogleich das Ende des etablierten Unternehmens einläuten? Dies gilt auch für Großkonzerne und aktuelle Marktführer. Im Jahr 1965 befand sich ein durchschnittliches S&P-500-Unternehmen noch stolze 33 Jahre im Index, bevor es hinausgeschmissen und verdrängt wurde. 1990 waren es bereits weniger als 20 Jahre. Die logische Konsequenz hiervon ist, dass etwa 50 Prozent im S&P 500 der gelisteten Unternehmen in den nächsten zehn Jahren abgelöst werden dürften. Sie werden dann durch die sogenannten Unicorns ersetzt – also Startups, die nach mehreren Finanzierungsrunden bereits heute eine Bewertung von mindestens 1 Milliarde US-Dollar aufweisen. Einige bekannte Abgänge der letzten zehn Jahre sind Eastman Kodak, National Semiconductor, Sprint, US Steel, Dell und die New York Times. Dafür wurden Jungfirmen wie Facebook, PayPal, Level 3 Communications, Tesla, Under Armour, Seagate Technology und Netflix in den Index aufgenommen. Traditionelle Unternehmen wie Siemens oder Bosch, welche seit über 100 Jahren zu den Weltmarktführern gehören, werden in Zukunft die absolute Ausnahme sein.

1996 wurde der zur damaligen Zeit beste Schachspieler der Welt Garri Kasparow erstmals von einem Schachcomputer namens »Deep Blue« in einer regulären Partie besiegt, in der das Regelwerk in vollem Umfang gültig war. Wieso machte uns das damals keine Angst? Liegt es daran, dass Schach, ein Spiel ohne Emotionen, nach festen Regeln abläuft und nur auf einem kleinen Brett mit 64 Feldern und 32 Spielfiguren stattfindet? Das ist verwunderlich, wird es doch als königliches Spiel bezeichnet. Im asiatischen Strategiespiel »Go« hat das Programm AlphaGo der Google-Tochter DeepMind im Jahr 2016 den stärksten menschlichen Profispieler aller Zeiten besiegt. Doch damit nicht genug. Eine neue Version hat das Spiel jetzt ohne menschliches Vorwissen weiterentwickelt. In über 100 Partien blieb diese Weiterentwicklung unbesiegt, weder die Vorgängerversion noch menschliche Spieler konnten sie bezwingen. Während die neuronalen Netze der ersten drei Versionen von Googles Spielerei mit Millionen von Stellungen aus Partien zwischen starken menschlichen Spielern trainiert wurden, hat die nun enthüllte Version AlphaGo Zero das Spiel von Grund auf selbst erlernt. Statt zweier neuronaler Netze (Policy Network für Vorschläge guter Züge und Value Network für die Stellungsbewertung) hat Alpha-Go Zero nur noch eines. Dieses besitzt allerdings zwei Ausgangspfade (»Heads«), die gleichzeitig Zugvorschläge und Stellungsbewertungen liefern. Am Eingang des neuronalen Netzes steht nur noch die reine Stellung, lediglich angereichert um die Historie der letzten acht Züge und die Information, welcher Spieler am Zug ist. Die Go-spezifische Vorverarbeitung, mit der die Entwickler den neuronalen Netzen früherer AlphaGo-Versionen noch in gewissem Umfang auf die Sprünge geholfen hatten, gehört der Vergangenheit an. Erstaunlich ist für den Go-Kundigen auch zu beobachten, wie AlphaGo Zero in kürzester Zeit das jahrhundertealte Go-Wissen der Menschheit abdeckt und in Form bestimmter etablierter Zugfolgen wieder zugunsten anscheinend noch besserer Strategien verwirft.

Nachdem einige der schlauesten Menschen des Planeten von einem kleinen rechteckigen Gerät besiegt wurden, bleibt – wenig überraschend! – nichts zurück als Verwunderung, Kopfschütteln und Staunen. Menschen schließen aus Angst vor dem Ungewissen oftmals die Augen vor der Zukunft, sie leben in ihrer eigenen Welt und scheuen sich davor, Entscheidungen zu treffen. Oder irritiert uns die Überlegenheit solcher Rechner nicht, weil wir selbst die Möglichkeiten, aber auch die Auswirkungen und Folgen der künstlichen Intelligenz (KI) nicht einschätzen können? In der Vergangenheit sorgte der Einsatz des Taschenrechners dafür, dass Menschen nicht mehr Kopfrechnen können. Die Einführung von GPS und Navigationsgeräten führte dazu, dass Menschen die Fähigkeit verloren, zu navigieren. Die Einführung der künstlichen Intelligenz könnte in Zukunft bewirken, dass der Mensch, ähnlich wie bei den bereits erwähnten Beispielen, den Weg des geringsten Widerstandes wählt und seine Entscheidungsgewalt und Risikofreude an die ihm überlegene künstliche Intelligenz abtritt.

Seit Jahrtausenden führt ein Alleinstellungsmerkmal zum Erfolg – dieser liegt darin, etwas zu tun, was kaum ein anderer macht. Ein System, welches uns also vorgibt, welche Entscheidung die richtige ist, führt womöglich dazu, die Masse weiter zu homogenisieren und noch abhängiger von solchen Mechanismen zu machen: »Warte, ich google es lieber noch einmal«, ist heute schon eine der häufigsten Phrasen. Die Unsicherheit, eigenes Wissen einzubringen und Entscheidungen zu treffen, wächst fortlaufend. Wir schauen zu erfolgreichen Menschen auf und möchten das erreichen, was uns medial als Erfolg vorgelebt wird. Oftmals scheint dies im Nachhinein gar nicht so schwer, doch zögern wir und vergeben so die besten Möglichkeiten. Wir trauen uns nicht – was nicht daran liegt, dass wir uns nicht überwinden könnten, sondern darin, dass wir ausgesprochen risikoavers sind.

Wir haben Angst vor dem Fall ins Bodenlose. Wir fragen uns: Was denkt mein Partner, was denkt meine Familie, was denkt mein Umfeld, wenn meine getroffene Entscheidung doch falsch war? Stellen Sie sich vor, eine Stimme nimmt Ihnen notwendige Entscheidungen ab, indem sie Dinge, welche Sie zu denken beginnen, zu Ende denkt: Ein Gedankengang ohne irrationale Hirngespinste und ohne die Angst, zu versagen. Wie schön wäre es, eine Entscheidung zu treffen, in der das erfolgreiche Ende schon feststeht, bevor wir gestartet haben! Wenn es eine Rohversion künstlicher Intelligenz bereits vor 20 Jahren geschafft hat, einen Schachspieler zu schlagen, der zur damaligen Zeit als bester Spieler aller Zeiten galt, wird es doch auch möglich sein, dass eine künstlich erschaffene Intelligenz, welche sich stetig weiterentwickelt, einfache und mit fortlaufender Zeit auch schwierige Entscheidungen für uns treffen kann.

Was 1996 möglich war, scheint 20 Jahre später vollkommen neue Dimensionen erreicht zu haben. Auch Kasparow hielt seine Niederlage gegen die von IBM entwickelte Maschine damals für ausgeschlossen und verließ sich auf sein Ego, er strotzte nur so vor Selbstbewusstsein. Eine solche Maschine könnte dann wohl auch Weltmeister der Künste und Wissenschaften werden, witzelte er damals. Einfache Aufgaben können schon längst schnell und genau erledigt werden. Unternehmen können große Datenmengen verarbeiten. Doch inzwischen geht die Kompetenz der Rechner weiter. Sie können damit beginnen, die vorhandenen Daten nach nützlichen Erkenntnissen und Informationen zu analysieren – und hier kommt die künstliche Intelligenz ins Spiel. Auch heute noch entwickeln Unternehmen wie IBM Algorithmen, mit denen in multidimensionalen Räumen mit 50 oder gar 100 Parametern eine sehr komplexe Matrix entwickelt wird, um über Korrelationen und Wahrscheinlichkeiten Prognosen zu erstellen. Mit entsprechenden Supercomputern werden solch komplexe Analysen blitzschnell durchgeführt. Laut IBM könnte die Frage an eine künstliche Intelligenz lauten, welches Präparat sich bei Brustkrebs mit einem bestimmten Befund und in einem bestimmten Stadium am besten eignet. Entwickelte Programme wie das allseits bekannte Watson würden dann anhand von Vergleichsfällen gegebenenfalls antworten, dass zu 80 Prozent das Präparat der Firma XY mit dem Wirkstoff YZ am besten anschlage.

Robotik und künstliche Intelligenz werden umgangssprachlich oft als Synonym verwendet, gewissermaßen als austauschbare Begriffe, das sind sie jedoch keinesfalls. Kurz gesagt nutzt die Robotik IT für die Automatisierung. Es geht darum, einen regelbasierten Prozess zu erstellen, den eine Maschine dann schnell und konsistent ausführen kann. Die Maschine lernt nicht, wie man den Job macht, sondern erledigt Aufgaben auf eine vorbestimmte Art und Weise. Entgegen aller Verschwörungstheorien und Sorgen lässt sich ausschließen, dass sich intelligente Maschinen, wie sie derzeit existieren, plötzlich gegen Menschen wenden. In Zukunft ist es jedoch durchaus denkbar, dass sich künstliche Intelligenz durch die Vernetzung mit anderen Systemen fortlaufend weiterentwickelt und Prozesse, welche im Hintergrund ablaufen, für den menschlichen Programmierer nicht nachvollziehbar sind. Die Möglichkeit, das System vom Strom zu trennen, sollte ausufernde Aktivitäten jedoch auch in Zukunft beschränken. Fragen der Sicherheit dürfen dabei aber ebenso wenig außer Acht gelassen werden wie die der Ethik. Nicht alles, was machbar ist, darf auch gemacht werden. Die Auswertung von Fitness- und Gesundheitsdaten durch Dritte beispielsweise birgt die Gefahr, dass die Informationen auch an den Arbeitgeber oder an die Krankenversicherung gelangen könnten. In der Vergangenheit sorgten technische Änderungen stets für Effizienzsteigerungen und Arbeitserleichterungen für den Menschen. Ähnlich wie das Auto und später das Flugzeug die Mobilität für immer veränderten, wird künstliche Intelligenz unsere Gesellschaft nachhaltig verändern, gewollt oder ungewollt. Ebenfalls wird sich die künstliche Intelligenz auf alle Dienstleistungsbranchen auswirken, in Wahrheit hat sie das sogar schon. Führungskräfte, die diesen großen Wandel bereits erkennen und Änderungen in ihren Systemen rasch implementieren, werden in der besten Position sein. Wiederkehrende Muster, teils identische Abläufe, können für die reibungslose Implementierung der künstlichen Intelligenz sorgen.

Zudem werden in Zukunft deutlich weniger Arbeitsplätze in diesen Bereichen benötigt. Angestellte könnten den Einsatz der Maschine als Konkurrenz verstehen und die Implementierung beziehungsweise den sinnvollen Einsatz boykottieren. Wer das nicht glaubt, sollte sich das Red-Flag-Gesetz in Großbritannien anschauen. Dieses Gesetz schrieb vor, dass ein Gefährt ohne Pferde oder ein Automobil mit einer Geschwindigkeit von maximal 6,4 Kilometer in der Stunde fahren durfte. Innerhalb der Ortschaften betrug das Limit 3,4 Kilometer pro Stunde. Bei jedem Automobil mussten zwei Personen zum Führen des Fahrzeugs anwesend sein, und ein Fußgänger hatte vorauszulaufen, der zur Warnung der Bevölkerung eine rote Flagge tragen musste. Das Gesetz wurde 1896 abgeschafft, zehn Jahre nachdem die ersten PKWs zugelassen wurden.

Um wirklich effektiv zu sein, müssten Systeme die Verarbeitung der natürlichen Sprache einbeziehen und eine Stimmungsanalyse vornehmen, um zu verstehen, was Kunden wirklich wollen. Ob diese Systeme Daten besser analysieren und die Wünsche eines jeden Kunden genauer vorhersagen können als Menschen, ist noch ungewiss. Solche Sprachsysteme könnten möglicherweise das soziale Profil eines Kunden scannen, um Informationen zu sammeln, Trends und Muster zu finden und den Kunden optimal zu beraten. Die Kombination aus solch neuen Denkansätzen und der neu entwickelten Technologie künstlicher Intelligenz hat das Potenzial, die Kundenerfahrung komplett zu verändern. Während der ersten Jahre wird dies vermutlich weiterhin in Kooperation mit der menschlichen Arbeitskraft geschehen, um dem Kunden endlich einen großartigen Service zu bieten, der seinen heutigen Bedürfnissen entspricht. Es kann Mitarbeiter Monate kosten, um Tausende von Dokumenten zu durchkämmen. Programme, die sich die künstliche Intelligenz zunutze machen, können dagegen den gleichen Papierstapel in wenigen Sekunden sortieren. Zugleich eliminieren Sie die Subjektivität und identifizieren Datenpunkte, die das menschliche Auge mit Sicherheit übersehen würde. Dadurch müssen Mitarbeiter keine langwierigen Datenanalysen mehr durchführen. Stattdessen können sie etwas Innovativeres und Aktives für das Unternehmen tun und somit auch ihre eigene Zufriedenheit steigern. Das gilt zumindest für den Teil des Personals, der eine Rationalisierung übersteht. Regierungen und Unternehmen müssen zusammenarbeiten, um den Menschen zu helfen, sich durch Umschulungen und berufliche Veränderungen an diese neuen Technologien anzupassen. Eine Kultur der Anpassungsfähigkeit und des lebenslangen Lernens wird entscheidend sein, um die Vorteile von künstlicher Intelligenz und Robotik in der gesamten Gesellschaft zu verbreiten, insbesondere in Anbetracht einer alternden Bevölkerung, in der die Menschen länger arbeiten müssen.

2.1 Der Algo-Faktor

»Die Menschen sind nicht mehr verantwortlich dafür, was in den Märkten geschieht, weil alle Entscheidungen von Computern getroffen werden.«

MICHAEL LEWIS

Warum sollte man also die neuen Technologien nicht für die eigenen Handelsstrategien nutzen? Dies dachte sich Ende der 1960er-Jahre auch der Amerikaner Edward Thorp und gründete den ersten quantitativen Hedgefonds. Er entwickelte Bewertungsmodelle, unter anderem für Wandelanleihen, prüfte diese mit damals enormer Rechenleistung und ließ die Computer für sich handeln. Seine damals implementierte statistische Arbitrage erscheint heute im Vergleich zu den Marktführern geradezu banal: Die laut seinen Modellen unterbewerteten Papiere werden gekauft und die überteuerten leerverkauft. Der Kurs kehrt dann zum fairen Wert zurück und die Position wird glattgestellt. Hier geht es darum, bei so wenig Risiko wie möglich den maximalen Return zu erwirtschaften. Natürlich ließ die Konkurrenz nicht lange auf sich warten, und die quantitativen Systeme werden Tag für Tag weiterentwickelt. Denn wenn jeder dieselbe Gewinnstrategie verfolgt, arbitragieren sich die Marktteilnehmer untereinander selbst und der Profit bleibt (logischerweise) aus. Thorps' Fonds schloss schließlich im Frühjahr 1998 – nach fast 30 Jahren ununterbrochen positiver Rendite von durchschnittlich 20 Prozent pro Jahr.

Die heutigen Platzhirsche im Quant-Bereich setzen auf eine Vielzahl von Strategien. Mehrere tausend Faktoren werden zeitnah kalkuliert, um die Performance zu optimieren. Der Renaissance Institutional Equities Fund (RIEF), der Renaissance International Equity Fund (RIEEX) sowie der Renaissance Institutional Diversified Alpha Fund (RIDA) erwirtschaften seit Jahren gute, risikoadjustierte Renditen. Die Performance in schwachen Börsenjahren war bisher hervorragend. Eine Korrelation zur Entwicklung der Aktienmärkte ist bei diesen Fonds nicht erkennbar.

Bridgewater Associates analysiert globale makroökonomische Fundamentaldaten mithilfe von Algorithmen. Rohstoffhändler überwachen durch den Einsatz von Drohnen Produktionsstätten und Häfen, um bei Grundstoffen und Nahrungsmitteln Abweichungen in Angebot und Nachfrage herauszufinden.

Die Zeiten, in denen Menschen Algorithmen noch selbst entwickeln, neigen sich definitiv dem Ende zu. Mittels Machine Learning bringt sich der Computer alles selbst bei, was er an Algorithmen braucht. Auf YouTube finden Sie zum Beispiel reihenweise Videos, wie sich einfache Programme Spiele wie Super Mario oder Pac Man selbst beibringen können. Wir sind jedoch der Meinung, dass der Mensch auch in Zukunft noch eine wichtige Funktion ausüben könnte. Wer sagt dem Rechner, dass die vermeintlich 90-prozentige Korrelation zwischen Regenfällen in Bangladesch und der Performance des S&P 500 kompletter Unfug ist? Werden die Algorithmen mit solch großen Datenmengen untermauert, kann es ganz schön schwer werden, Veränderungen rechtzeitig zu erkennen. Die Finanzmärkte unterscheiden sich nämlich fundamental von Bereichen wie beispielsweise dem Engineering, wo der Sachverhalt A immer zum Resultat B führt und wo längst nicht alle Szenarien abgebildet werden können. Berücksichtigt man die Tatsache, dass rund 1 Trillion US-Dollar von quantitativen Fonds verwaltet wird und diese inzwischen für 75 Prozent der Börsentransaktionen verantwortlich sind, wird klar, dass keiner mehr die Transaktionen in Echtzeit verfolgen kann. Marktbewegungen sind somit viel schwerer nachvollziehbar.

Wenn Sie die Algorithmen mit Unsinn füttern, kann das verheerende Konsequenzen haben. So liegen die Computerprogramme des Öfteren daneben und verursachen »Quant Quakes« und »Flash Crashes« wie an den Aktienmärkten in den Jahren 2007, 2010 und im VIX 500 Future im Januar 2018. Berücksichtigt man die Tatsache, dass mittlerweile rund 70 Prozent der Börsentransaktionen durch Algorithmen generiert werden, dürfte dies niemanden überraschen.

Zu den verbreiteten Trading-Strategien mit Algorithmen gehören die folgenden.

Trend-Following:
Da keine Preisvorhersagen gemacht werden müssen, ist dies die am einfachsten zu implementierende und somit die am weitesten verbreitete Algo-Strategie. Trend-Following-Wetten basieren oft auf 50- oder 200-Tage-Durchschnitten (Moving Averages), Veränderungen von Preisniveaus (Price-Level Movements), plötzlichen Preisausbrüchen aus langanhaltenden Handelsbandbreiten (Channel Breakouts) oder anderen technischen Indikatoren.

Arbitrage:
Darunter versteht man die Ausnutzung unterschiedlicher Preise an verschiedenen Handelsplätzen. Sie kaufen eine Wertschrift zum Beispiel an der Frankfurter Börse günstiger ein als diese in London notiert. Gleichzeitig verkaufen Sie das überteuerte Papier in London leer. Ihre Position ist neutral und die Preisdifferenz gehört Ihnen. Dabei gehen Sie keinerlei Risiken ein, doch Sie müssen schneller sein als die Konkurrenz. Denn mit jeder Arbitrage-Handlung verkleinert sich der Preisunterschied.

Rebalancing von Index Fonds:
Die immer populärer werdenden Index-Fonds müssen ihre Positionen regelmäßig neu mit dem Index abgleichen. An diesen Tagen schießen die Handelsvolumina regelrecht durch die Decke. Durch gezielte Positionierungen können Algorithmen diese Chance monetarisieren. Index-Fonds müssen das Rebalancing-Datum ankündigen. Dabei handelt es sich wie bei der Ankündigung von Anleihekäufen der Fed um eine öffentlich zugängliche Information, die bekanntlich verwendet werden darf.

Bereitstellung von Liquidität (Market Making):
Ein Market-Maker steht jederzeit bereit, um ein Papier zu kaufen oder zu verkaufen. Er versorgt den Markt auf diese Weise mit Liquidität. Er hält einen Bid-Ask-Spread aufrecht, der gleichzeitig seine Profitmarge darstellt. Im Goldbarrenhandel Ihrer lokalen Bank verhält es sich genau gleich: Die Bank »macht« den Markt. Sie werden Ihren Goldbarren niemals zu dem Preis an die Bank verkaufen können, den die Bank für den gleichen Barren von ihren Kunden verlangt. Durch die Automatisierung ist Market Making immer wettbewerbsintensiver geworden. So lagen 1994 die Bid-Ask-Spreads noch bei 0,17 Prozent, 2004 bei rund 0,024 Prozent und heute durchschnittlich bei 0,002 Prozent.

Strategien aufgrund mathematischer Modelle:
Hierbei werden selbst entwickelte mathematische Modelle abgebildet und voll automatisiert laufen gelassen. Auf banalstem Niveau können Sie mit Ihrer Software zum Beispiel Pair Trades abbilden und sagen:»Kaufe von jeder Branche die Aktie mit dem tiefsten Kurs-Gewinn-Verhältnis (KGV) und verkaufe die mit dem höchsten KGV leer und stelle die Position nach 90 Tagen glatt.« Für die Entwicklung komplexer mathematischer Modelle kann auch Machine Learning angewandt werden. Ihre Hypothese testen Sie dann in diversen historischen Zeiträumen, um herauszufinden, welche Performance Ihre Strategie wann gezeigt hätte (Backtesting). Da die Zukunft nicht der Vergangenheit entspricht, testen Sie Ihr Modell idealerweise auch mit diversen Monte-Carlo-Simulationen. Hier wird eine Vielzahl von Szenarien mit je mehreren zufälligen Variablen simuliert. Auf diese Weise lässt sich feststellen, was theoretisch alles passieren kann, wie das Modell unter welchen hypothetischen Umständen performt und wie wahrscheinlich die einzelnen Szenarien sind. Wenn sauber implementiert, können aufgrund von Monte-Carlo-Simulationen viel genauere Annahmen getroffen werden als via Backtesting.

Um Algorithmen für sich arbeiten zu lassen, müssen Sie nicht zwingend in den Hochfrequenz-Handel einsteigen. Die oben beschriebenen Strategien können Sie auch bereits mit einfachen Computern und Brokern umsetzen, sei es bei der Analyse oder in der Ausführung der Order. Die simpelsten Analyse-Algorithmen erzeugen Sie in einem Excel-Spreadsheet oder mit einfachen Programmen, die auf eine Datenbank zugreifen. Hierzu gibt es auch zahlreiche Anbieter von Online-Services. Unter Quant-Analysten scheint jedoch die Programmiersprache Python laufend an Bedeutung zu gewinnen. Zur Umsetzung bietet die große Mehrheit der Broker APIs an. Dies sind Schnittstellen, über die Sie mit eigener Software derjenigen des Brokers automatisiert Anweisungen geben können. Diese basieren auf einer Vielzahl von Programmiersprachen (unter anderem Java, C++,

.NET, Python ...). Wenn Sie hier einsteigen möchten, kommen Sie um Fachliteratur nicht umhin. Dieses Thema würde den Rahmen dieses Buches komplett sprengen.

Werden die Maschinen den Menschen als Anleger gänzlich ablösen? Machen wir einen kleinen Exkurs zu Palantir: Die Firma spürt für diverse Organisationen Betrugsvorfälle auf und dies erfolgt großmehrheitlich automatisiert. Palantirs Rechner überprüfen beispielsweise täglich mehrere Millionen PayPal-Transaktionen, was in dieser Geschwindigkeit für ein menschliches Team unmöglich ist. Für die Rechner stellt dies kein Problem dar. Trotzdem schaut bei jedem relevanten Fall noch mindestens ein Mensch darüber. Manchmal liegen die Algorithmen daneben, weil der Fall minimal von der Norm abweicht oder weil ein Kreditbetrüger einen neuen Weg gefunden hat, um sich durch die automatische Überprüfung zu mogeln. Entsprechend werden stets Menschen gebraucht, um einerseits die Arbeit der Algorithmen zu überwachen und um andererseits eine ständige Weiterentwicklung sicherzustellen. Ansonsten wären die Computer schneller nutzlos, als man meinen könnte. Dennoch wird lediglich ein Bruchteil der derzeit bestehenden Arbeitsplätze im Investmentbanking benötigt werden. Nicht umsonst investiert Goldman Sachs jährlich über 1 Milliarde Euro, um ihre Trauer zu ersetzen.

2.2 Quantencomputer

»Wer über die Quantentheorie nicht entsetzt ist,
der hat sie nicht verstanden.«

NIELS BOHR

Wir erleben täglich die Vorteile des klassischen Rechnens. Die Computer von heute helfen und unterhalten uns, sie verbinden uns mit Menschen auf der ganzen Welt und ermöglichen uns die Verarbeitung großer Datenmengen, um Probleme zu lösen und komplexe Systeme zu verwalten. Der Begriff »Quantencomputer« vereint

Quantenphysik und Computer. Die Maschine soll ebenso wie ein klassischer Computer Algorithmen ausführen und mit Zahlen rechnen. Nur soll sie dabei die Gesetzmäßigkeiten der Quantenphysik nutzen. Diese Aufgabe treibt Physiker, Mathematiker und Informatiker an den Rand ihrer Möglichkeiten. Es gibt jedoch Probleme, die heutige Systeme nicht lösen können. Für Herausforderungen, die über eine bestimmten Größe und Komplexität hinausgehen, haben wir auf der Erde nicht genug Rechenleistung, um sie zu bewältigen. Der Computer könnte zum Beispiel jede Route vorhersagen, die ein beliebiges Fahrzeug zu einem bestimmten Zeitpunkt individuell nehmen sollte, und er könnte den effizientesten Weg für jedes Fahrzeug in Bezug auf andere Fahrzeuge darstellen. Die Optimierung kann auch den Kraftstoffverbrauch, die Umweltverschmutzung und die Zahl der Autounfälle reduzieren oder die Bewegung von Krankenwagen, Löschfahrzeugen und Polizeifahrzeugen durch eine überfüllte Stadt kontrolliert steuern.

Bei drohenden Naturkatastrophen wie Tsunamis oder Erdbeben kann der Computer durch automatische Frühwarnsysteme Menschen rechtzeitig alarmieren oder in Notunterkünfte verweisen. Während wir einige dieser Probleme mit herkömmlichen Computern nachverfolgen können, ist es für Quants möglich, sobald die Daten erfasst und die Software codiert sind, nahezu unvorstellbar große Datenmengen mit geringem Energiebedarf zu berechnen und diese Leistung jedem Menschen zugänglich zu machen, der eine Internetverbindung hat.

Um die Chance zu haben, einige dieser komplexen Probleme zu lösen, benötigen wir eine neue Art der Datenverarbeitung: eine, deren Rechenleistung mit zunehmender Systemgröße ebenfalls exponentiell ansteigt. Alle Computersysteme sind auf die grundlegende Fähigkeit angewiesen, Informationen zu speichern und zu bearbeiten. Derzeitige Computer bearbeiten einzelne Bits, die Informationen als binäre Null- und Eins-Zustände speichern. Millionen Bits arbeiten zusammen, um Informationen zu verarbeiten und anzuzeigen. Quantencomputer nutzen verschiedene physikalische Phänomene – Überlagerung, Verschränkung und Interferenz – um Informationen zu manipulieren. Dafür wird auf verschiedene physikalische Geräte gesetzt: Quantenbits oder Qubits.

Das große Versprechen des Quantencomputers ist nicht nur, dass die Maschine mehr Informationen auf weniger Platz speichern kann, sondern dass der Quantencomputer einige Aufgaben sehr viel schneller lösen kann als ein klassischer Computer. Denn dank Überlagerungszuständen verarbeitet er viele Zahlen gleichzeitig, während ein klassischer Rechner alle Rechenschritte nacheinander ausführt. »Die Magie der Quanten sind die exponentiell steigenden Möglichkeiten«, sagt Chris Monroe von der Universität Maryland. Viele Algorithmen für kurzfristige Quantenhardware haben den Anspruch, aus unzähligen möglichen Lösungen die beste zu finden, zum Beispiel den niedrigsten Energiezustand eines Moleküls unter verschiedenen möglichen molekularen Bindungslängen. Für jede mögliche Bindungslänge bilden sie Teile der Energie auf einem Quantenprozessor ab und messen die Energie dann direkt. Das Ausprobieren verschiedener Lösungen führt schließlich zur Bindungslänge mit dem niedrigsten Energiezustand, der die molekulare Gleichgewichtskonfiguration darstellt. Niemand kann also derzeit sagen, ob Quantencomputer wirklich die Erwartungen erfüllen können, die in den Forschungsbeiträgen, Blogs und Nachrichten geweckt werden. Von allen genannten Technologien ist für die sinnvolle Nutzung der Quantentechnologie definitiv am meisten Zeit verstrichen.

Erstens können Quantencomputer logistische Fragen und Optimierungsprobleme lösen, die die Ursache vieler sozialer Herausforderungen sind. Zweitens werden Quantencomputer für soziale Innovatoren und gemeinnützige Organisationen zunehmend zugänglich und erschwinglich, weil es sich dabei um eine digitale Technologie handelt. Und weil das Quanten-Computing so mächtig sein wird, haben drittens diejenigen, die es zuerst nutzen, die historische Chance, ihre Werte und ihre Ethik als Maßstab in die Welt zu bringen. Wie bringen wir Waren, Dienstleistungen oder Menschen schnell und effizient an den richtigen Ort? Oder wie prognostizieren wir, wie sich das Klima, eine Cholera-Epidemie oder ein anderer Vorgang in unserer Umwelt im Laufe der Zeit entwickeln könnte? Solche Fragen lassen sich mit Quantencomputern künftig beantworten.

2.3 Distributed-Ledger-Technologie

Die Distributed-Ledger-Technologie (DLT) beschreibt eine Technik für vernetzte Computer, die zu einer Übereinkunft über die Reihenfolge bestimmter Transaktionen kommen und die die Daten über diese Transaktionen laufend aktualisieren. Der Begriff »Ledger« bedeutet in diesem Zusammenhang ein dezentral geführtes Kontobuch oder eine dezentrale Transaktionsdatenbank. Distributed Ledgers haben das Potenzial, Transaktionen zu beschleunigen, da sie die Notwendigkeit einer zentralen Behörde oder eines Mittelsmanns beseitigen. In ähnlicher Weise haben diese verteilten Bücher das Potenzial, die Transaktionskosten auf ein Minimum zu senken. Experten glauben auch, dass die DLT viel sicherer ist als alle bisherig verwendeten Technologien. Da jeder Knoten des Netzwerks Datensätze enthält, wird ein System geschaffen, das schwieriger zu manipulieren oder anzugreifen ist. Die Offenheit der DLT schafft Potenziale für neue Wirtschaftsmodelle, die auf umfassenderen Informationen basieren. Mit anderen Worten, sie birgt die Möglichkeit in sich, zur Idee einer »Sharing Economy« als Alternative zur »Exchange Economy« beizutragen. Das Internet hat es bisher geschafft, dies auf lokalen Plattformen zu regeln. Die DLT ermöglicht es jedoch, diesen Prozess zu globalisieren und für jedermann zugänglich zu machen. Sie bietet die Voraussetzungen für eine erste digitale Wirtschaftstechnologie. Durch intelligente Verträge, gepaart mit digitaler Technologie, könnte die Wirtschaft künftig auf komplett neue Weise arbeiten. Daneben wäre es mit einer Distributed-Ledger-Technologie möglich, alle transferierten Vermögensgegenstände dezentral, chronologisch und direkt aufzuzeichnen. Sie könnte daher öffentliche Register ersetzen, etwa bei der dezentralen Aufzeichnung von Eigentum. Jede Transaktion könnte dazu mit zusätzlichen Daten unterfüttert werden, etwa zu den beteiligten Parteien, der Kaufsache und dem Kaufpreis. All dies würde ebenfalls im jeweiligen Ledger festgeschrieben werden. Die DLT hat das Potenzial, die Art und Weise, wie wir unser Wirtschaftssystem organisieren, neu zu definieren. Sogar die Vorstellung von einem Unternehmen könnte auf diese Weise neu zu definieren sein. Diese Forschungsfragen sind nicht nur für die Entwicklung der DLT von grundlegender Bedeutung, sondern auch für die Zukunft des gesamten Wirtschaftssystems. Sollte sich diese Technologie durchsetzen, könnte vor allem die Finanzbranche komplett revolutioniert werden. 2 Milliarden Menschen haben immer noch kein Bankkonto. Finanzinstitute halten die Betriebskosten und das Risiko für bestimmte Personen für zu hoch und verweigern ihnen den Zugang zu Finanzdienstleistungen. Solche Hürden könnte die DLT nehmen. Auch aufwendige Registrierungs- und Identifizierungsverfahren bei Ämtern, Banken und Verträgen könnten entfallen. Eine sichere Online-Identität könnte immer wieder verwendet werden, vor allem wenn sie dezentral gespeichert ist. Selbst die Börse könnte sich vollkommen neu erfinden. Ein dezentralisiertes System könnte Angebot und Nachfrage zusammenbringen. Durch diesen Schritt wären sämtliche Kommissionsempfänger wie Börsenbroker überflüssig. Die Distributed-Ledger-Technologie kommt erstmals bei der Dokumentation von Transaktionen und Dokumenten gänzlich ohne Drittanbieter aus.

Eine Blockchain ist nur eine von mehreren verschiedenen Arten verteilter Ledger. In der Tat können verteilte Ledger je nach den Anforderungen, denen sie gerecht werden sollen, unterschiedliche Strukturen aufweisen. Der Hauptunterschied bei verschiedenen DLT-Anwendungen betrifft das Maß an Datenschutz und Sicherheit, die sie bieten. Es gibt ...

– ... öffentlich verteilte Ledger: Jeder kann dem Ledger beitreten einschließlich potenziell anonymer oder pseudonymer Parteien.

– ... privat verteilte Ledger: Hier können nur validierte Parteien dem Netzwerk beitreten.

2.4 Blockchain

Der einfachste Weg, Blockchains zu erklären, besteht darin, sie als eine Art dezentralen Ledger (Transaktionsdatenbank) zu bezeichnen. Die Blockchain wurde durch die Erfindung von Bitcoin, einer auf dieser Technologie basierenden Kryptowährung, im Jahr 2009 populär gemacht. Satoshi Nakamoto, ein Pseudonym für eine Person oder eine Gruppe, erfand die Blockchainsysteme und hat seither über 1500 Coins durch die Blockchain-Technologie entstehen sehen. Die Blockchain ist im Grunde eine verteilte Datenbank. Stellen Sie sich eine riesige, globale Kalkulationstabelle vor, die auf Millionen von Computern läuft, eine unveränderbare Datenbank, auf der digitale Assets gespeichert sind. Die Auswirkungen betreffen nicht nur die Finanzdienstleistungsbranche, sondern haben auch erhebliche Auswirkungen auf nahezu jeden Aspekt der Gesellschaft. In der Blockchain entsteht Vertrauen durch eine Verteilung der Kontrolle auf die Massen und durch einen intelligenten Code, der statt einer starken, zentralen Institution die Authentifizierung und Abrechnung übernimmt. Auf diese Weise wäre es möglich, Stellen wie die Grundbuchämter und Notariate zu ersetzen, da Besitzverhältnisse dezentral und unantastbar gespeichert werden können. Dadurch lassen sich, wenn alle beteiligten Parteien zustimmen, Zahlungen und Vermögenswerte verfolgen. Theoretisch wäre es sogar möglich, Wahlen und Abstimmungen ohne Korruption via Blockchain abzuhalten. Die Möglichkeiten und Anwendungsbereiche dieser Technologie sind nahezu unbegrenzt. Was uns an Blockchain-Technologien inspiriert, ist die Tatsache, dass Mathematik und Algorithmen es ermöglichen, Vertrauen zwischen Parteien zu schaffen, die nur gelegentlich miteinander interagieren oder sich überhaupt nicht kennen. Sie können die dezentrale Datenbank gemeinsam und sicher nutzen.

Weitere Erläuterungen dazu finden Sie im Kapitel »Kryptowährungen«.

2.5 3D-Druck

Der dreidimensionale Druck verändert die Art und Weise, wie Einzelpersonen leben, sowie die Art und Weise, in der Unternehmen unterschiedliche Vorgänge und Prozesse durchführen. Diese Technologie wird in unterschiedlichen Branchen bereits zu einer Vielzahl von Zwecken eingesetzt. In den kommenden Jahren gibt es große Möglichkeiten für zusätzliche Innovationen und Entwicklungen. Dank fortschrittlicher Internet-of-Things-Technologie leben wir vielleicht bald in einer Zeit, in der 3D-Drucker zu Hause genauso verbreitet sind wie Kühlschränke. Wenn Sie über die erforderlichen Rohstoffe verfügen und zudem über eine Internetverbindung, um die gewünschten Designvorlagen zu finden, können Sie praktisch alles drucken, vom Fertighaus bis zu einem neuen Tisch für Ihr Wohnzimmer. Für kreative Köpfe und ambitionierte Erfinder ist dies eine aufregende Perspektive. Eintrittsbarrieren werden deutlich zurückgehen, dadurch können auch weniger stark kapitalisierte Entwickler überall auf der Welt den 3D-Druck für sich nutzen. Derzeit ermöglicht das Internet die gemeinsame Nutzung von Dateien, Bildern und Videos in einer virtuellen Welt. Dies war bisher die einzige Möglichkeit, Ideen global auszutauschen – und allein der Austausch von Daten hat die Welt auf unglaubliche Weise verändert. Wenn Sie sich fragen, wie sich der 3D-Druck auf die Wirtschaft auswirkt, ist es wichtig, zu wissen, dass diese Technologie es ermöglicht, auch physische Objekte zu teilen. Sie können beispielsweise ein Objekt erstellen und an den Drucker eines anderen Benutzers senden. Dies kann die Notwendigkeit radikal ändern, Produkte zu versenden oder via Geschäfte an Verbraucher zu liefern. Da Kunden ihre Produkte theoretisch selbst herstellen können, wird sich der Bedarf an riesigen Industrie- oder Fertigungsanlagen reduzieren. Ein Kunde könnte beispielsweise ein Produkt online bestellen, und die Druckanweisungen für das Objekt könnten per E-Mail an den Kunden gesendet oder online heruntergeladen werden. Der Kunde könnte dann sofort damit beginnen, den Artikel in seiner eigenen Wohnung oder in seinem Büro zu drucken. Aufgrund der ständig verbesserten Druckauflösung und der zunehmenden Vielfalt verfügbarer Druckmaterialien, einschließlich Funktions- und Verbundmaterialien, können heute bereits Formen gedruckt werden, welche mit traditionellen Produktionstechniken äußerst schwierig anzufertigen wären. Die Fertigungsoptionen sind nur durch unsere Vorstellungskraft eingeschränkt. Produkte sind vollständig anpassbar und können genau nach den Bedürfnissen eines Kunden hergestellt werden.

Bei jeder neuen Technologie ist es wichtig, die potenziellen wirtschaftlichen Folgen einer vollständigen Verbreitung zu erkennen. Angenommen, die meisten Haushalte der westlichen Welt verfügen schließlich über einen 3D-Drucker. Wie könnte sich dies auf die Wirtschaft auswirken? Die wichtigsten Materialien, die für den 3D-Druck verwendet werden, sind ABS-, PLA- und PVA-Kunststoffe. Mit Sicherheit jedoch werden weitere entstehen und im Laufe der Zeit noch praktikabler und kostengünstiger werden. In der Zwischenzeit könnte eine steigende Nachfrage durch Verbraucher, die sich auf Produkte für ihre eigenen 3D-Druckanforderungen verlassen, die Nachfrage nach Rohstoffen erhöhen. Wenn die Rohstoffpreise in die Höhe getrieben werden, könnte dies das Wachstum des 3D-Drucks insgesamt beeinträchtigen. Es wird höchstwahrscheinlich eine erhöhte Nachfrage nach Designspezifikationen geben. Die Verbraucher möchten ihre Drucker sinnvoll einsetzen, haben aber möglicherweise nicht die Zeit oder die technische Fähigkeit, eigene Designs zu erstellen. Bei 3D-Druckern müssen zudem nur Produkte hergestellt werden, die verkauft werden. Dies bedeutet, dass die Lagerhaltung von zusätzlichem Inventar verringert würde. Dies würde auch die Kosten senken. In Zukunft könnte es möglich sein, dass Ärzte Organe und mehr ersetzen. Es würde keine Probleme geben, Spender für Organe zu finden, ebenfalls würde der Organismus die künstlich produzierten Gewebe nicht abstoßen, was in der heutigen Medizin ein großes Problem darstellt. Da Organe unter Verwendung der eigenen DNA der jeweiligen Person aufgebaut werden, würde der Körper sie als eigen erkennen. Derzeit können 3D-Drucker allerdings nur Produkte aus Metallen, Keramik, Harz und Kunststoffen herstellen.

Mit all den neuen und innovativen Technologien, die Artikel mechanisch herstellen können, reduzieren wir effektiv den Bedarf an Arbeitskräften und deren Handwerkskunst. Dieser Abbau der Arbeitskräfte wird sich stark auf unsere Wirtschaft auswirken. Zudem bergen 3D-Drucker ein gewisses Kriminalitätsrisiko. Schon heute ist es relativ problemlos möglich, sich simple Waffen einfach auszudrucken.

2.6 5G-Netzwerke

5G ist die fünfte Generation der mobilen Konnektivität. Vor etwas mehr als drei Jahren revolutionierte Long Term Evolution (LTE), oder was wir als 4G-Konnektivität kennen, die Smartphone-Welt und erhöhte die Datenübertragungsgeschwindigkeit. Anscheinend erblasst jedoch das, was wir zu dieser Zeit erlebten, im Vergleich zu den vielfältigen Möglichkeiten, die die neue Generation der drahtlosen Konnektivität bietet. Das lässt sich am besten anhand von Daten veranschaulichen. Die durchschnittliche 4G-LTE-Übertragungsgeschwindigkeit, die derzeit für unsere Smartphones in Deutschland verfügbar ist, liegt bei 21 Mbit pro Sekunde. Dies ermöglicht uns ungeschnittenes Musik-Streaming und zeitnahes Surfen im Internet. Die 5G-Verbindungsgeschwindigkeit wird über 10 Gbit pro Sekunde erreichen, das heißt, sie wird 100 bis 1000 Mal schneller sein, sodass beispielsweise ein HD-Film in zehn Sekunden heruntergeladen werden kann. Es wird außerdem erwartet, dass die Verbindungslatenz von 50 Millisekunden auf nur eine Millisekunde abnimmt. Mit anderen Worten verringert die 5G-Technologie die Verzögerungszeit in der Kommunikation, erhöht die Informationsübertragungsrate, verbessert die Mobilfunkabdeckung deutlich und ermöglicht den gleichzeitigen Anschluss von Millionen Geräten. Da fällt es nicht schwer, vorauszusehen, dass die 5G-Technologie weit über den Bereich der Smartphones hinausgehen wird. Dank dieser Verbesserung der Übertragungsgeschwindigkeit und der Verbindungsqualität spielt das 5G-Netzwerk im Zeitalter des »Internet der Dinge« eine entscheidende Rolle. Mit der 5G-Technologie können wir ein wahres Ökosystem schaffen, das die Smartphone-Welt überwindet und möglicherweise zum fehlenden Puzzleteil wird, um echte Smart Cities zu bauen.

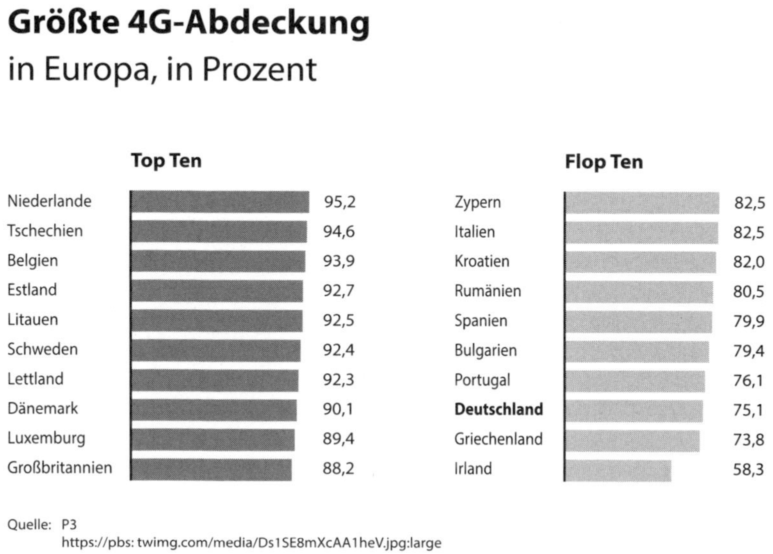

Größte 4G-Abdeckung
in Europa, in Prozent

Top Ten			Flop Ten		
Niederlande		95,2	Zypern		82,5
Tschechien		94,6	Italien		82,5
Belgien		93,9	Kroatien		82,0
Estland		92,7	Rumänien		80,5
Litauen		92,5	Spanien		79,9
Schweden		92,4	Bulgarien		79,4
Lettland		92,3	Portugal		76,1
Dänemark		90,1	**Deutschland**		75,1
Luxemburg		89,4	Griechenland		73,8
Großbritannien		88,2	Irland		58,3

Quelle: P3
https://pbs: twimg.com/media/Ds1SE8mXcAA1heV.jpg:large

Abbildung 37: 4G-Abdeckung in Europa

Schaut man sich die bisherige 4G-Abdeckung in Deutschland an (siehe Abbildung 37), kommen berechtigte Zweifel auf, inwiefern sich in Deutschland ein erfolgreicher 5G-Ausbau implementieren lässt. Denn aktuell gehört Deutschland selbst bei der »alten« Technologie zu den Schlusslichtern Europas und reiht sich in eine illustre Runde mit Bulgarien, Rumänien und Griechenland ein – eine Benchmark, die Deutschland wirtschaftlich nun wirklich nicht anpeilen sollte.

Die 5G-Technologie wird ein entscheidender Faktor dafür sein, dass in stark besiedelten Gebieten Millionen von Geräten gleichzeitig angeschlossen werden können. Der Grund dafür ist nicht zwingend die höhere Geschwindigkeit, sondern vielmehr die höhere Dichte und die höhere Gesamtleistungsfähigkeit. Die Technologie könnte auch entscheidende Auswirkungen in den Bereichen Big Data, Medizin oder Transport haben. Zum Beispiel könnte der Verkehr mit Car2Car-Verbindungen zunehmend effizienter und sicherer werden.

2.7 Virtual Reality

Wenn man die reale Welt zum Beispiel durch eine Smartphone-Kamera aufnimmt und auf dem Display dann Informationen wie Straßennamen, Restaurants oder die Bezeichnungen von Ladengeschäften einblendet, handelt es sich um die sogenannte gemischte Realität oder »Augmented Reality« (abgekürzt AR) – natürlich in der primitivsten Form. Head-up Displays im Auto oder Smart Glasses von Google sind perfekte Beispiele für diese Technologie. Letztere haben allerdings Schwierigkeiten, sich durchzusetzen. Der Verwendung gemischter Realität schreiben wir jedoch ein hohes Potenzial zu: Verbesserungen in den Bereichen Navigation, Bildung, Gesundheitswesen, Kriegsführung, Museumspädagogik und auch bei alltäglichen Aktivitäten sind nur die offensichtlichsten Verwendungszwecke.

Zieht man diese Ergänzungen der Realität noch einen Schritt weiter, kommt man in eine komplett virtuelle Welt oder »Virtual Reality« (abgekürzt VR). Hier sind der Phantasie keine Grenzen gesetzt: Man kann praktisch alles simulieren. Technologien wie zum Beispiel die VR-Brille »Oculus Rift« sind erst der Anfang. Wenn man zu einer visuellen VR noch die anderen Sinne hinzufügen kann, ist die Simulation perfekt. Fahren Sie mit der Oculus Rift auf einer virtuellen Achterbahn, merkt der menschliche Körper, dass etwas nicht stimmt. Die Augen sagen dem Gehirn, dass Sie sich zügig in alle möglichen Richtungen bewegen – die Gleichgewichtssinne sagen jedoch etwas anderes. Das kann Übelkeit auslösen – aus dem gleichen Grund wie auf hoher See. Beseitigt man jedoch solche Inkonsistenzen, kommt man einer virtuellen Welt wie im Film »Matrix« schon sehr nahe. Sogar der amerikanische Unternehmer Elon Musk schließt nicht aus, dass wir in einer Simulation leben und stellt die Frage, ob dies so sein könnte, ganz offen in den Raum. Die Chancen sind enorm. Das Internet ist ein komplett virtueller Raum. Und Sie sehen, wie es unser Leben revolutioniert hat und sich immer weiterentwickelt. Niemand muss mehr mit einem Schiff einen anderen Kontinent entdecken, um einen neuen (Wirtschafts-) Raum zu schaffen. Ein solcher Raum wird einfach programmiert, und jeder kann ihn ohne lange Reisezeit besuchen. Einkaufszentren, Meetingräume, Karibik-Resorts, Bordelle, all das zählt zu den virtuellen Möglichkeiten. Natürlich werden auch ganz neue Wirtschaftszweige und Aktivitäten entstehen, auf die wir gespannt sein dürfen. Warum sollten wir dann noch ins Stadtzentrum fahren, möglicherweise noch einen gebührenpflichtigen Parkplatz suchen, uns durch die Menschenmengen quetschen, um dann zu sehen, dass der gewünschte Pullover in der passenden Größe schon ausverkauft ist?

2.8 Fazit

Allein durch die flächendeckende Digitalisierung lassen sich viele Prozesse wesentlich effizienter gestalten. In diesem Bereich befinden wir uns auf dem Niveau eines Entwicklungslands. Das Beratungshaus Bain geht davon aus, dass dauerhaft 25 Prozent aller heutigen Arbeitsplätze in Gefahr sind. Laut dem Deutschland-Chef von Bain beschäftigen sich nur 30 Prozent der deutschen Unternehmen mit den entscheidenden Zukunftsthemen. Hohe Eintrittsbarrieren und Kosten für Hard- und Software, sowie mittelmäßige Berater lassen viele kleine und mittelständische Unternehmen davor zurückschrecken, diese Herausforderungen anzugehen.

Ingenieure, Wissenschaftler, Gesundheitsdienstleister, Pädagogen und IT-Fachkräfte, Pflegekräfte sowie Gärtner oder Installateure haben in den nächsten Jahrzehnten hingegen gute Berufsaussichten. Dasselbe gilt für viele Menschen in niedrig bezahlten Jobs im Dienstleistungssektor – so etwa Hausmeister oder Frisöre. Sie können teilweise kaum durch Roboter ersetzt werden und wenn doch, dann lohnt es sich zumindest mittelfristig oft nicht. Denn die Kosten der Automatisierung sind höher als die Gehaltskosten. In der für die Exportnation Deutschland wichtigsten Industrie, der Automobilbranche, könnte langfristig jeder zweite Job wegfallen. Das könnte circa 2 Millionen Arbeitsplätze betreffen. Vier Trends beherrschen derzeit die Automobilindustrie: Elektromobilität, Vernetzung, autonomes Fahren sowie neue Geschäftsmodelle und Dienstleistungen. Ein Elektroauto besteht aus circa 25 Komponenten und circa 125 Einzelteilen. Ein Verbrenner-PKW besteht aus circa 125 Komponenten und circa 1500 Einzelteilen. Mittlerweile ist jeder zweite zugelassene PKW in Norwegen ein Hybrid- oder ein Elektroauto. In China sollten in acht Jahren jährlich mehr Elektroautos zugelassen werden als Fahrzeuge mit Verbrennungsmotor. Tesla ist in den USA schon beliebter als die deutschen Nobelkarossen.

Demgegenüber werden in anderen Bereichen natürlich auch neue Jobs geschaffen, zum Beispiel im Car-Sharing. Aber wie viele der wegfallenden Arbeitsplätze lassen sich damit tatsächlich kompensieren?

Um zu veranschaulichen, wie dieser Bereich ausreichend mit Arbeitskräften versorgt werden kann, sollte die aktuelle Zahl der Mitarbeiter des Autovermieters Sixt in Deutschland ausreichen. Das entspricht etwa 7000 Arbeitsplätzen. Diese Zahl runden wir auf 10.000 auf.

Zudem gehen wir davon aus, dass der Bereich des autonomen Fahrens einigermaßen durch Waymo abgebildet wird. Waymo ist eine Tochter des Technologiekonzerns Alphabet (Google) und in diesem Bereich tätig. Das Unternehmen wird derzeit mit 250 Milliarden US-Dollar bewertet. Das ist immerhin mehr als der gesamte Börsenwert der deutschen Autobauer. Dieses Unternehmen gibt es übrigens erst seit drei Jahren. Waymo beschäftigte Ende 2018 rund 3000 Angestellte. Lassen Sie uns diese Zahl auf 10.000 Beschäftigte aufrunden. Damit sollte man den zusätzlichen Bedarf an Mitarbeitern beim autonomen Fahren in Deutschland bewältigen können.

Weitere Arbeitsplätze dürften durch den Ausbau der Telekommu-nikations-Infrastruktur entstehen, die für autonomes Fahren nötig ist. Um eine auf 5G basierende Infrastruktur deutschlandweit aufzu-setzen, werden derzeit Kosten von 75 Milliarden Euro veranschlagt. Hier könnten maximal 200.000 neue Jobs entstehen. Aktuell gehen wir davon aus, dass durch die Elektroautos 280.000 neue Jobs im Automobilsektor entstehen, was sicherlich einer sehr optimistischen Annahme entspricht.

Jetzt addieren wir die mutmaßlich neu entstehenden Arbeitsplät-ze und kommen dabei auf eine Summe von 500.000. Demgegen-über dürften durch den technologischen Wandel jedoch 1,5 Millionen Arbeitsplätze wegfallen. Wir sind uns bewusst, dass dieses Rechenex-empel extrem rudimentär ist. Aber dieses sehr einfache Beispiel ver-anschaulicht zumindest, wie extrem sich disruptive, technologische Trends auf die Beschäftigungsquote auswirken könnten.

Auch für viele scheinbar noch sichere Jobs könnte die Digitalisie-rung ernsthafte Folge haben, hier einige Beispiele.

Banking und Versicherungen

Hier könnte jeder zweite Arbeitsplatz langfristig gefährdet sein. On-lineportale ermöglichen es den Kunden, selbst Versicherungs- und Anlageprodukte auszuwählen, die genau zu ihrem Risiko- oder Si-cherheitsbedürfnis passen. Sie können sogar noch maximale Trans-parenz hinsichtlich der Kosten und der Performance bieten. Wer braucht da noch einen Kundenberater?

Bankangestellte sind bereits vor Jahrzehnten durch Geldautoma-ten teilweise ersetzt worden. Doch bald könnten auch höherrangige Angestellte, darunter auch Kreditsachbearbeiter, leicht durch auto-matisierte Systeme vollständig ausgetauscht werden.

Chemiebranche

In Fertigungsberufen der Chemiebranche, die für Deutschland zu den wichtigsten Industrien zählt, könnten womöglich bis zum Jahr 2035 knapp 80 Prozent der Jobs durch Automatisierung entfallen.

Dies lässt sich bereits durch signifikante Rationalisierungsprogramme bei Firmen wie BASF und Covestro, insbesondere in Deutschland, erkennen.

Medizin
Die von IBM auf Basis künstlicher Intelligenz entwickelte Software Watson hat bewiesen, dass Lungenkrebs anhand von MRT-Untersuchungen viel zuverlässiger diagnostiziert werden kann als von Ärzten.

Personal
Mithilfe von Algorithmen lassen sich bereits jetzt Lebensläufe sortieren, was die Auswahl von neuen Mitarbeitern erheblich vereinfacht. Auch andere Tätigkeiten in der Personalabteilung, wie etwa das Erfassen und Sammeln von Unterlagen, lassen sich leicht automatisieren.

Rechtsanwälte
Mit hochentwickelten Datenbanken können Tausende, sogar Zehntausende Dokumente anhand von einfachen Schlüsselwörtern durchsucht werden – eine Arbeit, die teilweise jetzt noch von Hand erledigt wird. Es könnte bereits in einigen Jahren möglich sein, dass ein maschinelles Lernsystem Präzedenzfälle und die Vorgeschichte überprüft und sogar Schriftsätze erstellt. Studienergebnisse der Universität von Michigan zeigen, dass sich damit bereits heute in über 70 Prozent der Fälle fehlerfreie Resultate erzielen lassen.

Steuerberater
Algorithmen können heute schon automatisiert Steuererklärungen erstellen, ohne dass ein Buchhalter erforderlich ist.

Fazit

Dieser Wandel lässt sich nicht aufhalten, zumindest dann nicht, wenn man den Anschluss an die führenden Wirtschaftsmächte nicht verlieren möchte. Im Bereich der Entwicklung und Wartung von intelligenter Hardware jeglicher Art sehen wir erhebliche Chancen, etwa bei der digitalen Vernetzung von Maschinen und Anlagen, dem sogenannten Internet der Dinge. Im Maschinenbau haben deutsche Unternehmen in den vergangenen Jahren große Fortschritte gemacht. Sie haben das Potenzial, auch in Zukunft zur Weltspitze zu gehören, wenn auch mit deutlich weniger Beschäftigten. Bei digitalen Geschäften zwischen Unternehmen und Verbrauchern ist dies bisher nicht gelungen. Schaut man sich nach Hightech-Marktführern um, dann wird es dünn. Dazu zählen vielleicht noch der Softwarekonzern SAP oder die Online-Plattform Zalando. Betrachtet man jedoch die 20 größten Internetunternehmen der Welt, befindet sich darunter kein einziges europäisches. Vielmehr kommt die Hälfte aus den USA, neun kommen aus China und eines kommt aus Japan.

Digitalisierung, Robotik und künstliche Intelligenz vernichten möglicherweise mehr Arbeitsplätze, als sie schaffen. Sicher werden wir mehr Programmierer, Statistiker, Ingenieure, Datenanalysten und IT-Personal benötigen, um hochentwickelte Computer zu erstellen und zu verwalten. Nur – was nutzt das dem Fließbandarbeiter? Es könnte für viele schwierig werden, einfach den Job zu wechseln und Datenanalyst zu werden.

Ein typischer Industrieroboter kostet laut einer Studie der Universität Oxford etwa 3 Euro pro Stunde. Ein Arbeiter produziert in Europa Gesamtarbeitskosten von etwa 35 Euro pro Stunde – oder 7 Euro pro Stunde in China. Zudem ist damit zu rechnen, dass Roboter noch billiger in der Anschaffung werden und künftig auch komplexe Aufgaben erledigen können. Wenn es durch den Technologiewandel möglich ist, effektiver und effizienter zu produzieren, dann könnte aber auch wieder mehr Produktion in der westlichen Welt stattfinden. Dadurch könnten viele neue Arbeitsplätze in Europa entstehen. Nur eines sollte klar sein: Im produzierenden Gewerbe werden die Anforderungen an die Belegschaft in Bezug auf technologische Kompetenz enorm steigen.

Andererseits schlafen die asiatischen Wettbewerber nicht und steigern ständig ihr IT-Know-how. Zudem sind wir bei einigen Schlüsselindustrien bereits heute nicht mehr konkurrenzfähig. Zum Beispiel bei den Batteriezellen, die nicht nur in Elektroautos eingesetzt werden, sondern bei Werkzeugen, im Anlagebau, bei diversen Industrieanwendungen und Haushaltsprodukten.

Die Autozulieferer Continental und Bosch haben es schlichtweg verschlafen, sich in diesem entscheidenden Marktsegment zu positionieren und sind jetzt komplett von asiatischen Zulieferern abhängig. Über 95 Prozent der Batteriezellen werden heute in Asien gefertigt. Es wird schier unmöglich sein, diese Marktdominanz zu durchbrechen.

Summa summarum bezweifeln wir, dass Deutschland in zehn Jahren immer noch zu den Exportweltmeistern gehören wird – schon allein, weil unsere technologische Infrastruktur eher einem Schwellenland ähnelt als einer Hightech-Nation.

Teilweise fehlt uns einfach die Bereitschaft, etwas Neues auszuprobieren. Die Auto-Giganten Daimler, VW und BMW wollten am liebsten für die nächsten 100 Jahre Benziner und Diesel-Fahrzeuge produzieren. Sie haben den Wandel hin zum E-Auto komplett versäumt und zugelassen, dass mit Tesla ein ganz junges Unternehmen zum Technologieführer in diesem Bereich avanciert.

Ohne Risikobereitschaft gibt es keinen Fortschritt. Um Ihnen die Risikobereitschaft der Deutschen zu demonstrieren, reicht ein Beispiel: Deutschlands größter Venture-Capital-Fonds verwaltet aktuell knapp 100 Millionen Euro. Der Vision Fonds von SoftBank verfügt über eine Kriegskasse von 90 Milliarden Euro. Die chinesische Regierung will in den kommenden fünf Jahren 480 Milliarden Euro in zukunftsträchtige Bereiche investieren. Das entspricht dem Anderthalbfachen des aktuellen jährlichen Bundeshaushalts.

Innovative Gründer werden heute fast dazu genötigt, Deutschland zu verlassen, sobald ihr Unternehmen erhebliches Wagniskapital erfordert. Damit wandert viel Know-how ins kapitalstärkere Ausland. Wir wollen festhalten:

1. In wesentlichen Wirtschaftsregionen der Welt, wie den USA, in China, Korea, Indien und Taiwan, wird intensiv in Zukunftstechnologien investiert. Die Telekommunikations- und IT-Infrastruktur in diesen Ländern ist insgesamt besser als bei uns.

2. Disruptive Entwicklungen könnten in der kommenden Dekade mindestens jeden vierten Arbeitsplatz gefährden beziehungsweise ersetzen.

3. Sie können sich den kommenden Entwicklungen entweder öffnen oder verschließen. Machen Sie sich Gedanken, ob Ihr Arbeitsplatz durch einen Roboter, die Blockchain oder künstliche Intelligenz ersetzt werden könnte. Kontinuierliche Weiterbildung ist sicherlich ein wichtiger Schlüssel zum Erfolg.

4. Wir sind uns sicher, dass Staatsorgane neue Technologien nur sehr schleppend einsetzen werden. Die Blockchain könnte bereits heute etliche öffentliche Registerämter und Rechnungsstellen ersetzen. Das wird schon aus arbeitsrechtlichen Gründen definitiv nicht geschehen. Diese Entwicklung führt zu einem ineffizienten und teuren Staatsapparat, der seine Bürger und Firmen immer stärker mit Steuern belegen muss, um die Gehälter der Staatsangestellten und die Kosten des Staatsapparats zu begleichen.

5. Die Branchen Sanierung, Restrukturierung und Insolvenz-Management schätzen wir als zukunftsträchtig ein. Technologieversierte Handwerker, Hausmeister und Gärtner könnten auch von technologischen Veränderungen profitieren.

6. Markante Veränderungen erwarten wir in der Ausbildung. Voraussichtlich werden Kinder, Jugendliche und Studenten künftig wesentlich mehr über Online-Module lernen als im klassischen Frontalunterricht. Studien haben bereits gezeigt, dass Algorithmen, die zur Anpassung des Lernens einzelner Schüler verwendet werden, wirksamer sein können als Lehrer aus Fleisch und Blut. Dies könnte letztendlich auch die Rolle des Klassenlehrers auf die Rolle eines Babysitters reduzieren.

Glauben Sie, liebe Leser, dass die Netto-Einkommen oder die Immobilienpreise in einem solchen Umfeld noch steigen werden?

Setzen Sie auf Freiburg, eine Stadt, deren Bevölkerung relativ jung ist und wächst, in der viele Menschen für Behörden oder die Universität arbeiten und in der noch dazu viele innovative Gründer zuhause sind?

Oder setzen sie auf Wolfsburg und Co., Städte, die unter dem demographischen Wandel leiden, wo viele Arbeitsplätze vom Automobilsektor abhängen und wo noch ein unglaubliches Automatisierungspotenzial besteht?

KAPITEL 3

Von schwarzen Schwänen und chinesischen Fabelwesen

von Dr. Markus Krall

Auf die Frage, wohin man sein Geld vor einem Euro-Crash in Sicherheit bringen soll, ist keine Antwort möglich, ohne die Stabilität der anderen großen Währungsräume zu betrachten. Die Verschuldungspolitik hat fast alle weltwirtschaftlichen Spieler in eine Schieflage gebracht – aber wie heißt es so schön? Unter den Blinden ist der Einäugige König. Deshalb empfehle ich regelmäßig, das liquide Vermögen außerhalb des Euroraums in kurzlaufende Anleihen bester Bonität zu parken: US-Dollar, Canada-Dollar, Schweizer Franken, Britische Pfund, Norwegische Krone, Australische, Singapur- und Neuseeländische Dollar.

China fehlt auf dieser Liste, und das ist mehr als auffällig. Dafür gibt es gute Gründe.

In Europa können wir beobachten, wie der Nullzins schlechte Firmen am Leben erhält, auf diese Weise den Unternehmenssektor zombifiziert und gewaltige volkswirtschaftliche Ressourcen in die falschen Verwendungen steuert. Der Zins wirkt als indirekte Subvention. Indirekt ist das Stichwort. Denn die chinesische Wirtschaftslenkung, die unter dem nicht mehr ganz neuen starken Mann Xi immer mehr wieder die Züge einer Planwirtschaft annimmt, spart sich den Umweg über die Geldpolitik. In China fließen die Subventionen und die fehlgeleiteten Investitionsmittel direkt auf Basis staatlicher Planung in einen immer mehr hypertrophierenden Bau- und Infrastruktursektor. Zugleich werden staatliche Unternehmen der Schwerindustrie aus dem 19. Jahrhundert durch Multi-Milliarden-Kredite am Leben erhalten, die in schöner Regelmäßigkeit von den ebenfalls staatlichen Banken abgeschrieben werden. China ist ein großes, um nicht zu sagen riesiges Land. Es hat unendlich viel Platz für die Brücken ins Nirgendwo, die der sprichwörtliche Ausdruck einer von der Planwirtschaft beseelten Bauwut sind. China hat mehr als 7000 Milliarden Euro in Vermögenswerte gesteckt, die wahrscheinlich niemals genutzt werden. Straßen und Eisenbahnen in dünn bis gar nicht besiedelten Außenprovinzen des Reiches, Geisterstädte, die Menschen damit beschäftigen, das Licht in den Wohn- und Bürotürmen an- und auszuschalten, damit sie belebt aussehen, Kapazitäten in der Schwerindustrie, die nur durch Exportsubventionen lebensfähig sind und deshalb eine wesentliche Ursache des mit den USA entbrannten Handelskrieges darstellen.

Dazu kommen enorme Außenstände im Schattenbankensystem des Landes. Durch das gigantische keynesianisch inspirierte staatliche Nachfrageprogramm hält sich der chinesische Staat zugute, die Folgen der Finanzkrise von China ferngehalten, ja sogar die Weltwirtschaft gerettet zu haben. Dieses Programm hat auch gewaltige private Folgeinvestitionen nach sich gezogen, deren Initiatoren von den falschen Marktsignalen dieser schuldenfinanzierten Flut schlechter Investitionen getäuscht wurden. Sie stehen nicht weniger im Feuer. Es zeigt sich, dass die Marktteilnehmer auch in China durch die Verzerrung der Preisinformation als Folge der staatlichen Interventionspolitik Fehlentscheidungen treffen, die sie bei der unvermeidlichen Korrektur dann teuer zu stehen kommen werden.

Hier endet die Geschichte aber nicht, denn China ist nicht nur einer der wichtigsten Handelspartner Europas und insbesondere der deutschen Exportindustrie, es ist auch das Epizentrum einer geopolitischen Auseinandersetzung im pazifischen Raum.

Der Wiederaufstieg Chinas als dominierende Macht in Asien gehört zu den signifikantesten geopolitischen Entwicklungen der vergangenen 40 Jahre. Das stellt den Westen, hier vertreten durch die pazifische Vormacht USA und die pazifischen Anrainerstaaten von Japan bis Australien, vor drei Herausforderungen beziehungsweise Fragen:

1. **Das chinesische Modell**: Ist es eine Alternative zum westlich liberalen Modell oder verkörpert es das liberale Modell sogar stärker als der Westen in seiner heutigen Verfassung?

2. **Die geopolitische Rivalität**: Die Geschichte zeigt, dass der ökonomische Aufstieg von Großmächten in der Mehrzahl der Fälle zum Krieg geführt hat. Ist der Planet zu klein für China *und* die USA? Laufen die beiden Supermächte des 21. Jahrhunderts wie einst Athen und Sparta in die »Falle des Thukydides«, den historisch fast unvermeidlichen Konflikt zwischen dem Platzhalter und dem aufsteigenden Herausforderer auf der geopolitischen Bühne?

3. **Stabilität und Nationalismus**: Wie groß ist das Risiko systemischer Instabilität in China? Besteht die Gefahr, dass die daraus entfesselten sozialen Kräfte in äußere Konflikte gesteuert werden?

Das chinesische Modell

Das chinesische Modell ist eine hybride Konstruktion, die den Versuch unternimmt, die Herrschaft einer Partei dadurch zu festigen, dass sie klar definierte und identifizierte, nach den Vorstellungen der Partei auch kontrollierbare Elemente des Kapitalismus einbaut und sich als Werkzeug nutzbar macht. Dabei bedient sich die Partei aus drei Quellen:

1. Die kommunistische Ein-Parteien-Herrschaft angereichert mit stalinistischen Elementen des Personenkults und der Ein-Mann Herrschaft ist die erste Quelle. Speziell den Personenkult hat Präsident Xi definitiv wiederbelebt. Die Ein-Parteien-Herrschaft ist die Staatsraison, der die Partei alles andere instrumentell unterordnet. Der Wunsch des chinesischen Volkes nach Ruhe, Ordnung und Kontinuität als Ergebnis der Wirren der Revolution, des großen Sprungs nach vorn und der Kulturrevolution kommt diesem Ideal entgegen. Dies wird aktuell kombiniert beziehungsweise abgesichert durch ein System der Totalüberwachung. Unter anderem setzt das Regime dies technisch mit dem sogenannten

sozialen Scoring um (Wohlverhaltens-Punkte), bei dem jeder
Bürger auf Basis seiner Angepasstheit oder Renitenz ein Rating
bekommt, welches unter anderem darüber entscheidet, ob er ein
Flug- oder Zugticket, ein Hotelzimmer oder eine Reise buchen
kann oder nicht. Frühere Versuche mit demokratischen Elementen auf lokaler Ebene scheinen sich in der Ära Xi nicht weiterentwickelt zu haben.

2. Die zweite Quelle ist eine hyperkapitalistische, oligarchisch strukturierte Wirtschaftsordnung mit staatlichen Elementen auf mehreren Kanälen: staatliche Schwerindustrie, Aufnahme von Unter-
nehmern in die Partei, Vertreter der Partei in den Unternehmen,
starke Elemente der Korruption insbesondere in der Bauindustrie
mit Enteignungen von Inhabern kleiner Immobilien sowie Bauern
et cetera. Dabei steht die Führung der Partei in einem Spannungs-
feld: Sie muss die Kräfte des Marktes entfesseln, um Wachstum
zu erzeugen, aber ihr Kontrollzwang verführt sie dazu, immer
direkter und nicht einmal regelgebunden in die Unternehmen
hineinzuregieren. Diese Entwicklung wird die Wachstumskräfte
sehr schnell erlahmen lassen, wenn echte unternehmerische Innovation erforderlich ist. Das war bisher in der Situation einer Auf-
holjagd nicht notwendig, weil die chinesische Führung bewährte
westlich-kapitalistische Erfolgsrezepte kopieren konnte. Jetzt ist
dieser Weg ausgetreten und es droht ein japanisches Szenario.

3. Die dritte Quelle ist der Konfuzianismus mit seinem Fokus auf
staatliche Ordnung, soziale Gliederung und einem quasi-religiö-
sem Anspruch an den Staatsbürger auf Konformität und Gehor-
sam. Hier liegt ein Risiko für das System, da den Bürgern klar ist,
dass das konfuzianische System eines von Geben und Nehmen ist.
Schlechte Politik führt zum Verlust des »Mandats des Himmels«.
Die chinesische Geschichte hält dafür genügend Beispiele bereit.

Das Modell stößt gegenwärtig ökonomisch an Grenzen, die von mehreren dysfunktionalen wirtschaftspolitischen Elementen bestimmt
werden.

- Das Land leistet sich zwei Hauptursachen der Ineffizienz und Fehlallokation: Die im Baubereich verbreitete Korruption zieht gewaltige Mittel an und investiert diese in Verwendungen, die ineffizient und suboptimal sind. Das Ergebnis sind gigantische Investitionsruinen, die durch staatlichen Kredit am Leben erhalten werden. Der ineffiziente Staatssektor saugt ebenfalls Investitionsmittel auf, die sich aus dem Staatshaushalt und aus dem Bankensystem speisen, das unter der Kontrolle des Staates und der Zentralbank steht.

- Ein nicht gerade kleiner Teil der Bildungselite bleibt an den Top-Universitäten in den USA und in den wirtschaftlichen Ökosystemen, die sie umgeben (zum Beispiel das Silicon Valley). China hat noch nicht bewiesen, dass es jenseits der Kopie westlicher Erfolgsmodelle und Technologien wirklich in der Breite innovativ sein kann. Das Land erleidet einen permanenten Brain-Drain in Richtung USA.

- Reiche Chinesen bringen einen substantiellen Teil ihres Vermögens außer Landes, weil sie die fehlende Rechtsstaatlichkeit in China fürchten. Eine der Hauptexportadern für den Kapitalexport war in den letzten Jahren dabei die Kryptowährung Bitcoin. Dies wird verstärkt durch in der Außenwirkung völlig arbiträre, willkürliche Verhaftungen von Top-Unternehmern.

- Das Schattenbankensystem ist in hohem Maße ineffizient und von unseriösen Unternehmen durchzogen, mit dem Ergebnis, dass es wahrscheinlich um mehrere Billionen US-Dollar überschuldet ist und seinen Liquiditätsbedarf aus der Neuanlage von Geldern deckt. Man nennt ein solches Konstrukt gemeinhin Schneeballsystem.

Nicht wenige Analysten und Kapitalmarktteilnehmer fürchten aus der Kombination dieser Elemente eine Korrektur, die stark genug ist, Auswirkungen auf Europa, insbesondere Deutschland, zu haben. Die akkumulierten Ungleichgewichte stellen das »chinesische Modell der Zombifizierung« dar. Die Möglichkeiten der Partei, dieses Ungleichgewicht unter der Decke zu halten, schwindet.

Die geopolitische Rivalität

China hat vier große geopolitische Initiativen gestartet:

1. Die Modernisierung der Streitkräfte inklusive der Fähigkeit zum Krieg im Cyberspace und im Weltraum.
2. Aggressive Landnahme im südchinesischen Meer mit einem systematischen Ausbau von Korallenatollen zu Militärbasen.
3. Die Road-and-Belt-Initiative zur Wiederbelebung der Seidenstraße, einen ambitionierten Versuch, den Amerikanern die Kontrolle der wichtigsten globalen Handelsrouten zu entwinden.
4. Eine neokoloniale Politik der Rohstoffsicherung in Afrika. Hier tut sich China deutlich leichter als Europa aufgrund seiner Akzeptanz von höchst fragwürdigen Regimen. Dennoch dürfte sich auch ein Großteil der dort getätigten Investitionen für China als Fass ohne Boden erweisen, als Fehlinvestition mit der Neigung, immer mehr gutes Geld dem schlechten hinterher zu saugen.

Die Reaktion der USA auf diese Politik ist auch im Übergang von Obama zu Trump konsistenter und kontinuierlicher, als dies von außen den Anschein hat. Bush und Obama betrieben eine Politik der Einkreisung, die durch Chinas aggressives Auftreten im Südchinesischen Meer begünstigt wurde. Der größte Baustein dabei war die Konvertierung Myanmars von einem chinesischen Verbündeten zu einem Partner der USA.

Trump setzt genau diese Politik in Nordkorea fort. Sein Deal: Bestandsgarantie und Überlebensgarantie, Anerkennung und Hilfe gegen Wohlverhalten, im zweiten Schritt sogar ein Bündnis gegen China. Das ist für Kim Jong-un attraktiv, weil Nordkorea die chinesische Umklammerung hasst.

Steve Bannon, der ehemalige Berater Donald Trumps, prognostiziert einen Krieg der USA gegen China in wenigen Jahren. Trump hat sich zwar von ihm getrennt, aber nicht von vielen seiner Ideen. Der US-Präsident ergänzt die Politik der Einkreisung durch zwei weitere

Elemente: Handelskrieg und Zinserhöhung. Ersteres untergräbt die wirtschaftliche Entwicklung Chinas und bringt die planwirtschaftlichen Dysfunktionalitäten schneller an die Oberfläche. Letzteres beschleunigt die Kapitalflucht und bringt die Asset-Blasen in China zum Platzen. Beides ist für die kommunistische Partei, die bisher nur eine quasi geschlossene Volkswirtschaft managen musste, eine enorme Herausforderung.

Stabilität und Nationalismus

Die Kommunistische Partei Chinas hat in der Vergangenheit Kräfte der sozialen Unruhe immer wieder in nationalistische Ausbrüche gesteuert und so nach innen entschärft. Diese Politik wurde immer wieder vor allem gegen Japan eingesetzt, wenn es um territoriale Ansprüche ging. Das Problem: Ein Monster, das man füttert, kann ausbrechen. Das stabilisierende Element der Energieableitung nach außen wird dann zum destabilisierenden Element des äußeren Konfliktes mit Mächten, die China – noch – militärisch gewachsen sind. Dazu gehört sogar Japan.

Verselbständigt sich dieses Element, könnte sich die chinesische Führung in einer Wirtschaftskrise gezwungen sehen, die Spannung innerhalb des Landes in Form eines regional begrenzten Waffenganges abzubauen. Das Problem: Die USA würden es nicht bei einem regionalen Waffengang belassen, weil sie die Infragestellung ihrer pazifischen Hegemonie unter keinen Umständen hinnehmen können. Hier liegt ein massives geopolitisches Risiko begraben, das nicht tot ist, sondern nur scheintot.

Was bedeutet das für Europa?

– Die Aufmerksamkeit der USA wird sich weiterhin in Richtung Pazifik verschieben. War dies bisher wirtschaftlich getrieben, so dürfte es künftig militärisch motiviert sein. Die Road-and-Belt-Initiative greift die Interessen der USA an und ist daher mit einer hohen Wahrscheinlichkeit des Scheiterns belegt. Sie ist eine weitere gewaltige Zombie-Investition der chinesischen Planwirtschaft.

– Das chinesische Modell kommt aus den gleichen Gründen an seine Grenzen wie das europäische: zu viel Staat und zu wenig Markt.

– Eine chinesische Krise hat hohes Potential, Deutschland und die Eurozone wirtschaftlich zu kontaminieren. Sie ist einer der möglichen Zünder einer europäischen Wirtschafts- und Währungskrise. Der chinesische und der europäische Zombie sind siamesische Zwillinge.

Was bedeutet das für den risikobewussten Anleger?

China ist kein sicherer Hafen auf der Flucht vor dem kollabierenden Euro. Im Gegenteil: Die anstehende Rezession in China und der dann unvermeidlich folgende Einbruch der Nachfrage nach deutschen Exportgütern wird die strukturellen Schwächen des deutschen und europäischen Modells noch schneller und schonungsloser offenlegen, als es ohnehin schon durch die inneren Spannungen unseres Finanzsystems passieren wird. Unternehmen mit einem übergewichteten China-Geschäft sind in dem resultierenden Portfolio nicht mehr aufstrebend, sondern von einem starken Rückgang bedroht. Das sind keine guten Nachrichten für die Automobilindustrie und den Maschinenbau.

China ist die Quelle einer möglichen militärischen Eskalation im pazifischen Raum, wenn innere Spannungen nach außen abgeleitet werden. US-Rüstungsunternehmen sind in diesem Szenario ein Kauf. Der Rohstoffhunger Chinas wird zumindest in einer vorübergehenden Anpassungskrise, die simultan mit der in Europa stattfinden dürfte, massiv zurückgehen. Rohstoffe sind in diesem Szenario einer globalen Depression ein klarer Verkauf. Das gilt auch und insbesondere für Öl. Es gilt aber auch für die Lithium-Bonanza, weil die kommende Krise den automobilen E-Wahn als Megazombie bloßstellen wird.

Der Handelskrieg mit den USA wird eskalieren, weil China versuchen wird, seiner Rezession mit einer Exportoffensive Herr zu werden. Dieses Unterfangen ist zwar zum Scheitern verurteilt, aber das hat die Politik noch nie von ihren fixen Ideen abgehalten, nicht im Westen und auch nicht in China. Logistik und Schiffe sind damit ebenfalls ein Verkauf. Es kann sein, dass die Kommunistische Partei Chinas dann statt auf Xi wieder auf Deng setzt, sprich dem Zentralismus abschwört und stattdessen auf die bewährte Dezentralität baut. Dann käme China schnell wieder auf die Füße, was eine gute Nachricht wäre.

Finanzrepression und schleichende Enteignung – Was tun?

»Die Amerikaner werden immer stärker. Vor 20 Jahren brauchte man zwei Leute, um einen 10-Dollar-Einkauf zu tragen. Heute kann das ein Fünfjähriger.«

BENJAMIN GRAHAM

4.1 Wie Sie sich gegen Enteignung schützen können (Grundlagen)

Merken Sie sich den Begriff der Finanzrepression sehr gut, denn Sie werden ihn früher oder später am eigenen Leib spüren. Als Finanzrepressionen werden staatliche Regierungsmaßnahmen bezeichnet, die darauf abzielen, auf das Vermögen der Bürger zuzugreifen und Sie in Ihrer Freiheit einzuschränken. Denn Staaten sind die einzigen Wirtschaftsteilnehmer, die langfristig über ihre wirtschaftlichen Verhältnisse leben können. Denn sie können sich das Geld später beim Bürger zurückholen. Repressionen basieren immer auf starken Kontrollmechanismen. Neben der Beschlagnahmung von Geld ist es theoretisch ebenso möglich, Ihre Bankschließfächer öffnen zu lassen. Enteignungen sind nach dem Grundgesetz ausdrücklich erlaubt, sobald sie »zugleich dem Wohle der Allgemeinheit dienen«. So steht es in Artikel 14 Absatz 3. Der ehemalige Eigentümer erhält zwar eine Entschädigung, diese ist aber, wie es in der Verfassung heißt,»unter gerechter Abwägung der Interessen der Allgemeinheit und der Beteiligten zu bestimmen«. Gegen deren Höhe können Betroffene anschließend vor Gericht klagen. Damit ist klargestellt: Die Ausgleichszahlung kann auch unter dem aktuellen Marktwert liegen. Das Grundgesetz sieht überdies die Möglichkeit einer Vergesellschaftung ganzer Bereiche vor (Artikel 15). Ausdrücklich genannt werden darin »Grund und Boden, Naturschätze und Produktionsmittel«. Die subtile Finanzrepression ist mindestens so gefährlich wie die offensichtliche. Hierzu einige Beispiele:

Niedrigzinspolitik

In diesem Fall werden Sparer enteignet. Die Verzinsung ihrer Anlagen liegt unter der Inflationsrate. Währenddessen profitiert der Staat durch geringere Zinskosten für die Schulden, die er anhäuft.

Kosteninflation und Steuererhöhungen

Seit circa zwei Jahrzehnten liegen die Kostensteigerungen bei den Nebenkosten für Wasser, Gas, Strom, Müllabfuhr, Fernsehen und administrativen Gebühren mehr als doppelt so hoch wie die Inflationsrate. Hier wird das Einkommen der Bürger subtil auf den Staat und seine Organe transferiert. Zu dieser schleichenden Finanzrepression gehört auch die »Anpassung« der Grundsteuer. Wir gehen davon aus, dass sie in einigen Regionen auf das Fünffache der bisherigen Gebühren ansteigen wird.

Seien Sie skeptisch bei allen Investmentpolicen, bei denen Ihnen langfristige Renditeversprechen gemacht werden. Es sollte sich lohnen, wenn Sie sich zunehmend mit der eigenen Vermögensverwaltung beschäftigen. Viele Vermögensverwalter und Finanzprodukte erzeugen überproportional hohe Kosten bei einer suboptimalen Performance. Bei »alternativen Assets« (Wald, Whisky, Oldtimer, Walnussplantagen und waghalsige Land- und Forstspekulationen), geschlossenen Fonds und Bitcoin wären wir in diesem Umfeld extrem vorsichtig.

Was wären einige Qualitätsmerkmale einer guten Anlage in Krisenzeiten?

– Cash, »sicher« verzinst in Fremdwährungen: US-Dollar, Neuseeland Dollar, Canada Dollar, Australischer Dollar, Singapur Dollar, Schweizer Franken, Norwegische Krone, Schwedische Krone. Australien zum Beispiel hat nur eine Verschuldung von 18 Prozent des Bruttosozialproduktes. Relativ solvent sind auch Singapur, Neuseeland und Kanada. In der Eurozone sind es im Schnitt rund 100 Prozent. Großbritannien hat zwar deutlich schlechtere Kennzahlen, das Haushaltsdefizit ist zudem höher als im EU-Durchschnitt, aber eine Staatspleite ist nicht zu befürchten, da das Land über eine eigene Währung verfügt. Höchst selektiv kann man hier vorgehen. Interessant wird es, nach dem Brexit in England Konten zu führen, um sich vor EU-Repressalien zu schützen.

– Risikoabsicherung: Hier sollten Sie sich fragen, ob Sie Ihre Risiken durch Finanzprodukte oder anderweitig absichern können. Schauen Sie sich Ihr Investment-Portfolio genauer an und fragen Sie sich, ob Sie die vorhandenen Positionen wirklich mittel- und langfristig halten wollen. Versuchen Sie, zumindest das potenzielle Risiko zu kalkulieren.

Muss meine Bank, mein Broker oder Finanzintermediär in der EU sein?

Es ist keinesfalls illegal, sein Geld in die Schweiz oder einen anderen sicheren Hafen zu schaffen. Bei dieser Meinung handelt es sich um ein weit verbreitetes Missverständnis, das bewusst nicht aufgeklärt wird. Illegal wird es erst, im Ausland erzielte Einkünfte bei der Steuererklärung zu verschweigen. Dies stellt dann aktive Steuerhinterziehung dar. Geld und Gold werfen keine Erträge ab, es entsteht auch kein Einkommen, dessen Versteuerung Sie hinterziehen könnten. Steuerpflichtiges Einkommen entsteht lediglich durch Dividenden, Zinscoupons, Mieten oder ähnliche Kapitalerträge. Sie

müssen also Ihr Erspartes nicht riskant mit dem Köfferchen durch
halb Europa schleppen. Noch kann dieses Geld nicht beschlagnahmt
werden und Sie können es ganz normal, ohne schlechtes Gewissen
überweisen. Die Geschäftsbereiche von Banken teilen sich in das
Commercial Banking und das Investment Banking auf. Dabei umfasst der Bereich des Commercial Banking alle traditionellen Geschäfte wie das Kredit- und Einlagengeschäft sowie den Zahlungs-
verkehr. Banken, die nur diesen Bereich abdecken, werden auch als
Geschäftsbanken bezeichnet. Die meisten Großbanken sind jedoch
als Universalbanken in beiden Geschäftsbereichen tätig. Während
es nur wenige reine Investmentbanken gibt, konzentrieren sich sehr
viele, insbesondere kleine Banken, ausschließlich auf das Commercial Banking. Die Zeitschrift *Global Finance* hat in ihrer Ausgabe
vom November 2018 die 50 sichersten Banken für 2018 veröffentlicht. Die Auswahlkriterien zur Erstellung dieses Rankings gefallen
uns äußerst gut. Oftmals wird die Sicherheit von Banken nur an ihrer Bilanzsumme festgemacht, aber das ist hier nicht der Fall. Damit
sich eine Geschäftsbank überhaupt für dieses Ranking qualifizieren
kann, darf sie nicht im Mehrheitsbesitz von Regierungen oder regionalen Behörden sein. Zudem wurde bei der Bewertung ein Augen-
merk auf die Qualität der Kredite in den Büchern der Bank gelegt.
Dabei geht es speziell um die Bewertung von strukturierten Finanz-
produkten. Das sind verbriefte Konsumenten- und Hypothekenkre-
dite, Zinswetten und andere mehrfach verschachtelte Wertpapiere.
Zudem haben die Ratingagenturen auch über die Käufer und Verkäufer von diesen Wertpapieren ein Rating erstellt. Das sind private Unternehmen, Banken, Konzerne, öffentliche Unternehmen,
Städte, Kommunen, Bundesländer und Staaten. Alle drei großen
Ratingagenturen vergeben ihre Noten mithilfe von Buchstabenkombinationen. Was die Buchstabenkürzel bedeuten, sehen Sie in der
folgenden Übersicht. Innerhalb der Buchstabenkombinationen gibt
es weitere Feinabstufungen. Standard & Poor's sowie Fitch Ratings
drücken diese mit Plus- und Minuszeichen aus (AA+, AA, AA-). Bei
Moody's kommen Zahlen von 1 bis 3 zum Einsatz (Aa1, Aa2, Aa3).

Damit vergleichen die Ratingagenturen die Banken nochmals innerhalb einer Kategorie. Auf der nachfolgenden Liste (vgl. Tabelle 5) finden Sie die 50 solventesten Banken. Wenig überraschend und fast schon ein wenig tragisch erscheint der Umstand, dass es in dieser Tabelle nur eine deutsche Bank (DZ Bank) gibt und dass diese wiederum keine Privatkunden aufnimmt. Positiv stimmt uns aber, dass die »Zentralbank und Muttergesellschaft« der Volksbanken und Raiffeisenbanken über eine relativ gute Bilanz verfügt. Zudem gibt es etliche Volksbanken, die über ein hohes Eigenkapital verfügen und bereits die Krise von 2008/2009 gut überstanden haben. Im Jahr 2017 erreichten die Kreditgenossenschaften der Volksbanken im Durchschnitt allerdings auch nur eine Eigenkapitalquote von 5,7 Prozent. Ein ähnliches Bild findet sich bei den Sparkassen vor. Wir empfehlen Ihnen, sich die Eigenkapitalquote Ihrer Bank bezogen auf die Bilanzsumme genauer anzuschauen. Eine Eigenkapitalquote über 10 Prozent wäre eine gute Basis, um eine Geschäftsbeziehung zu erwägen. Trotzdem sollte nicht unberücksichtigt bleiben, dass eine drohende Immobilienblase in Deutschland die Genossenschaftsbanken und Sparkassen erheblich treffen würde. In unseren Recherchen sind uns zwei Privatbanken überaus positiv aufgefallen. Das Bankhaus Metzler konnte im Geschäftsjahr 2018 eine Kernkapitalquote von über 20 Prozent ausweisen. Die Kernkapitalquote ist eine betriebswirtschaftliche Kennzahl im Kreditwesen, die den Anteil der durch Eigenmittel gedeckten, anrechnungspflichtigen und risikotragenden Risikopositionen in einer Bankbilanz angibt, insbesondere den Anteil des Aktivgeschäfts. Das Bankhaus Metzler ist die zweitälteste Bank Deutschlands, und ist seit seiner Gründung im Jahr 1674 durchgehend und ausschließlich in Besitz der Gründerfamilie.

Ebenfalls lässt sich die Bethmann Bank empfehlen: Sie verfügt über eine Einlagensicherung in Höhe von 74,664 Millionen Euro pro Kunde. Ihre Muttergesellschaft, die niederländische Großbank ABN AMRO, ist mit einer Eigenkapitalquote von fast 20 Prozent aktuell eine der bestkapitalisierten Banken Europas, deren Mehrheitseigner nach wie vor der niederländische Staat ist.

Tabelle 5: Ranking der 50 sichersten Banken der Welt

#	Name der Bank	Land	Rating Fitch	Rating Moody's	Rating S&P	Score	Bilanz-summe in Mrd. USD
1	TD Bank	CA	AA—	Aa1	AA—	23	1,012,760
2	Royal Bank of Canada	CA	AA	Aa2	AA—	23	940,707
3	DZ Bank	DE	AA—	Aa1	AA—	23	606,359
4	DBS Bank	SG	AA—	Aa1	AA—	23	387,337
5	Oversea-Chinese Banking Corporation	SG	AA—	Aa1	AA—	23	340,370
6	Svenska Handelsbanken	SE	AA	Aa2	AA—	23	336,116
7	United Overseas Bank	SG	AA—	Aa1	AA—	23	268,287
8	Deutsche Apotheker- und Aerztebank	DE	AA—	Aa1	AA—	23	49,586
9	Swedbank	SE	AA—	Aa2	AA—	22	268,778
10	Banque Pictet & Cie	CH	AA—	Aa2	NR	21.5	29,711
11	Commonwealth Bank of Australia	AU	AA—	Aa3	AA—	21	734,723
12	The Bank of Nova Scotia	CA	AA—	Aa2	A+	21	709,899
13	ANZ Group	AU	AA—	Aa3	AA—	21	703,415
14	Nordea Bank	SE	AA—	Aa3	AA—	21	697,527
15	Westpac	AU	AA—	Aa3	AA—	21	667,786
16	National Australia Bank	AU	AA—	Aa3	AA—	21	617,969
17	Bank of Montreal	CA	AA—	Aa2	A+	14	550,361
18	Canadian Imperial Bank of Commerce	CA	AA—	Aa2	A+	21	438,427
19	SEB	SE	AA—	Aa2	A+	21	310,925
20	HSBC France	FR	AA—	Aa3	AA—	21	200,935
21	First Abu Dhabi Bank	AE	AA—	Aa3	AA—	21	182,156
22	Federation des Caisses Desjardins	CA	AA—	Aa2	A+	21	115,943
23	AgriBank	US	AA—	Aa3	AA—	21	104,500
24	UBS	CH	AA—	Aa3	A+	20	939,089
25	Rabobank	NL	AA—	Aa3	A+	20	723,167

#	Name der Bank	Land	Rating Fitch	Rating Moody's	Rating S&P	Score	Bilanz- summe in Mrd. USD
26	DNB Bank	NO	NR	Aa2	A+	20	326,832
27	Hang Seng Bank	HK	A+	Aa3	AA—	20	189,201
28	CoBank	US	AA—	NR	AA—	20	129,211
29	National Bank of Kuwait	KW	AA—	Aa3	A+	20	86,279
30	OP Corporate Bank	FI	NR	Aa3	AA—	20	73,635
31	AgFirst	US	AA—	Aa3	NR	20	37,811
32	Farm Credit Bank of Texas	US	AA—	Aa3	NR	20	22,837
33	U.S. Bancorp	US	AA—	A1	A+	19	462,040
34	LGT Bank	LI	NR	Aa3	A+	18.5	42,708
35	BNP Paribas	FR	A+	Aa3	A	18	2,350,929
36	Banque Federative du Credit Mutuel	FR	A+	Aa3	A	18	742,605
37	BNY Mellon	US	AA—	A1	A	18	371,758
38	Shinhan Bank	KR	A	Aa3	A+	18	302,700
39	State Street	US	AA—	A1	A	18	238,425
40	Qatar National Bank	QA	A+	Aa3	A	18	222,824
41	National Bank of Canada	CA	A+	Aa3	A	18	190,667
42	Northern Trust	US	AA—	A2	A+	18	138,591
43	Suncorp-Metway	AU	A+	A1	A+	18	48,782
44	Kiwibank	NZ	AA—	A1	A	18	15,103
45	HSBC Holdings	UK	AA—	A2	A	17	2,521,771
46	Credit Agricole	FR	A+	A1	A	17	2,114,568
47	ABN AMRO Bank	NL	A+	A1	A	17	471,530
48	BNP Paribas Fortis	BE	A+	A1	A	17	331,311
49	Nationwide Building Security	UK	A	Aa3	A	17	321,619
50	Banco Santander Chile	CL	A	Aa3	A	17	58,229

Quelle: Global Finance, Ausgabe November 2018

Eine Kontoeröffnung im Ausland ist in der Regel recht einfach und kann leicht während eines geschäftlichen Aufenthaltes oder Urlaubs vorgenommen werden. In einigen Fällen müssen Sie gar nicht vor Ort erscheinen – insbesondere dann nicht, wenn Sie mit einem kompetenten und etablierten Dienstleister zusammenarbeiten. In einer Vielzahl der Länder benötigen Sie lediglich ...

– Ihren Reisepass, gegebenenfalls zusätzlich den Führerschein oder eine andere ID-Card mit Bild
– eine Postadresse in dem jeweiligen Land (kurzzeitig), eine Telefonnummer oder E-Mail-Adresse
– rund 90 Minuten Zeit; anschließend ist alles fertig eingerichtet

Ein landesweites Filialnetz ist gerade bei eventuellen Problemen von Vorteil, weil Sie stets einen Ansprechpartner vor Ort haben. Außerdem sind Bar- und Scheckeinzahlungen sowie Auszahlungen in Filialen meist gratis.

Meistens sind ausländische Banken daran interessiert, zu erfahren, warum Sie (als Deutscher) ein Konto eröffnen wollen. Dies könnte beispielsweise mit häufigeren Urlaubsreisen und einer internationalen Geschäftstätigkeit begründet werden. Einige Banken akzeptieren eine Hoteladresse oder auch ein auf Zeit angemietetes Postfach. Bis auf die Zusendung der Bankkarte wird kaum weitere Post kommen. Der Großteil kann über ein digitales Postfach verwaltet werden. Teilweise überprüfen Angestellte die angegebene Adresse über Datendienste wie Google Maps. Bei der Ersteinzahlung empfiehlt es sich, erst einmal einen kleineren Betrag zu überweisen, um zu überprüfen, ob alles funktioniert.

4.2 Zunehmende Finanzrepression

Die Jahre 2017 bis 2019 könnten als der Beginn steigender Finanzrepressionen in die Wirtschaftsgeschichtsbücher eingehen. Diese Welle hat klare Implikationen für Sie als Anleger. Doch beginnen wir von Anfang an. Seit Mitte Juni 2018 haben wir vermehrt Anfragen von Privatleuten bekommen, die ETFs von amerikanischen Emittenten nicht mehr handeln können. Dadurch wurden beispielsweise hervorragende Absicherungsinstrumente wie ein Short auf den Russell 2000 ETF (Symbol: RWM; Kapitel Mega Trades) vom Handel ausgesetzt. Davon betroffen sind alle europäischen Broker. Als Begründung wird bei den zuständigen Brokern die neueste EU-Verordnung angeführt. Rückfragen blieben oft unbeantwortet. Scheinbar haben sich einige Anbieter noch nicht auf diese Neuerung eingestellt, sodass eine Fehlermeldung beim Handel ausblieb. Bei einigen der vermeintlich erfolgreichen Orders wurde das Geld nicht abgezogen.

Nach einigen Recherchen und vielen Telefonaten konnten wir die verantwortliche EU-Verordnung ausfindig machen. Es handelt sich um die PRIIP-Verordnung, welche vom Europäischen Parlament auf Vorschlag der Europäischen Kommission erlassen wurde. Das sperrige Kürzel steht für Packaged Retail and Insurance-based Investment Products (zu Deutsch: verpackte Anlageprodukte für Kleinanleger und auf Versicherungen beruhende Anlageprodukte). In den PRIIPs sind alle Anlageprodukte mit Anlagerisiko inbegriffen, deren Kundengelder indirekt angelegt werden – also Investmentfonds sowie Exchange-Traded Products und somit auch ETFs – oder deren Rückzahlung, die an die Wertentwicklung bestimmter Papiere oder Referenzwerte gekoppelt ist (Derivate, strukturierte Finanzprodukte und so weiter). Nicht enthalten sind Aktien oder Anleihen, da diese keine derivative Komponente besitzen.

Die Hersteller dieser PRIIP-Anlageprodukte sind nun verpflichtet, sogenannte *Key Information Documents (KID)* zu veröffentlichen. Diese Basisinformationsblätter sollen über die grundlegenden Merkmale und Risiken der Produkte aufklären. Auf maximal drei DIN-A4-Seiten werden die entsprechenden Informationen zusammengefasst. Sie müssen dem Kunden vor Vertragsabschluss, also vor dem Kauf der Wertpapiere, vorliegen. Diese Regelung gilt unabhängig davon, bei welchem Broker Sie das entsprechende Produkt handeln. Die

Krux an der gesamten Sache besteht darin, dass in den USA aufgelegte Fonds unter dem amerikanischen Gesetz stehen. US-Emittenten müssen in den USA keine solchen KIDs vorlegen. Die Informationsblätter existieren also zum jetzigen Zeitpunkt noch gar nicht. Das heißt, die Emittenten müssten diese erst auf eigene Kosten erstellen, nur für die Kunden in der EU und deren Behörden. Solange aber diese Informationsblätter dem Kunden nicht vorgelegt werden können, kann der entsprechende in den USA aufgelegte ETF oder Fonds nicht mehr innerhalb der EU erworben werden. Sie erkennen beispielsweise in den USA aufgelegte Fonds an der ISIN, die mit »US...« beginnt. Diese Verordnung gilt nicht für professionelle Anleger (institutionelle Investoren und so weiter), sondern lediglich für Privatkunden. Sie können als Privatkunde einen Antrag bei ihrer jeweiligen Bank/ Broker stellen, als professioneller Anleger behandelt zu werden. Allerdings müssen Sie zwei der folgenden drei Kriterien erfüllen:

- Ihr Portfolio übersteigt 500.000 Euro
- Sie haben im vergangenen Jahr mit dem relevanten Produkt durchschnittlich zehn Trades pro Quartal getätigt
- Sie sind/waren mindestens ein Jahr lang beruflich im Finanzsektor tätig, was entsprechende Kenntnisse über die geplanten Geschäfte oder Dienstleistungen voraussetzt

Wir fragen uns sehr bewusst: Wie soll denn jemals ein Privatinvestor zu einem professionellen Anleger werden, wenn er nicht im Finanzsektor arbeitet oder über ein fettes Depot verfügt? Sollten Sie die Kriterien erfüllen, dann können Sie einen Antrag stellen, um in Zukunft als professioneller Kunde eingestuft zu werden. Wichtig ist, dass Ihr Finanzdienstleister Sie schriftlich darauf hinweist, welches »Schutzniveau« und gegebenenfalls welche Entschädigungsrechte Sie durch diese Einstufung verlieren. Wir raten jedem Anleger zu einem solchen Vorgehen. Anleger mit bestehenden Positionen an solchen Anlageprodukten können Ihre Anteile noch veräußern. Glücklicherweise gilt hierfür keine Frist. Daher raten wir Ihnen, solche Positionen nicht vorschnell und panisch aufzulösen. Von dieser neuen Gesetzeslage werden zunächst definitiv europäische Finanzdienstleister profitieren. Es ist allgemein bekannt, dass amerikanische Banken die Finanzkrise 2008 besser überstanden haben als die europäische Konkurrenz. Sie stehen heute deutlich besser da. Der größte ETF-Anbieter in Europa ist nämlich iShares von BlackRock (circa 40 Prozent Marktanteil), gefolgt von der DWS Sparte Xtrackers (circa 10 Prozent Marktanteil). Weit hinten kommen erst die nächsten Amerikaner, Vanguard und State Street, mit jeweils knapp 4 Prozent. Damit werden ernstzunehmende Konkurrenten, wie der ETF-Pionier Vanguard mit seiner ausgezeichneten Produktpalette und seinen hervorragenden Services, ausgebremst. Von Maßnahmen wie dieser und von der expansiven Geldpolitik der EZB profitieren die fragilen europäischen Banken (zum Beispiel die Deutsche Bank) extrem.

Folglich sind die Verlierer der PRIIP-Verordnung nicht nur US-Anbieter – sondern vor allem Sie als Privatanleger. Die europäischen ETFs sind nicht nur deutlich illiquider als die amerikanischen Pendants, sondern sie sind auch teurer. Die Gebühren für Verwaltung bei europäischen Investmentfonds und ETFs liegen in Europa bei durchschnittlich 2 Prozent beziehungsweise 0,5 Prozent. Hingegen belaufen sich diese Kosten in den USA (zumindest bei ETFs) auf etwa nur ein Viertel der hiesigen Management- und Verwaltungsgebühren. Das liegt an dem amerikanischen ETF-Markt, der dynamischer und kompetitiver ist als in Europa. Allein die fünf größten ETFs in den USA sind, gemessen am Fondsvolumen, größer als der gesamte europäische ETF-Markt.

Darüber hinaus verlieren Sie extrem an Flexibilität und Performance, wenn Sie ihr Vermögen von weniger talentierten und sehr teuren europäischen Organisationen verwalten lassen. Selbst Warren Buffett rät zumindest denjenigen Anlegern zu Indexfonds, die wenig Zeit für ihre Anlageentscheidung aufwenden wollen. Durch die eingeschränkte Wahlmöglichkeit und die schlechtere Qualität der Produkte sind Sie nun in Europa schlechter gestellt. Bedanken Sie sich dafür bei der Großen Koalition, der europäischen Finanzlobby und den Apparatschiks in Brüssel. Wenn Sie nichts unternehmen, sind Sie gezwungen einen höheren Preis für einen schlechteren Service zu zahlen. Dasselbe gilt für inverse ETFs, die wir in unseren Börsenbriefen als simple, günstige und effektive Alternativen zu Leerverkäufen nutzen und empfehlen. Auch wir müssen uns den veränderten Umständen anpassen. Wir werden uns in Zukunft stärker auf CFDs fokussieren und diese gegebenenfalls als Anlagemöglichkeit präsentieren. Doch auch in diesem Bereich wurde einschränkend reguliert. Wie Sie sicherlich mitbekommen haben, trat Anfang des Jahres 2018 die Finanzmarktrichtlinie MiFID II in Kraft, die wegen ihres umfassenden Inhalts (7000 Seiten) für Aufruhr in der Branche sorgte. Unter anderem werden nun die Angebote beim Vertrieb von Anlageprodukten kategorisiert und einem bestimmten Zielmarkt zugeordnet. Nun wird zwischen Produkten unterschieden, die geeignet sind für Kunden mit ...

- Basiskenntnissen/-erfahrungen (zum Beispiel Aktienfonds, Indexzertifikat)
- erweiterten Kenntnissen/Erfahrungen (zum Beispiel Express-Zertifikate)
- umfangreichen Kenntnissen/Erfahrungen (zum Beispiel Optionsscheine)
- speziellen Kenntnissen/Erfahrungen (zum Beispiel CFDs) oder die
- sich für Kunden mit Basiskenntnissen und/oder -erfahrungen nicht eignen

Es kann sein, dass Sie beispielsweise vor dem Inkrafttreten der MiFID II, als Privatkunde mit erweiterten Kenntnissen eingetragen waren und nach wie vor sind. Dann können Sie, aufgrund der MiFID-Regulierung, keine CFDs handeln. Es gibt jedoch einen Weg, der Ihnen in Zukunft den Handel mit allen Produkten ermöglicht. Bei einigen Anbietern können Sie Ihre Risikopräferenzen ohne großen Aufwand umstellen. Wiederum andere verlangen einen ausgefüllten Bogen nach dem Wertpapierhandelsgesetz, mit dem Sie die Angaben zu Ihren Kenntnissen und Erfahrungen aktualisieren können. Diesen Bogen können Sie bei Ihrer Bank beantragen. In diesem Bogen müssen Sie weitere Angaben machen. Das betrifft zum einen Ihre Anlageziele (Altersvorsorge, Vermögensbildung/-optimierung, überproportionale Teilnahme an Kursveränderungen, oder Absicherung). Zum anderen sind Angaben zu Ihrem Anlagehorizont erforderlich (kurzfristig: unter drei Jahre, mittelfristig: drei bis fünf Jahre, oder längerfristig: über fünf Jahre). Die endgültige Entscheidung darüber, in welche Erfahrungskategorie Sie eingeordnet werden, obliegt der Bank.

Als wären die veränderten Umstände für den Privatanleger nicht genug, sind Anfang Juli 2018 neue Regulierungen für den CFD-Handel von der europäischen Wertpapieraufsicht (ESMA) in Kraft getreten. Diese neue ESMA-Verordnung gilt ebenfalls nur für Privatkunden in europäischen Ländern. Die Zeichen verdichten sich also, bei dieser Welle an Regulierungen ist eine Tendenz ganz klar erkennbar: Die staatlichen Finanzrepressionen werden immer stärker. Ihre finanzielle Flexibilität wird zunehmend eingeschränkt und keiner bekommt das mit. Insgeheim verläuft sie unterschwellig in unscheinbaren Bereichen. Welche Maßnahmen des Staates wären noch denkbar – besonders während einer wirtschaftlichen Depression? Wirtschaftshistoriker wissen, dass Zwangshypotheken in Deutschland bereits dreimal eingeführt wurden. Wir fragen Sie, worin denn wohl der (wahre) Sinn solcher Regulierungen liegt.

Interessanterweise sind oftmals die Privatkunden überproportional von den EU-Regulierungen betroffen. In den Gesetzestexten liest man oft »... der Privatkunde genießt ein höheres Schutzniveau«. Wir können über diese Formulierung wirklich nur schmunzeln. Wie weit soll das Schutzniveau für den Kunden denn noch gehen? Will die EU uns künftig auch vor Auslandsreisen schützen? Das Auslandsinvestment-Gesetz, die Wegzugssteuer und viele andere Schikanen schränken Sie bereits erheblich in Ihrer wirtschaftlichen Flexibilität ein. Sie werden es kaum glauben, doch in Sachen Risikoaufklärung sind die USA deutlich weiter als die EU-Staaten. Folglich können wir in diesem Bereich noch viel von den Amerikanern lernen. Um eine große Palette an Long-/Short-Ideen nachzuhandeln, sind die Möglichkeiten in Deutschland äußerst begrenzt, selbst für professionelle Trader. Folgende Broker bieten ein vollumfängliches Sortiment an, um unsere Trasse abzubilden: LYNX Brokers, CapTrader und Interactive Brokers. LYNX und CapTrader bieten ihren Support jeweils in deutscher Sprache an, Interactive Brokers auf Englisch. Alle oben genannten Anbieter arbeiten mit der Traderworkstation (TWS). Diese erfordert etwas Geduld bei der Einarbeitung. Auf YouTube finden Sie von den jeweiligen Anbietern diverse Tutorials. Der größte Vorteil dieser Broker ist die Kontoführung in London und damit (bald) außerhalb der EU. Denn auch die Briten sind in Sachen Finanzrepression und Regulierung deutlich entspannter als die (restlichen) EU-Staaten. Großbritannien hat das Potenzial, sich im Zuge des Brexit in eine riesige Offshore-Schweiz mit Niedrigsteuern zu verwandeln. Es könnte Kapitalfluchtland Nummer eins für Euroflüchtlinge sein. Der Kapitalzustrom könnte den Wert des Britischen Pfundes daher noch in die Höhe treiben. Man kann also davon ausgehen, dass nicht nur die dort erworbenen Anlagen sicherer sein werden als die im Euroraum, sondern dass man noch einen Währungsgewinn einstreichen wird, wenn man dort investiert hat. Zudem ist es über die TWS in kurzer Zeit möglich, ein Euro-Guthaben in andere Währungen umzutauschen. Wir erhalten für die Erwähnung dieser Möglichkeiten übrigens keine Provisionen irgendeiner Art und Weise.

Wir raten Ihnen dringend: Schützen Sie sich, solange Sie noch die Möglichkeit dazu haben. Wie können Sie sich gegen den zunehmenden Eingriff wehren? Wir weisen Sie nochmals darauf hin, dass dieser Text in keinem Fall eine Rechts- und Steuerberatung ersetzt. Planen Sie Ihre Vorhaben immer in Absprache mit einem Experten und unter Einhaltung der Gesetze. Als Denkanstoß könnte das Thema der Limited Liability Company (LLC oder LTD) in Ländern außerhalb der EU – zum Beispiel in Neuseeland – dienen. Mit einem solchen Investmentvehikel können Sie unabhängig von der europäischen Gesetzeslage investieren. Das heißt, Sie können wieder in US-domizilierte Investmentfonds oder ETFs investieren. Die Kosten für die Gründung einer LLC liegen unter 3000 US-Dollar. In einigen Ländern liegen die Gründungskosten bei weniger als 400 Euro. Zudem sollten Sie auf die laufenden Kosten achten, die jährlich nicht mehr als 500 US-Dollar betragen sollten. Es ist gut vorstellbar, dass Sie sich mit einem Partner zusammentun, um auf diese Weise Ihr Anlagevermögen zu erhöhen. So ergeben sich rechtlich gesehen neue Möglichkeiten und Sie können viel bürokratischen Aufwand umgehen. Mit einer LLC oder LTD entkommen Sie den Repressionen und verlagern Ihr Anlagevermögen ins Ausland. Trotzdem sollten Sie einen international tätigen Steuerberater kontaktieren. Wenn Sie 100 Prozent an einer solchen Auslandsgesellschaft halten, kann die Pflicht zur doppelten Buchführung entstehen.

Besonders in wirtschaftlichen Krisen sind Ihre Assets im Ausland vor einem Staatseingriff wahrscheinlich besser geschützt als in Deutschland oder innerhalb der EU. Vorzugsweise sollten Sie Länder mit einem geringen Spitzensteuersatz auswählen. Infrage kommen unter anderem Singapur, Großbritannien, Irland, Estland, Litauen oder die USA. In den USA gibt es einige Staaten ohne eine State Tax. Dazu zählen Florida, Nevada, South Dakota, Texas, Washington, Wyoming und Alaska. In den USA ist die Gründung einer Unternehmung in Delaware oder Florida am einfachsten umzusetzen, da beide über ein liberales Gesellschaftsrecht verfügen. Anders als in Singapur kann eine Person gleichzeitig mehrere Positionen innehaben. Dass Delaware einen Standortvorteil gegenüber anderen Regionen hat, lässt sich daran ablesen, dass 60 Prozent der Fortune-500-Unternehmen sowie 50 Prozent aller US-börsennotierten Unternehmen ihren Sitz im Bundesstaat Delaware haben.

Die Registrierung ist in Delaware relativ unkompliziert und geht schnell vonstatten. Das Vorgehen kann von überall in schriftlicher Form erfolgen. Zuerst wählen Sie die Rechtsform Ihrer Unternehmung, in diesem Fall eine LLC (Limited Liability Company). Dazu müssen Ihre Geschäftsaktivitäten nicht zwingend in den USA liegen, und Sie müssen auch kein US-Staatsbürger sein. Sie brauchen lediglich einen registrierten Agenten in den USA, der als Kontaktperson gilt. Wer als registrierter Agent akzeptiert werden will, muss ein Office in Delaware führen. Alle Dokumente auf den Namen Ihrer LLC werden an die Adresse dieses Büros zugestellt. Für den weiteren Verlauf der Gründung Ihrer Unternehmung kontaktieren Sie den betreffenden Agenten. Es wird empfohlen, ein wenig zu recherchieren und den Agenten zu prüfen. Für den Agenten kommen ebenfalls Kosten auf Sie zu. Anschließend müssen Sie das entsprechende Dokument zur Gründung einer LLC ausfüllen und der Delaware Division of Corporations zusenden. Dafür fallen Gebühren in Höhe von 200 US-Dollar an. Der große Vorteil von Delaware besteht darin, dass LLCs den Prinzipien der »Freedom of Contract« (Vertragsfreiheit) unterliegen. Nach diesem Prinzip können Sie die Eigentümer Ihrer Unternehmung nach eigenem Belieben organisieren – ohne staatliche Einschränkungen. Außerdem müssen Sie keinen jährlichen Geschäftsbericht vorlegen, sondern Sie zahlen eine jährliche Steuer von 300 US-Dollar. Darüber hinaus ist die Steuerbelastung gering. Die Delaware State Tax beträgt 8,7 Prozent. Besteuert werden Gewinne, die in den USA erzielt werden. Der Steuersatz liegt nach der US-Steuerreform bei sehr konkurrenzfähigen 21 Prozent. Aus unserer Sicht sind die USA für Gutbetuchte die größte Steueroase der Welt. Vielleicht sind Florida, Nevada, South Dakota, Texas, Washington, Wyoming und Alaska noch attraktiver, da es auch dort keine State Tax gibt.

Keineswegs wollen wir hier als Steuer-Lobbyisten für Amerika auftreten. Trotzdem erachten wir es als unsere Pflicht, Sie auf diese wichtigen Entwicklungen und potenziellen Lösungen aufmerksam zu machen. Schützen Sie Ihre finanzielle Flexibilität und Gestaltungsfreiheit, solange Sie noch können.

Es wird ernst, auch wenn man in Finanzkreisen davon ausgeht, dass die aktuellen Handelsdifferenzen der Hauptgrund für die steigende Volatilität an den Aktienmärkten sind. Das sehen wir keineswegs als den wichtigsten determinierenden Faktor für die aktuellen Kursschwankungen. Wir fokussieren uns lieber auf aussagekräftige

Korrelationen wie zum Beispiel das Verhältnis zwischen den Kursentwicklungen und dem Bilanzwachstum der großen Notenbanken. Zudem ist es wichtig, sich der Vergemeinschaftung der europäischen Schuldenberge, der steigenden Finanzrepression (Beispiel: Belgien, Italien, Griechenland, Frankreich) und der Verstaatlichung privater Vermögen (siehe Zypern) zu entziehen. Schauen Sie sich an, was gerade in Belgien debattiert wird. Das könnte auch auf uns zukommen.

Es ist Ihnen wahrscheinlich nicht aufgefallen, aber die Finanztransaktionssteuer (FTS) gedeiht in unserem Nachbarland Belgien, dem Hauptsitz der Europäischen Kommission. Erst einmal wird es für Investoren in Belgien eine ziemliche Herausforderung werden, die Daten zur Erhebung der FTS zu melden. Die aktuell diskutierten Regeln sehen vor, dass Anleger für jede einzelne Transaktion ein Dokument ausfüllen müssen. Für Investoren, die mehrmals im Quartal investieren, ist dies ein verhältnismäßig großer Aufwand. Falls die Anforderungen nicht erfüllt werden, führt das zu erheblichen Strafgebühren. Bei einem aktiven Investor mit einem Depot von 500.000 Euro kann diese neue Pflicht innerhalb eines Jahres zu einem mittleren fünfstelligen Schaden führen. Das Traurige an dieser Steuer ist, dass sie kleinere und mittlere Privatinvestoren am härtesten treffen wird.

Auch die Steuern auf Kapitalerträge wurden in den letzten Jahren dreimal erhöht und liegen mittlerweile deutlich über vergleichbaren deutschen Steuersätzen. Wenn Sie das nicht zum Nachdenken animiert, achten Sie auf den folgenden Plan: In Belgien soll im nächsten Jahr eine Vermögenssteuer ab einem Vermögen von 500.000 Euro eingeführt werden. Aktuell handelt es sich nur um einen Entwurf, der natürlich noch geändert werden kann. Lassen Sie sich bitte nicht täuschen. Am Anfang sind diese Steuern fast immer relativ niedrig. Sie werden jedoch nach und nach regelmäßig deutlich angehoben. Warum erzählen wir Ihnen das? Nach der Einführung werden solche Steuern auch gerne von anderen Ländern übernommen. Deswegen könnte das belgische Modell auch in anderen EU-Ländern Nachahmer finden, möglicherweise auch bei uns oder zuerst einmal in Österreich. Die französischen Technokraten in Brüssel verfolgen sehr gespannt die Entwicklungen in Belgien. In Frankreich gibt es bereits eine relativ hohe Vermögenssteuer. Die FTS fehlt noch. Steuern dieser Art führen zu einer indirekten Form der Finanzrepression. Investoren werden durch die hohen Anforderungen, die sie erfüllen müssen, wenn sie ihr Depot selbst managen, subtil dazu gebracht, in Anleihen-, Misch- und Aktienfonds zu investieren, die die neuen Anforderungen administrativ viel besser verarbeiten beziehungsweise sie automatisieren und dadurch die Mehrkosten viel besser verarbeiten können.

Lösung

Wer es sich leisten kann, sollte sich ernsthaft überlegen, eine Limited Liability Company außerhalb der EU zu gründen und Investitionen über diese Gesellschaft zu tätigen. Das erscheint angesichts der Entwicklungen in Belgien und deren mutmaßlicher Vorreiterrolle für die restliche EU ohnehin sinnvoll. Generell gilt: Es ist für staatliche Organe wesentlich schwieriger, ausländische Investmentgesellschaften zu kontrollieren und deren Werte zu konfiszieren oder durch hohe Steuern und negative Zinsen teilweise zu verstaatlichen als im Inland oder innerhalb der EU. Wir raten Ihnen, auf keinen Fall Steuern in irgendeiner Form zu hinterziehen! Aber schützen Sie bitte Ihr Geld vor dem allzu einfachen Zugriff durch den Staat. Der Fall Zypern hat gezeigt: Besonders leicht zu greifen sind Giro-, Tagesgeld- und Festgeldkonten, da diese schnell und einfach zu erreichen sind. Staatsanleihen, auf deren permanenten Verkauf die verschuldeten Staaten angewiesen sind, könnten einen gewissen Schutz bieten. Übrigens: eine Finanztransaktionssteuer, die immer mehr Anhänger in Europa findet, wäre definitiv ein Negativfaktor für die Aktie der Deutschen Börse AG (ISIN: DE0005810055; Tickersymbol: DB1). Bei vielen Investitionen und Spekulationen hängt die Gewinnmarge ganz wesentlich von den Transaktionskosten ab. Ein zusätzlicher Kostenfaktor wie die FTS würde definitiv keinen positiven Effekt auf die Handelsumsätze der Deutschen Börse AG haben.

Goldmoney Inc.

WKN: A14XJP
ISIN: CA38149A1093
Kürzel: CA:XAU

Goldmoney Inc. hatten wir bereits 2017 in unserer Publikation *Erfolg im Crash* vorgestellt und auch in vergangenen Ausgaben des Börsenbriefs schon mal erwähnt. Dieses Unternehmen ist nicht nur für Aktionäre von höchstem Interesse, sondern gleichermaßen für Anleger, die nach einer Möglichkeit Ausschau halten, physisches Edelmetall günstig zu erwerben. Goldmoney Inc. bietet an, Gold kostengünstig, zuverlässig und in sicherer Jurisdiktion lagern zu lassen und mittels einer Master- oder Debitcard darüber zu verfügen. Wir werden Ihnen das Unternehmen deshalb an dieser Stelle nicht nur unter dem Gesichtspunkt des Shareholder Value näher vorstellen, sondern gleichermaßen den Kundennutzen herausarbeiten.

Überblick

Gegründet wurde Goldmoney 2001 von den namhaften Edelmetall-Experten James Turk, Roy Sebago und Josh Crump. Das Unternehmen hat seinen Sitz heute sowohl in Toronto/Kanada als auch in Saint Helier/Jersey. Gelistet ist das Unternehmen an der Toronto Stock Exchange und verfügt Ende Dezember 2018 über eine Marktkapitalisierung von circa 110 Millionen Kanada-Dollar. Reguliert wird Goldmoney in Kanada, in den USA und auf der Insel Jersey. Mittlerweile hat das Unternehmen mehr als 1,5 Millionen Kunden in über 150 Ländern und verwaltet 2 Milliarden US-Dollar an Einlagen. Dazu gehört ein physischer Goldbestand von insgesamt 34 Tonnen. Damit verfügt Goldmoney über eines der größten privat verwalteten Goldvermögen weltweit, welches noch dazu in sicherer angelsächsischer Jurisdiktion verwaltet wird. Zu den Investoren und Unterstützern von Goldmoney zählen unter anderem Persönlichkeiten wie Eric Sprott und kein geringerer als George Soros. Alex Soros, einer der Söhne von George Soros, ist dem Unternehmen sogar als Aktionär der ersten Stunde verbunden. George Soros mag als Persönlichkeit zwar durchaus umstritten sein, angesichts eines geschätzten Privatvermögens von rund 25 Milliarden US-Dollar dürften seine Fähigkeiten als Investor jedoch außer Frage stehen.

Geschäftsmodell

Über Goldmoney können Anleger Gold kaufen und verkaufen. Die sichere Verwahrung übernimmt Goldmoney. Allerdings liegt das Gold dort nicht nur herum, sondern lässt sich auch als Zahlungsmittel einsetzen. So ist es möglich, über ein Konto bei Goldmoney eine bestimmte Menge Gold an andere Kunden zu transferieren. Das Goldmoney-Konto entspricht in seinen Funktionen einem echten Bankkonto, allerdings werden die Beträge auf dem Konto nicht in gesetzlicher Währung gutgeschrieben, sondern in Gold. Anstelle von Euro und Cent wird das Guthaben in 1-Gramm-Anteilen an einem Standard-Goldbarren ausgewiesen. Um ein Klumpenrisiko bei der Lagerung zu vermeiden, wird das Gold der Kunden in Tresoren in der ganzen Welt gelagert, etwa in Kanada, in der Schweiz, in England, Singapur sowie Hongkong.

Prepaid-Mastercard

Besonders interessant ist eine goldgedeckte Prepaid-Mastercard. Hiermit verfügt Goldmoney derzeit über ein Alleinstellungsmerkmal, welches den Kundennutzen für Inhaber des Edelmetalls auf ein völlig neues Level bringt. Jeder Kunde von Goldmoney hat die Möglichkeit, sein Gold nicht nur über ein Online-Konto bei Goldmoney zu erwerben, sondern es auch in Tresoren außerhalb der EU zu lagern und bei Bedarf durch elektronische Anweisung zu liquidieren. Der

Erlös kann auf die Prepaid-Mastercard übertragen werden. Danach kann mit der Kreditkarte in den Währungen US-Dollar, Euro, Britische Pfund und Schweizer Franken weltweit bezahlt werden, je nachdem welche Währung sich auf der Karte befindet. Sollte sich diejenige Währung, mit der bezahlt werden soll, nicht auf der Karte befinden, fallen hierfür 2,75 Prozent an Gebühren an. Wird mit der Kreditkarte bezahlt, wird diese aufgeladen oder davon Geld abgehoben, fallen weitere Gebühren an. Bei der ersten Aufladung müssen mindestens 20,00 Euro eingezahlt werden, danach nur noch ein Mindestbetrag von 1 Euro. Die Kunden haben alternativ auch die Möglichkeit, sich die Edelmetalle nach Hause oder zu einer anderen Depotstelle liefern zu lassen. Unabhängig davon, ob über das Edelmetall elektronisch oder physisch verfügt werden soll, sind die Handelsmargen bei Goldmoney mit 0,5 Prozent vom Spot-Preis ausgesprochen attraktiv. Sie liegen deutlich unterhalb der Margen, die Banken und traditionelle Edelmetall-Händler vereinnahmen. Eine Preisübersicht finden Sie unter: *https://www.goldmoney.com/images/media/Files/Docs/goldmoney-fees.pdf*

Die *Gebühren* für Kauf und Lagerung werden prozentual berechnet. Das ist ein großer Vorteil zu vielen anderen Anbietern, die eine feste (und teilweise hohe) Kontoführungsgebühr verlangen. Dies eröffnet Kunden die Möglichkeit, Gold nahezu zu Marktpreisen ohne horrende Gebühren zu kaufen, es im Bedarfsfall jederzeit wieder in Cash umzuwandeln und sich den Erlös in der gewünschten Währung gutschreiben zu lassen. Bei Goldmoney gibt es keine Mindestanlagesummen oder sonstige Hürden. Kleinsparer sind genauso willkommen wie institutionelle Anleger.

Schon mit Blick auf mögliche Finanzrepressionen und Bargeldbeschränkungen innerhalb der gesamten Eurozone kann die Möglichkeit, Goldbestände und Depots außerhalb der EU zu führen und via Kreditkarte weltweit darüber zu verfügen, gar nicht hoch genug bewertet werden. Vielleicht erinnern Sie sich noch daran, dass in Zypern und Griechenland zeitweise Bankguthaben eingefroren wurden und dramatische Abhebelimits in Kraft traten. Das sind Risiken, die man vermeiden sollte.

Goldmoney-Kryptogeschäft

Goldmoney bietet außerdem den Erwerb und die Verwahrung von Kryptowährungen an. Derzeit ist das Angebot zwar auf die Währungen Bitcoin und Ethereum beschränkt. Wir haben jedoch von offizieller Seite die Information erhalten, dass auf Anfrage unter Umständen auch weitere Kryptowährungen erhältlich sind und, dass Goldmoney beabsichtigt, das Standard-Portfolio an handelbaren Kryptowährungen generell zu vergrößern. Die Aufnahme der Währung Bitcoin-Cash steht bei Goldmoney bevor. Der Kauf von Kryptowährungen über einen Finanzdienstleister wie Goldmoney bietet unseres Erachtens erhebliche Vorteile gegenüber dem Erwerb über Kryptobörsen: Zum einen muss der Anleger hierfür kein Wallet, also keine digitale Geldbörse, einrichten. Zum anderen kann zwischen Kryptowährung und gesetzlicher Währung problemlos hin- und hergetauscht werden. Die Transaktionen werden zentral über Goldmoney abgewickelt. Beides macht den Handel mit Kryptowährungen für Anleger einfach und attraktiv. Goldmoney verfügt über eine Eigenkapitalquote von rund 95 Prozent. Die Verbindlichkeiten lagen 2018 bei lediglich 1 Million kanadischen Dollar.

Risiken

Steigende Zinsen für relativ sichere Anlagen können, insbesondere wenn sie über der Inflation liegen, dazu führen, dass Investitionen in Edelmetalle unattraktiv erscheinen. Politische Risiken, wie zum Beispiel das Verbot von Goldbesitz, sind immer gegeben. Dieses Risiko erachten wir aber kurz- bis mittelfristig als gering. Gleiches gilt für den grundsätzlich denkbaren Fall, dass es zu massiven Störungen im Onlinebanking oder im Zuge einer politischen Krise zu Devisenbeschränkungen kommt.

Gold erachten wir eine der wenigen werthaltigen Anlagen, die zudem als Zahlungsmittel eingesetzt werden können. Möglicherweise interessiert es Sie, dass Sie über die börsennotierte Gesellschaft

Goldmoney eine auf Goldvermögen basierte Mastercard bekommen können. Wir hatten die Aktie von Goldmoney in unserem Buch *Erfolg im Crash* zum Kauf empfohlen. Anfang August stand der Kurs bei 2,75 Kanadischen Dollar. Am 24. Oktober 2017 lag der Kurs bereits bei 6,08 Kanadischen Dollar. Das heißt, der Kurs ist innerhalb von elf Wochen um 121 Prozent gestiegen. Danach ist der Kurs aufgrund zahlreicher Turbulenzen am Kryptomarkt auf 1,50 Kanadische Dollar abgeschmolzen, scheint für einen aktuellen Einstieg allerdings wieder sehr interessant geworden zu sein. Wir hatten das Unternehmen empfohlen, weil wir es für finanzstark und innovativ halten. Auch der Sohn von Investorenlegende George Soros findet das Unternehmen offenbar gut, denn er zählt zum Kreis der Aktionäre. Dennoch möchten wir nun, nach dieser fulminanten Entwicklung, erst einmal abwarten, wie sich das operative Geschäft von Goldmoney entwickelt, und dann entscheiden, ob wir die Aktie auch zu einem Preis von 6,08 Kanadischen Dollar noch für attraktiv halten. Goldmoney wird relativ stark mit Kryptowährungen assoziiert, da das Unternehmen den Handel und die Aufbewahrung von Bitcoin und Ethereum anbietet. Hier bestehen Ängste, dass die Umsätze in diesem Bereich zurückgehen könnten, da sich der Bitcoin und viele andere Kryptowährungen derzeit im freien Fall befinden. Des Weiteren gehen einige Marktteilnehmer davon aus, dass Goldmoney über eigene Bitcoin-Bestände verfügt. Diese Bedenken teilen wir nicht. Das betreute Vermögen liegt aktuell bei circa 1,62 Milliarden Dollar. Das ist ein Rückgang seit den Spitzenwerten um circa 10 Prozent (bereinigt um den Rückgang der Gold- und Silberpreise). Das gefällt uns nicht. Aus unserer Sicht ist Goldmoney eine exzellente Gold und Silber Aufbewahrungs-Plattform außerhalb der EU, mit einer damit verbundenen Mastercard und der Möglichkeit, das gelagerte Gold und Silber zu beleihen. Ein Gründer ist zurückgetreten. Dieses Board-Mitglied war aber eher beratend als operativ tätig. Die realen Zinsen steigen weltweit, vor allem bei minderwertigen Investment-Grade- und Junk-Bond-Anleihen. Das spricht nicht für Gold. Das China-Geschäft (Gold-Plattform) konnte aufgrund eines negativen Bescheids der chinesischen Regierung nicht umgesetzt werden. Die damit verbundenen Kosten (circa 1 Million Kanadische Dollar) werden über vier Quartale abgeschrieben.

Fazit

Einerseits kann man über seine Goldmoney-Mastercard Bargeld abheben oder damit zahlen. Andererseits kann man seine Gold- und Silberbestände außerhalb der EU lagern. Wer größere Projekte plant, kann diese Bestände zu realistischen Zinssätzen beleihen. Sehr wichtig war für uns die Erkenntnis, dass Bitcoin-Eigentümer ihre Bestände abgebaut und in Gold umgeschichtet haben. Das erklärt, zusammen mit der aktuellen Marktvolatilität, die gute relative Performance von Gold im Vergleich zu Aktien und Anleihen.

Goldmoney bietet eine exzellente Edelmetall-Plattform, aber das Marketing und die Promotion sind noch sehr ausbaubedürftig. Das Management sollte Ressourcen für eine effektive und effiziente Marketingkampagne zur Verfügung stellen. Unerklärlich ist für uns, warum die Goldmoney Prepaid Mastercard nicht viel aktiver beworben und effektiv zur Kundengewinnung eingesetzt wird.

Wer sich ausführlicher für Goldmoney interessiert, sollte sich die folgende Zusammenfassung auf Deutsch durchlesen:

https://www.deutscheskonto.org/de/offshore/goldmoney/

Die Goldmoney-Aktie verfügt auf diesem Niveau über ein attraktives Chance-Risiko-Verhältnis. Die Bewertung bildet eine Vielzahl von Risiken ab, aber wenige Chancen. Aus unserer Sicht tut das Unternehmen Goldmoney viel zu wenig, um seine hochattraktive Dienstleistungspalette bekannter zu machen und zu promoten. Das könnte sich ändern, da nach dem IPO der Mene-Beteiligung mehr Managementkapazitäten zur Verfügung stehen.

Auf YouTube finden Sie eine Tutorial-Übersicht, welche in kurzen Videos die Kontoeröffnung sowie alle weiteren Möglichkeiten der Goldmoney-Plattform erklärt:

https://www.youtube.com/playlist?list=PLq4PnhZD4Os5VhFWdBYtlm-kxKV4Zmg66g

Über folgenden Link gelangen Sie direkt zur Kontoanmeldung auf goldmoney.com: *https://holding.goldmoney.com/sign-up/personal/step1* Für diese Vorstellung der Goldmoney-Gruppe erhalten wir keinerlei Vergütung.

4.3 Ferien in Neuseeland – oder: Was halten Sie von 4 Prozent Zinsen auf Festgeld bei einer Inflation von 2,2 Prozent?

Für ein Jahr Termingeld bekommen Sie bei der Kiwi-Bank 3,6 Prozent Zinsen. Mit einer etwas längeren Laufzeit sind knapp 4 Prozent möglich. Allerdings können Sie Festgeldkonten in Neuseeland nicht von Deutschland aus anlegen. Aber vielleicht wollten Sie Ihren nächsten Urlaub ja ohnehin in Neuseeland verbringen. Bei dieser Gelegenheit würde es sich anbieten, kurz bei einer Bank vorbeizuschauen und ein Konto zu eröffnen. Diese Möglichkeit besteht auch für Ausländer. Für 18 bis 24 Monate sind bei den größeren Banken mit etwas Verhandlungsgeschick auch Zinssätze von 4 Prozent möglich. Diese Verzinsung liegt nicht nur deutlich über der Inflation von aktuell 2 Prozent in Neuseeland, sondern auch circa 350 Basispunkte über dem, was Ihnen eine halbwegs sichere und seriöse Bank in Deutschland aktuell anbietet. Derzeit hat Neuseeland ein starkes Bankensystem. Im internationalen Vergleich sind die Institute in Neuseeland gut kapitalisiert. In den meisten Fällen stehen hinter ihnen starke australische Mutterbanken. Im Falle der Banken, die zu einer australischen Gruppe gehören, profitieren die Kunden von den hohen Standards der Aufsicht durch die australische Prudential Regulation Authority. Stresstests, die von der Reserve Bank in Neuseeland durchgeführt werden, legen nahe, dass das Bankensystem stark genug ist, um relativ schwere finanzielle Schocks zu überstehen. Allerdings ist kein Bankensystem gegen finanzielle Schocks immun. Selbst in robusten Bankensystemen kommt es gelegentlich zu Ausfällen. Das ist in Neuseeland genauso wie sonst überall auf der Welt. Neuseeland wäre verwundbar, wenn die neuseeländische Wirtschaft gleichzeitig mit Australien einen schweren und lang anhaltenden Schock erleiden würde – ein durchaus mögliches Szenario. In Neuseeland gibt es keinen Einlagensicherungsfonds. Diese Geldanlage geht also mit einem Risiko einher. Wenn Sie mit einem Anlagehorizont zwischen sechs und 24 Monaten an die Sache herangehen, ist dieses Risiko jedoch überschaubar. Natürlich hängt es auch von Ihren eigenen Bedürfnissen ab, welche Bank für Sie die richtige ist. Für vermögendere Investoren, die auch Private Banking in Anspruch nehmen wollen, empfiehlt sich die Bank of New Zealand BNZ (Awarded »Best Private Bank in New Zealand« in den Jahren 2017, 2016 und 2015; Quelle: Professional Wealth Management/The Banker Global Private Banking) oder die ANZ Bank, Westpac und möglicherweise HSBC. Diese Banken verfügen über eine wesentlich bessere Kapitalbasis als das Gros der systemrelevanten europäischen Universalbanken. Trotzdem erachten einige Marktkenner den Immobilienmarkt in Neuseeland und Australien als überhitzt. Das stellt mittelfristig ein inhärentes Risiko für die dortigen Finanzinstitute dar.

Wichtige Hinweise

Achten Sie bitte sehr genau auf die Kosten, die bei einem Umtausch von Euro in Neuseeland-Dollar fällig werden. Ihr Währungsrisiko können Sie bei Bedarf über einen Währungs-Swap absichern. Sie sollten beim Währungsumtausch Ihre Kosten insgesamt unter 0,5 Prozent der angelegten Summe halten. Für diejenigen, die bereits über eine solvente und etablierte Investmentgesellschaft innerhalb oder außerhalb der EU verfügen, dürfte eine Kontoeröffnung in Neuseeland auch per Telefon oder über einen lokalen Vertreter möglich sein. Informieren Sie sich bitte selbst über die Anforderungen. Das Land steht – nach Hongkong und Singapur – auf dem dritten Rang, was Economic Freedom anbelangt. Eine »New Zealand Portfolio Investment Entity« (abgekürzt: PIE) oder eine einfache »New Zealand Limited Liability Company« ist im internationalen Vergleich kein schlechtes Investmentvehikel. Die Gründungskosten dürften deutlich unter 2000 New Zealand Dollar liegen und die jährlichen Kosten übersteigen in der Regel 500 Neuseeland-Dollar nicht. Sie sollten bei einer solchen Maßnahme mindestens 100.000 Neuseeland-Dollar investieren. Der höchste Satz bei der Körperschaftssteuer liegt bei 28 Prozent, und Kapitalerträge sind nach einer Haltefrist von vier Jahren steuerfrei. Diese Steuer wurde in Neuseeland übrigens 2010 von 30 Prozent auf 28 Prozent gesenkt – ganz anders als in Belgien. Die Kapitalertragssteuer auf Dividenden beläuft sich auf 15 Prozent. Deutschland hat mit Neuseeland ein Doppelbesteuerungsabkommen.

Und jetzt zum Thema »Urlaub«

Das neuseeländische Klima gilt als maritim. Im Norden des Landes gibt es von Palmen umsäumte Strände und im Süden Fjorde. Der höchste Berg ist circa 800 Meter höher als die Zugspitze. Die besten Skigebiete sind mindestens so gut wie Oberstdorf und die Strände sicherlich klimatisch und landschaftlich nicht minderwertiger als Sylt. Auch den Wein kann man mittlerweile trinken. Das Land ist ungefähr so groß wie die alte Bundesrepublik, hat jedoch nur 4,8 Millionen Einwohner. Dafür gibt es circa 27 Millionen Schafe. Das einzige wirkliche Risiko: Neuseeland liegt in einer aktiven Erdbebenzone.

4.4 Die nicht so liebe Inflation – der Erzfeind des traditionellen Sparers

Wichtige Wirtschaftsdaten wie Inflationsraten werden bewusst nach unten manipuliert, während die Rendite von Staatsanleihen deutlich unter der wahren Inflation liegt. Dadurch ist der erste Schritt der schleichenden Enteignung bereits gemacht. Sehr wenige Investoren arbeiten noch mit den kalkulatorischen Inflationsmodellen der Vergangenheit. Aber viele Profis sehen in den aktuellen Inflationszahlen ein politisch

Kapitel 4

motiviertes Understatement der wahren Inflation. In den USA werden Ausgaben für Studium, Gesundheitskosten, Mietpreise laut shadowstats.com untergewichtet, sodass das wahre Inflationsbild folglich enorm verzerrt wird. Allgemein bekannt ist, dass der amerikanische Inflationsindex keine Nahrungsmittel und Energiekosten beinhaltet. In Deutschland werden zumindest die Ausgaben für Transport mit 13 Prozent, Nahrungsmittel mit 10 Prozent und Mietausgaben mit 32 Prozent gewichtet. Andere Faktoren sind nicht enthalten, wie zum Beispiel die Wohnimmobilien in großen Städten, die seit 1999 um 7,7 Prozent pro Jahr zugelegt haben. Auch viele öffentliche Güter, die immerhin 45 Prozent des Verbrauchs ausmachen, werden bei den Inflationszahlen nicht berücksichtigt. Ihr Preis steigt aber deutlich mehr als die offiziell ausgewiesene Inflation dies angibt. Insgesamt ist zudem die Steuerlast der Bürger seit 1999 um 3 Prozent pro Jahr gestiegen.

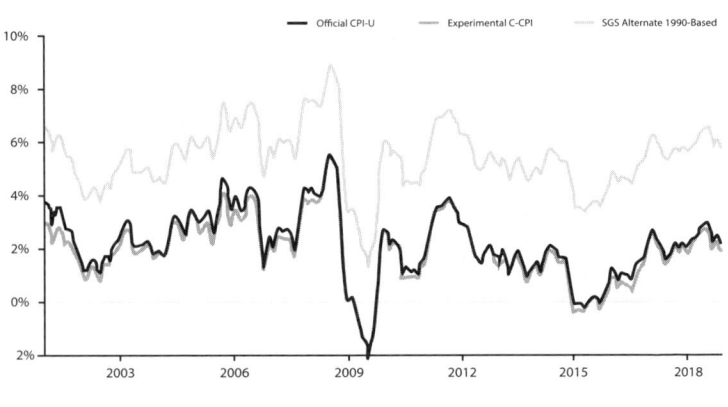

Abbildung 38: Offiziell ausgewiesene Inflation versus Inflationsberechnung gemäß ShadowStats

148

Wir beziehen uns auf Professor Gunther Schnabel, der in einem Gastbeitrag zum Magazin *Focus* (https://www.focus.de/finanzen/experten/debatten-die-inflation-wird-falsch-gemessen_id_9060871.html) schreibt:

»Die Inflation ist versteckt. Während für Deutschland die offizielle Rate für 2017 bei 1,8 Prozent angegeben wird, wären es 2,4 Prozent, wenn auch eigengenutzte Immobilien eingerechnet würden. Berücksichtigt man die steigenden Kosten für öffentliche Güter, läge die Inflation bei 3,0 Prozent. EZB Chef Draghi hat daher wohl schon lange sein Inflationsziel von knapp 2 Prozent überschritten. Merkel, Salvini, Macron & Co. werden alles dafür tun, dass Inflation weiter wie bisher gemessen wird.«

Fake Data!

Eine Inflationsrate von 3 Prozent liegt immerhin 66 Prozent über der offiziell ausgewiesenen Inflation und ist ein viel besseres Indiz für die wirkliche Teuerungsrate in Deutschland. Tendenz: steigend!

Die Inflationsrate in den USA zieht an. Sauber gerechnet liegt die Inflation laut Experten von ShadowStats jedoch bereits deutlich über 4 Prozent (vgl. Abbildung 38).

Dass Sie Ihr Vermögen besser außerhalb der EU parken sollten, hat neben dem Repressionsthema noch einen anderen Grund und zwar den Krall(en)-Faktor.

4.5 Der Krall(en)-Faktor – die europäische Enteignung

Während sich die Marktkapitalisierung der europäischen Banken in den letzten zehn Jahren geviertelt hat (vgl. Abbildung 39), konnte der US-amerikanische Dow Jones Banken Index 60 Prozent hinzugewinnen.

Seit der Subprime Krise 2008, in der sich in Deutschland vor allem einige Landesbanken verspekuliert haben, erzeugt die Überregulierung der Banken eine Illusion von Sicherheit. Während europäische Politiker durch die Einführung immer neuer Regularien verhindern wollten, dass die Staaten erneut die Banken retten müssen, haben sie durch ihre Niedrig- beziehungsweise Negativzinspolitik und die extrem hohen Regulierungskosten das langsame Sterben der Banken überhaupt erst eingeleitet.

European Banks: Crushed, Crushed, Crushed
Stoxx 600 Banks Index 2006 – 2018

Quelle: Investing.com
https://wolfstreet.com/wp-content/uploads/2018/10/EU-Banks-Bank-Stoxx-600-Index-2006_
2018-10-22.pg

Abbildung 39: Bankenindex Stoxx 600

Die anhaltenden Nullzinsjahre der EZB sollten die europäische Wirtschaft ankurbeln sowie die Produktivität und vor allem das Beschäftigungsniveau innerhalb der Eurozone stärken. Dieser radikale Schritt sorgte jedoch für eine andauernde Erosion der Erträge in der Bankenlandschaft. Zudem befindet sich in den Kreditbüchern der EZB eine schleichende und bisher unerkannte Verseuchung mit faulen Krediten, die bei einer Zinswende das europäische Bankensystem zum Kollabieren bringen könnte. Besonders die sogenannten »Stresstests«, welche von der Europäischen Union zum Schutz der Anleger eingeführt wurden, geben eine Scheinsicherheit, weil die Art ihrer Durchführung fragwürdig ist. Bisher konnte keiner der durchgeführten Stresstests frühzeitig genau diejenigen Banken identifizieren, die später mithilfe von Steuerzahlergeldern unterstützt werden mussten. Die Regierenden wollen die unbequeme Wahrheit aber auch ausblenden, nämlich dass die Zinspolitik das ganze System massiv destabilisiert. In Wahrheit werden nur die Staaten im Süden gestützt, der Kollateralschaden im Bankensystem wird dagegen ignoriert.

Stellen Sie sich vor, alles wäre umsonst zu haben – wie würden Sie sich verhalten? Das Leben würde vermutlich in einem einzigen Konsumrausch enden. Ungefähr so verhält es sich mit unserem Geldsystem. Denn einer der wichtigsten Rohstoffe überhaupt, das Geld, war im letzten Jahrzehnt für die Finanzeliten umsonst zu haben. Dies verstößt nicht nur gegen jegliche Regeln der Marktwirtschaft, sondern bedeutet vor allem für Sie als Steuerzahler eine schleichende Enteignung, da Ihr angespartes Geld Jahr für Jahr deutlich an Wert verliert.

Aktuell stehen wir vor einem Dilemma, welches in den kommenden zwei bis fünf Jahren ein bitterböses Ende finden könnte. Erhöht man die Zinsen, geht es den südeuropäischen Staaten an den Kragen. Insbesondere Italien hätte absolut keine Chance mehr, seine Kredite zu tilgen. Hält man allerdings weiter am Nullzinsniveau fest, erodiert die Bankenlandschaft Europas. 80 Prozent der Bankerträge gehen auf die operative Zinsmarge zurück. Genau diese abgeschmolzenen Zinsmargen bringen das einst gewinnträchtige Geschäft der Banken zum Erliegen. Mit der Entstehung operativer Verluste erodiert zuerst die Kapitalbasis und dann die Fähigkeit zur Kreditvergabe, was wiederum die Giralgeldmenge schrumpfen lässt.

Deflation und Rezession sind deshalb das wahrscheinlichste Endergebnis dieser Politik. Wenn es soweit ist und die EZB ihren aussichtslosen Möglichkeiten ins Auge sehen muss, wird eine Panik vermutlich dafür sorgen, dass zuerst eine Hyperinflation einsetzt. Neben den Banken ziehen auch für weitere Industrien dunkle Wolken am Himmel auf. Normalerweise gehen jedes Jahr 1 bis 2 Prozent der Unternehmen pleite. Schon der österreichische Ökonom Joseph Schumpeter titulierte diesen Prozess als »kreative Zerstörung«. Die kreative Zerstörung ist ein Begriff aus der Makro-Ökonomie, deren Kernaussage lautet: Jede ökonomische Entwicklung (im Sinne von nicht nur quantitativer Entwicklung) baut auf dem Prozess der schöpferischen beziehungsweise kreativen Zerstörung auf. Durch eine Neukombination von Produktionsfaktoren, die sich erfolgreich durchsetzt, werden alte Strukturen verdrängt und schließlich zerstört. Die Zerstörung ist also notwendig, damit Neuordnung stattfinden kann – und nicht etwa ein Systemfehler. Aber diese Kräfte wirken nicht mehr, weil die Unternehmen durch die Nullzins-Subvention künstlich am Leben erhalten werden. Sie müssen ihre Kapitalkosten nicht mehr erwirtschaften, auch können sie durch Aktienrückkaufprogramme auf Kredit ihre Gewinne aufpolieren. Wenn man auf diese Weise Pleiten verhindert, bindet man immer mehr Ressourcen in sogenannten Zombieunternehmen. Diese Art von Unternehmen hätten schon längst pleite sein müssen. Solche Zombies haben durch die zerstörende Fiskalpolitik der Zentralbanken die Möglichkeit, immer weitere Kredite in Anspruch zu nehmen, so günstig waren sie noch nie und werden sie ja auch vermutlich nie wieder sein. Der anstehende Crash in Europa könnte die Subprime-Krise wie ein harmloses Sommergewitter aussehen lassen. Es wird, sollten die Zinsen steigen, vermutlich eine Pleitewelle geben. Die faulen Kredite, welche dann ausfallen, werden dann in eine extra dafür initiierte European Bad Bank wandern. Der Internationale

Währungsfonds schätzt die Summe der faulen Kredite in Europa auf 1 Billion Dollar, die Wirtschaftsprüfer von KPMG beziffern sie auf mittlerweile 1,5 Billionen Dollar. Falls Ihnen diese Zahl abstrus hoch vorkommt: Das ist sie auch. Die Dunkelziffer liegt zudem deutlich höher, denn diese Zahlen beziehen sich ausschließlich auf Kredite, die schon jetzt nicht mehr bedient werden können – trotz Niedrigzins. Dieses Geld ist bereits weg. Zum Großteil wurden diese Kredite allerdings noch nicht einmal abgeschrieben und finden sich weiterhin in den Bilanzen.

Es kommen weitere 1,5 Billionen von weiteren Zombie-Unternehmen hinzu, die ihre Kredite aktuell gerade noch bedienen können. Dabei handelt es sich laut Schätzungen von Euro-Kritiker Dr. Markus Krall um 10 bis 12 Prozent aller Unternehmen in Europa, Tendenz steigend. Dies würde bei einem einprozentigen Anstieg der kurzfristigen Zinsen dazu führen, dass bis zu einer halben Million Unternehmen das Handtuch werfen müssten, da sie unter der Zinslast ersticken.

Diese Pleitewelle würde die Bilanzsumme der Europäischen Zentralbank deutlich überschreiten. Krall geht sogar noch einen Schritt weiter und spricht von einem Dominoeffekt. Die Rettung kostet den Steuerzahler dann das Zwei- bis Dreifache des Fehlbetrags in der EZB-Bilanz. Das heißt im Umkehrschluss: Wenn jetzt die 1,5 Billionen Euro nicht in die Hand genommen werden, um die Banken mit höherem Eigenkapital krisenfest zu machen, dann brauchen wir bald vielleicht 4,5 Billionen Euro. Daher sollte man als Anleger gezielt Abstand zum Euro nehmen. Fremdwährungen wie der US-Dollar, das Britische Pfund, der Schweizer Franken oder die Norwegische Krone bieten sich als Alternativen an. Rückblickend waren die letzten zehn Jahre vermutlich die risikoärmsten in der Geschichte des Kapitalmarkts. Wer viel Geld verdienen wollte, musste nur darauf hören, was die Notenbanken machen. Profitiert haben von diesem Theater zum Großteil allerdings nur institutionelle Anleger wie Hedgefonds und smarte Spekulanten, die auf Zinsdifferenzen gesetzt haben (sogenannte Carry-Trader).

Nur ein Zehntel der Geldmenge kommt von der Zentralbank, der Rest ist Giralgeld, es wird also von den Banken geschöpft. Aber das setzt voraus, dass die Kreditvergabe funktioniert. Wenn also die Kredite kollabieren, dann könnte es eine schockartige, deflationäre Depression nach dem Muster von 1929 geben. Ein weiteres Problem sind die Target-II-Salden. Sie können als Zahlungsverkehrssystem der Währungsunion bezeichnet werden. Sinn und Zweck dieser Salden ist die gegenseitige Kreditvergabe innerhalb der Währungsunion. Ursprünglich sollte dadurch das europäische Geflecht gestärkt werden. Doch aus einem Kreislauf wurde eine Einbahnstraße. Allein die Bundesbank hat schon weit mehr als 1 Billion Euro verliehen, und die Summe steigt weiter an. Aktien, Anleihen und Immobilien werden aus Mangel an Alternativen also künstlich hochgetrieben. Eine Rettung zum jetzigen Zeitpunkt käme zwar zu spät, aber das Banking Desaster könnte dadurch verhindert werden. Die Frage ist nur: Woher soll das benötigte Geld stammen? Ziehen wir alle Positionen zusammen, kommen wir auf knapp 3 Billionen Euro.

Zum Beispiel könnten Vermögen von deutschen Steuerzahlern für die Rettung von Zombie-Banken, -Unternehmen und -Staaten zweckentfremdet werden. So etwas nennt man im Fachjargon die europäische Vergemeinschaftung deutscher Vermögenswerte.

Das negative Niveau kurzfristiger Leitzinsen wird voraussichtlich bis Mitte 2019 beibehalten. Das hatten wir bereits vorausgesagt, und dies war auch der Grund, auf steigende US-Dollarkurse gegenüber dem Euro zu setzen. Einer anderen Meldung messen wir eine größere Bedeutung bei: der expansiven Geldpolitik, wie sie unter dem ehemaligen FED-Vorsitzenden Ben Bernanke eingeführt wurde. Quantitative-Easing-Maßnahmen bestehen im direkten Ankauf von Wertpapieren durch eine Zentralbank, um unmittelbar Geld in die Finanzmärkte zu leiten. Das geldpolitische Gegenstück zum Quantitative Easing (QE) ist das Quantitative Tightening (QT): Erstmals in der Geschichte beginnt die US-Notenbank Fed im Oktober 2018, ihre durch die QE-Wertpapierkäufe aufgeblähte Bilanz zu reduzieren, indem sie etwa fällige Staats- und Immobilienanleihen nicht mehr ersetzt. Die

EZB plant, als Aufkäufer von Staats- und Unternehmensanleihen vom Markt zu verschwinden. Vor allem im mittel- und langfristigen Bereich könnte dies dazu führen, dass sich Staaten und Unternehmen von Januar 2019 an bei Anleiheemissionen und Refinanzierungen nicht mehr auf die Nachfrage der EZB verlassen können. Des Weiteren bestehen Zweifel, ob die EZB bei Anleihen weitere Stützungskäufe tätigen wird. Somit könnte der größte Käufer von europäischen Anleihen der letzten Dekade komplett vom Markt verschwinden. Und das soll in der Folge keinerlei Einfluss auf das Zinsniveau haben? Eventuell könnten Repressionen in Kraft treten, die Pensionskassen und Versicherungen dazu verpflichten, die betreffenden Papiere weiterhin zu halten oder ihren Bestand an diesen Papieren sogar aufzustocken. Die Bekanntmachung, dass die EZB-Nullzinspolitik (es ist de facto sogar eine Negativzinspolitik) bis mindestens Mitte 2019 beibehalten wird, hat die Märkte kurzfristig beflügelt. Selbstverständlich beeinflussen die kurzfristigen Negativzinsen die Entwicklung der mittel- und langfristigen Zinsen. Das konnte man bereits in den USA erkennen. In dem Augenblick, in dem die Fed das kurzfristige Zinsniveau anhob, begannen auch die Renditen der mittelfristigen Anleihen zu steigen. In den nächsten zehn bis zwölf Monaten sollten die Nullzinsen im kurzfristigen Bereich die Renditen der Carry-Trader im Anleihebereich und bei Immobilien weiterhin beflügeln. Bei Carry Trades nehmen Anleger einen niedriger verzinsten Kredit auf und investieren dieses Geld in Anlagen mit höheren Zinsen oder Rendite.

Dennoch sehen wir das Ausscheiden der EZB bei Anleihekäufen als insgesamt kritisch. Denn bei einer Flut von Refinanzierungen, auf Staatsebene sowie bei vielen Unternehmen in Europa, wird die entsprechende Kaufkraft fehlen. Das dürfte rein rechnerisch – ceteris paribus – zu höheren Zinsen führen, da die Nachfrage nach Krediten jeglicher Form kaum abzunehmen scheint. Als interessant erachten wir auch, dass sich in den USA circa 50 Prozent der neuen Anleiheemissionen im Junk-Bond-Bereich bewegen. Dass stark steigende Zinsen in den USA gar keinen Effekt auf das europäische Zinsniveau haben, ist aus unserer Sicht praktisch unmöglich. Steigende US-Leitzinsen sind für andere Märkte gefährlicher als für die USA. Als im Jahr 1994 der damalige Fed-Chef Alan Greenspan die Leitzinsen nur wenig erhöhte und Italien noch die Lira als Währung führte, gingen viele der Marktteilnehmer davon aus, dass die Marktzinsen von US-Staatsanleihen steil ansteigen und die Anleihekurse entsprechend fallen würden. Doch kam vielmehr der Markt für höher verzinsliche italienische Bonds am stärksten unter die Räder, weil Kapital zurück in die USA floss. Das Äquivalent zum damaligen Italien sind heute die Schwellenländer und natürlich auch wieder der italienische Staat. Daher bietet es sich an, Ramschanleihen – Junk Bonds – leerzuverkaufen, weil die Zinsdifferenzen (also die Differenz zwischen zwei einheitsgleichen Größen, die miteinander verglichen werden sollen) bei historischer Betrachtung immer noch sehr eng sind. Diese dürfen sich noch ausweiten, wenn die Fed die Leitzinsen weiter erhöhen sollte. Auf den Kreditmärkten könnte das zu Übertreibungen führen. Zahlreiche Unternehmen könnten pleitegehen. Banken könnten wie in der Subprime-Krise wieder massive Kursverluste einfahren. Ihre Bedeutung ist zwar heute nicht mehr so groß wie früher, als sie noch die einzigen Kreditgeber waren. Aber in Nordamerika und in Europa befindet sich die Risikovorsorge der Banken auf einem historischen Tiefstand. Besonders anfällig ist die Finanzbranche für exponentielle Verluste. Wenn der Kreditausfall einer Bank 1 Prozent beträgt und das Eigenkapital der Bank zehnfach verliehen wird, verringert sich das Eigenkapital unter ansonsten gleichen Umständen bereits um 10 Prozent. Bei einem Kreditausfall von 10 Prozent wäre das Eigenkapital vollends vernichtet. Die betreffende Bank stünde kurz vor der Insolvenz.

Traurig stimmt uns vor allem das Beschäftigungsniveau junger Leute in Europa (vgl. Abbildung 40). Mit Arbeitslosenquoten von teilweise über 25 Prozent, wobei die Dunkelziffer deutlich höher liegt, haben es die südeuropäischen Staaten in den vergangenen zehn Jahren nicht geschafft, den Beschäftigungsgrad zu erhöhen. Das teilweise ausgewiesene Produktivitätswachstum innerhalb Europas täuscht massiv und ist lediglich auf die Nullzinskosten der letzten Jahre zurückzuführen.

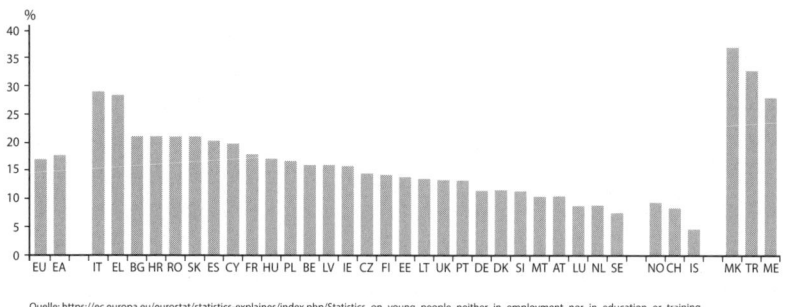

Young people (aged 20 to 34) neither in employment nor in education and training, 2017

Quelle: https://ec.europa.eu/eurostat/statistics-explaines/index.php/Statistics_on_young_people_neither_in_employment_nor_in_education_or_training

Abbildung 40: 20- bis 34-Jährige ohne Ausbildung und Job

Das liegt an einer ökonomischen Realität, die Politiker gerne ignorieren. Staatsschulden und Zinsen für Anleihen sind nicht vom Rest der Wirtschaft losgelöst. Im Gegenteil: Die Zinsen für Staatsanleihen sind für die Wirtschaft enorm wichtig. Viele Kreditformen sind an die Langfristzinsen von Staatsanleihen gebunden. Steigen die Zinsen für Staatsanleihen, steigen auch die Kreditzinsen. Hat der Staat seine Schulden nicht im Griff, wird ein Kredit insgesamt teurer. Kredite sind nun aber das Schmiermittel der Wirtschaft. Zu hohe Zinsen würgen das Wachstum ab. Tatsächlich steigen die Kosten für Kredite in Italien seit der Regierungsbildung. Erschwerend kommt hinzu, dass Banken Staatsanleihen im Umfang von knapp 400 Milliarden Euro in ihren Bilanzen halten. Ein Großteil dieser Anleihen muss zu Marktpreisen bewertet werden. Der Zinsanstieg hat dafür gesorgt, dass die Kurse der Anleihen gesunken sind. Banken müssen hohe Kursverluste ausweisen. Dadurch sinkt ihr Eigenkapital. Das ist ein weiterer Grund, weshalb Banken die Kreditvergabe zügeln.

Im dritten Quartal 2018 flachte das Wachstum in der Eurozone auf 0,2 Prozent ab und erreichte damit den niedrigsten Wert seit dem Jahr 2014. Das voraussichtliche Wirtschaftswachstum sollte ursprünglich bei 0,4 Prozent liegen. Das Sorgenkind Italien ging trotz

Niedrigzins in eine Stagnationsphase über und konnte kein Wachstum verzeichnen. Italiens neuerliche Kreditpläne sollen dem Land eine frische Dynamik verleihen, reißen es jedoch gleichzeitig auch in einen noch tieferen Strudel der Verschuldung. Angesichts rekordverdächtiger Niedrigzinsen und Hunderten Milliarden neuer Euro am Markt würden Keynesianer eine florierende Wirtschaft erwarten. Das Wachstum ist jedoch verhalten. Eine Rezession ist unvermeidlich – sowohl in den Vereinigten Staaten als auch in Europa. Im Gegensatz zum letzten wirtschaftlichen Abschwung in der Eurokrise 2011 wird die EZB keine Mittel mehr haben, um gegenzulenken, es sei denn, sie will eine Inflation und eine Währungskrise erleben. Die europäischen Länder sind stark verschuldet und weisen hohe Haushaltsdefizite auf. Es bleibt für die maroden Staaten der Eurozone nicht mehr viel zu tun, außer marktgerechte Maßnahmen zu ergreifen, also etwa ihre aggressive Ausgabenpolitik zurückzufahren, ihre Schulden zu tilgen und die Steuern zu senken. Draghi und Co. haben die Probleme der Eurozone durch die Einführung der keynesianischen Politik nur verschärft. Nachdem die EZB nun alle großen Geschütze abgefeuert und damit gerade einmal ein Wachstum von kaum 2 Prozent erzielt hat, schwindet allmählich der Handlungsspielraum. Die Regierungen können nur die weiße Flagge der Kapitulation hissen und ihre eigene Abspaltung vom Währungsblock vorschlagen. Um sich von diesem sinkenden Schiff zu retten, wäre ein Austritt aus der Eurozone wohl die einzig vernünftige Lösung.

4.6 Versicherungslüge, Strafzölle und Steuererleichterungen

Die Versicherungslüge

Vor allem Menschen, die ihre komplette Altersvorsorge in eine Lebensversicherung gepackt haben sollten sich Sorgen machen. Lebensversicherer und Pensionskassen haben aktuell knapp 2 Billionen

Euro in Staatsanleihen aus Südeuropa investiert. Gesund ist das definitiv nicht. Wenn diese Anleiheblase platzen würde, wären die garantierten Ersparnisse mehrerer Generationen vernichtet. Zwar bekommen Sie Ihre garantierte Summe in der Regel weiterhin ausgezahlt. Die Frage ist nur, wieviel Sie sich dann noch vom entsprechenden Betrag kaufen können. Gleiches gilt ebenfalls für die Einlagensicherung in Höhe von 100.000 Euro, welche die Bank Ihnen garantiert. Es gibt in Deutschland mehr Lebensversicherungsverträge als Einwohner. Grund genug, dieses Thema im Bewusstsein zu halten. In Zeiten einer Hyperinflation müssten Sie für die Bezahlung Ihres Wocheneinkaufs vielleicht sogar eine Schubkarre voller Geld mitnehmen. Insbesondere das Wirtschaftswachstum im europäischen Raum wirft Fragen auf. Zudem können Ihre Ansprüche auch rechtlich ganz legitim gekürzt werden. Der Bundesgerichtshof (BGH) entschied im Fall eines Kunden, dass Beteiligungen massiv gekürzt werden dürfen (Az. IV ZR 201/17). Die Neuregelung zur Beteiligung von Kunden der Lebensversicherungen an den sogenannten stillen Reserven im Versicherungsvertragsgesetz sind damit offiziell verfassungsgemäß. Die Entscheidung folgte auf eine Klage des Bunds der Versicherten (BdV), der für betrogene Kunden von Lebensversicherungen ihre ursprünglichen Ansprüche erstreiten wollte. Dabei geht es um die sogenannten Bewertungsreserven (Gewinne) die Versicherungsunternehmen erwirtschaften, indem sie das Geld ihrer Kunden am Kapitalmarkt anlegen, größtenteils in festverzinslichen Papieren wie Staatsanleihen. Der BdV spricht hingegen von einer »verfassungswidrigen Enteignung«. Dieser Meinung schließen wir uns an. Aktuell wird nur noch denjenigen Versicherten eine bestimmte Summe garantiert, deren Verträge noch länger laufen. Um das sicherzustellen, ist im Zweifel den ausscheidenden Kunden die Beteiligung zu kürzen. Hintergrund ist eine Gesetzesänderung aus dem Jahr 2014. Damals reagierte der Gesetzgeber auf die historisch niedrigen Zinsen, deckelte den größten Teil dieser besonderen Ausschüttung und half damit der Versicherungswirtschaft, ihre Garantiezusagen einhalten zu können.

Gut informierte Quellen sprechen von mangelnden Reserven in zweistelliger Milliardenhöhe, allein in Deutschland. Ob ein Versicherungskunde wirklich betroffen ist, erkennt er natürlich erst, wenn der Tag der Auszahlung näher rückt, also oftmals erst in einigen Jahrzehnten. Viele Anleger können sich die vom Staat geförderte Altersvorsorge kaum noch leisten. Experten schätzen, dass Sparer aktuell etwa mindestens ein Drittel mehr Geld zur Seite legen müssen, um im Alter eine ähnlich hohe Absicherung zu erreichen wie zu Zeiten normaler Zinsen. Da der erwirtschaftete Zins dann in der Auszahlungsphase noch abgeschöpft wird und der Ausgang dieser Form der Geldanlage damit gänzlich ungewiss ist, fällt es schwer, eine Kapitallebens- oder Rentenversicherung überhaupt noch zu empfehlen. Banken und Versicherer werben häufig damit, dass die angebotenen Geldanlagen mündelsicher sind und daher bei der Anlage keinerlei Risiken mit sich bringen. Viele Verbraucher investieren aus diesem Grund in die angebotenen Produkte der Finanzdienstleister. Lebensversicherer sind gesetzlich dazu verpflichtet, das Kundengeld zu mindestens 60 Prozent in mündelsicheren Anlagen zu investieren. Zu den mündelsicheren Anlagen gehören beispielsweise Staatsanleihen, bei denen ein Ausfall per Definition als unwahrscheinlich angesehen wird. Das Geld, das die Kunden im Vertrauen auf ihre hohe Sicherheit in Rentenversicherungen einzahlen, wird also in Ländern wie Spanien, Portugal, Frankreich, Italien oder sogar Griechenland investiert. Diese Anlagen sind weder sicher, noch werfen sie eine entsprechende Rendite ab. Trotzdem gelten sie laut Gesetz immer noch als mündelsichere Anlage. Der derzeitige Garantiezins von Lebensversicherern in Höhe von 0,9 Prozent soll deshalb weiter gesenkt werden. Vor 20 Jahren belief sich dieser garantierte Zins noch auf 4 Prozent. Die betreffenden Altverträge, die damals abgeschlossen wurden, müssen in der Auszahlungsphase zukünftig bedient werden. Die Reserven, welche sich intern angesammelt haben, müssen aufgebraucht werden, um die Altverträge zu bedienen. Es ist also bei anhaltendem Niedrigzinsniveau nur noch eine Frage der Zeit, bis das Eigenkapital der Finanzdienstleister völlig abgeschmolzen ist. Nach

§ 89 Versicherungsaufsichtsgesetz kann ein Versicherer, wenn er in wirtschaftliche Schwierigkeiten gerät, Rückkaufswerte der entsprechenden Versicherung herabsetzen. Im schlimmsten Falle kann die Finanzaufsicht sogar Zahlungen an den Kunden verbieten.

Strafzölle

Jedem Finanzhistoriker ist klar, dass Strafzölle einen negativen Einfluss auf Kapitalmärkte haben. Der einzige andere deutschstämmige US-Präsident neben Donald Trump, Herbert Hoover, hat dies durch die Einführung von Strafzöllen in seiner Legislaturperiode zur Zeit des großen Börsencrashs von 1929 bis 1933 bestens vorexerziert. Der Smoot-Hawley Tariff Act wurde 1930 zum Gesetz in den USA. Damit sollte die US-Wirtschaft vor ausländischer Konkurrenz geschützt werden. Die Konsequenzen für den Welthandel und die Weltwirtschaft waren verheerend. Zwar sanken die Importe in die USA zwischen 1929 und 1933 um 66 Prozent auf 1,5 Milliarden US-Dollar, aber auch die Exporte fielen um 61 Prozent auf 2,1 Milliarden US-Dollar.

Handelskriege reduzieren die Planungssicherheit, verhindern den optimalen Einsatz von Ressourcen und fördern in der Regel ineffiziente Hersteller zu Lasten der Konsumenten. Damit verbunden sind eine geringere Umschlaghäufigkeit der Waren, eine Verringerung des Handels, eine erhöhte Ineffizienz sowie zunehmende politische Konflikte. Hohe Strafzölle führen zwangsläufig zumindest kurzfristig zu einer höheren Inflation, vor allem bei Produkten, deren Nachfrage nicht so stark von deren Preis abhängt.

Doch sehen wir die aktuelle Strafzoll-Debatte als nachrangig an. Denn im gesamten Welthandel machen protektionistische Zölle nicht mehr als 4 Prozent des Handelsvolumens aus. Doch könnten Trumps Ankündigungen gegenüber China in diesem Zusammengang inflationäre Tendenzen beflügeln und der chinesischen Wirtschaft erheblichen Schaden zufügen. Sollte Trump seine Drohungen tatsächlich wahr machen, wären davon 91 Prozent der chinesischen Exporte nach Amerika betroffen.

Seit der Blütezeit der Smoot-Hawley Strafzölle vor circa 85 Jahren ging es im Welthandel nicht mehr so verrückt zu. Immerhin droht Trump, Waren im Wert von 450 Milliarden US-Dollar aus einem einzigen Land mit Strafzöllen zu belegen – oder buchstäblich 90 Prozent von allem, was China in die USA liefert.

Selbst wenn Washington für den Patentschutz amerikanischer Unternehmen mitverantwortlich ist, hat die Liste der chinesischen Produkte, die mit einer 25-prozentigen Steuer belegt werden sollen, sehr wenig mit Hightech oder intellektuellem Diebstahl zu tun. Die Liste umfasst mittlerweile Luftkompressoren für Kühlschränke, Industriewaagen, Baggerlader, Heumäher, Hühnerbrutschränke, Melkmaschinen für Kühe, Weizenkombinate, Drucker, Produktionsmaschinen für Glühbirnen, Geräte zur Lebensmittelverarbeitung, Industriemagnete, Fernsehgeräte, elektronische Verkehrszeichen, Herzschrittmacher, Manometer und so weiter. Falls die geplanten Zölle tatsächlich eingeführt werden, bedeutet dies zumindest laut dem republikanischen US-Finanzpolitiker David Stockman, dass amerikanische Konsumenten circa 60 Milliarden US-Dollar mehr für solche essenziellen Produkte ausgeben würden als vor dem Handelskrieg. Das wären immerhin Mehrausgaben von durchschnittlich zusätzlichen 600 US-Dollar für jeden amerikanischen Haushalt, und das ohne nennenswerten zusätzlichen Nutzen. Auch bei den Chinesen kommen solche Maßnahmen zur falschen Zeit. Denn hohe Exportvolumina ermöglichen enorme Skaleneffekte bei der Produktion von Wirtschaftsgütern. Ohne diese Skaleneffekte würden sicherlich etliche chinesische Unternehmen in Mitleidenschaft gezogen werden – vor allem diejenigen, die ohnehin mit Verlusten arbeiten oder prohibitiv verschuldet sind.

Übrigens sollte sich auch ein US-amerikanischer Präsident vorher überlegen, mit wem er sich anlegt. Die Chinesen halten Staatsschulden im Umfang von circa 1,6 Billionen US-Dollar (einschließlich sogenannter nominee accounts, sprich Treuhand-Konten). Selbst ein Abbau dieser Position um nur 20 Prozent würde den Markt für amerikanische Staatsanleihen belasten. Für den Zeitraum ab Herbst

2018 bis zum Herbst 2019 gehen wir bereits von einer erheblichen Finanzierungslücke aus, sprich von einem Haushaltsdefizit von 1,2 Billionen US-Dollar. Dazu kommt noch, dass die Fed ihr Engagement bei US-Staatsanleihen um 600 Milliarden US-Dollar reduzieren will (Quantitative Tightening, QT). Daneben sind wir überzeugt, dass Strafzölle wesentlich leichter respektive rascher erhoben als abgebaut werden können. Wir vermuten, dass China, Japan, Südkorea, Taiwan und andere asiatische Staaten zusammen mit geheimen Nominee-Konten derzeit mehr als 3,5 Billionen US-Dollar Staatsanleihen und andere Verbindlichkeiten halten.

Steuererleichterungen

Hochgradig relevant finden wir, dass Präsident Calvin Coolidge mit der Mitwirkung von Andrew Mellon im Jahr 1926 eine Steuerreform durchsetzte, die den Geld- und Industrieadel steuerlich massiv entlastete. Das Timing dieser Steuerreform war ähnlich fragwürdig wie die Steuerreform unter Donald Trump und den Republikanern. Steuerreformen sollte man lieber nicht in einer späten Phase einer Wirtschaftshausse verabschieden. Damit verschießt man wichtiges fiskalisches Pulver, das man in einer Wirtschaftsbaisse besser einsetzen könnte. Denn bereits im Jahr 1933 musste Präsident Herbert Hoover aufgrund steigender Defizite die Steuern dramatisch anheben, teilweise über 65 Prozent.

Lance Roberts, ein renommierter Ökonom, geht davon aus, dass die US-Steuerreform einen Einmaleffekt auf die Nettogewinne haben wird, der nur halb so hoch ausfällt, wie von vielen Investoren derzeit erwartet wird. Das wird vor allem dann brisant, wenn gleichzeitig die Zinsen steigen, was die Unternehmenskredite in der Folge teurer werden lässt. Viele Baisse-Spekulanten gehen aufgrund der höheren Zinsbelastungen von stark reduzierten Gewinnen bei US-Unternehmen aus. Das ist nur teilweise richtig. Höhere Zinsen führen nicht sofort zu geringeren Gewinnen. Die Kredite eines Unternehmens oder einer Nation laufen in der Regel über mehrere Jahre. Wenn nun die Zinsen steigen, hat das zunächst lediglich einen Effekt auf die kurzfristigen oder variabel verzinsten Verbindlichkeiten, sofern sie refinanziert werden müssen. Das heißt, die Zinsentwicklung wird sich erst dann erheblich auf die Unternehmensgewinne auswirken, wenn die langfristigen Kredite prolongiert, das heißt erneuert werden müssen. Dies lässt sich beispielsweise am Spread zwischen der Verzinsung von Staatsanleihen und Schrottanleihen messen. Falls sich dieser Spread erhöht, dürften die Märkte fallen.

4.7 Kryptowährungen – Eine reelle Alternative oder eine Bärenfalle?

Heiß diskutiert wurde in den vergangen zwei Jahren, inwieweit Kryptowährungen als Schutz gegen Finanzrepressionen dienen können. Im Folgenden möchten wir Ihnen die Technologie und wichtige Kryptowährungen vorstellen. Wir sind Kryptowährungen im vierten Quartal 2018 neutral gegenüber eingestellt und halten selbst keine Positionen. Derzeit bevorzugen wir deutlich physische Gold- und Silbermünzen gegenüber den bekannten Kryptowährungen. Eine Kryptowährung kann man als digitales Geld ohne Münzen und Scheine beschreiben. Mithilfe von Kryptographie wird ein verteiltes, sicheres und dezentrales Zahlungssystem aufgebaut. Das Zahlungssystem benötigt keine Banken, sondern Rechenpower und technische Hilfsmittel wie die Blockchain. Sie können Ihre Geschäfte direkt mit Ihrem Geschäftspartner abwickeln, ohne irgendeinen Intermediär, ohne eine Börse oder eine Handelsplattform. Sehr weit gedacht, bräuchte der intelligente Konsument der Zukunft weder Ebay, noch Saturn oder Amazon, um Konsumgüter zu erwerben oder sich an Investments zu beteiligen. In einer perfekten Blockchain- beziehungsweise Kryptowelt geht der Kunde direkt zum Produzenten. Der Mittelsmann wird überflüssig.

Eine Blockchain ist eine dezentrale Datenbank, die eine stetig wachsende Liste von Transaktionsdatensätzen vorhält. Dezentral bedeutet, dass die Liste nicht auf einem einzelnen Server gespeichert ist, sondern auf den Rechnern aller Nutzer. Das heißt, dass alle Nutzer die betreffende Liste einsehen können. Deshalb werden Mittelsmänner redundant. Die Datenbank wird chronologisch linear erweitert, vergleichbar mit einer Kette, der am unteren Ende ständig neue Elemente hinzugefügt werden (daher auch der Begriff »Blockchain« = »Blockkette«). Ist ein Block vollständig oder erschöpft, wird der nächste erzeugt. Jeder Block enthält eine Prüfsumme des vorhergehenden Blocks. Entwickelt wurde das technische Modell der Blockchain bei der Schaffung der Kryptowährung Bitcoin – als webbasiertes, dezentrales, öffentliches Buchhaltungssystem aller Bitcoin-Transaktionen, die jemals getätigt wurden. Es gibt mittlerweile verschiedene Kryptowährungen. Einige davon wollen wir Ihnen vorstellen. Wie bereits erwähnt sind wir diesen Währungen gegenüber neutral eingestellt.

Bitcoin (Symbol: BTC)

Für die Abwicklung von Bitcoin-Zahlungen ist keine Bank nötig – alles läuft über ein Peer-to-Peer-Netz aus Computern und über die Blockchain als zentrale Datenbank. Bitcoin war die erste und ist bis heute die größte Kryptowährung, gemessen an der Marktkapitalisierung. Sie wurde erstmals von einem Erfinder mit dem Pseudonym Satoshi Nakamoto vorgestellt. Um die eigenen Bitcoins zu verwalten, benötigt man eine Bitcoin-Wallet-Software. Mittels eines privaten Schlüssels hat der Inhaber Zugriff auf seine Bitcoin-Adresse, kann Transaktionen tätigen und Zahlungen empfangen. Dabei gibt es unterschiedliche Wege, auf das eigene Wallet zuzugreifen. Die maximale Anzahl an Bitcoins ist auf 21 Millionen beschränkt. Das heißt, dass die Geldmenge nicht beliebig geändert werden kann. Aufgrund von Diskussionen innerhalb der Community bezüglich der Skalierbarkeit des Bitcoins kam es allerdings zu einem *hard fork*. Bildlich kann man sich einen *hard fork* als eine Gabelung vorstellen, bei der die Blockchain gespalten wird. So entstand die neue Kryptowährung Bitcoin Cash. Sie ist eine Abspaltung vom Bitcoin.

Wie im realen Leben muss man für sein Geld erst arbeiten, bevor man es ausgeben kann. So ist es auch bei den Kryptowährungen. Das geschieht über das Schürfen (*Mining*), wofür hohe Rechenleistungen nötig sind. Auf diese Weise kommt man an Bitcoins heran. Der Schürfer (Miner) bestätigt getätigte Bitcoin-Transaktionen und hält sie in der Blockchain fest. Für seine Arbeit wird er mit Bitcoins belohnt. Dabei herrscht rege Konkurrenz, und die Belohnung nimmt kontinuierlich ab, ansonsten wären bereits alle Bitcoins geschürft.

Ethereum (Symbol: ETH)

Ethereum ist die zweitgrößte Kryptowährung, gemessen an der Marktkapitalisierung. Die zugrundeliegenden Coins heißen Ether. Die Besonderheit liegt in den Smart Contracts, die auf dem Ethereum-Netzwerk laufen. Diese Programme werden ausgeführt, sobald eine bestimmte Summe an Ether überwiesen wurde. Mithilfe der Smart Contracts können decentralized Apps (dApps), also dezentralisierte Anwendungen, von jedem programmiert werden. dApps sind vergleichbar mit den Apps auf Ihrem Smartphone. Decentralized Apps benötigen jedoch keine Intermediäre oder Drittanbieter wie Google oder Apple, um zu funktionieren. Sie werden unabhängig von Dritten angeboten. Die Bezahlung erfolgt via Ether.

Dash (Symbol: DASH)

Dash ging aus dem Darkcoin hervor, welcher wiederum aus dem Xcoin entsprang. Es handelt sich ebenfalls um eine dezentrale Digitalwährung. Sie bietet vergleichbare Funktionen wie Bitcoin an. Im Zentrum steht der Mechanismus Darksend, welcher Transaktionen anonymisiert. Indem Zahlungen von mehreren Parteien zusammengefasst werden, können die Transaktionen nicht mehr eindeutig zurückverfolgt werden. Außerdem wird die Summe gestückelt, was zusammen mit der Anonymität dafür sorgt, dass die Höhe einer einzelnen Transaktion nicht mehr nachverfolgt werden kann. Die Beträge werden durch mehrere Masternodes gesendet, wovon es mindestens 3500 gibt. Masternodes stellen die Infrastruktur bereit und ermöglichen erst die spezielle Funktion von Dash. Man kann sie mit einer Bank vergleichen, die eine Überweisung entgegennimmt und diese an den Adressaten weiterleitet. Die Betreiber der Masternodes hinterlegen eine Sicherheit in Form von 1000 Dash. Dadurch wird verhindert, dass ein einzelner Marktteilnehmer einen signifikanten Teil der Masternodes auf sich vereint und auf diese Weise alleiniges Bestimmungsrecht über die Kryptowährung erlangt. Die Betreiber der Masternodes werden zu 45 Prozent am Lohn für das Mining beteiligt. Außerdem hat das Netzwerk an Masternodes-Besitzern Bestimmungsmacht über die Entwicklung von Dash, wobei jeder Nutzer Vorschläge äußern kann. Das heißt, dass Entscheidungen von einigen wenigen gefällt werden – und nicht dezentral wie bei anderen Kryptowährungen. Für den Nutzer ergibt sich daraus ein Trade-off: Bin ich bereit, mein Stimmrecht aufzugeben und für mehr Anonymität Abgaben auf meinen Mining-Lohn zu zahlen? Transaktionen auf Basis des Systems InstantX werden deutlich schneller ausgeführt als bei Bitcoin. Die Transaktion wird durch zufällig gewählte Masternodes gesendet, wodurch nicht das gesamte Netzwerk benötigt wird. Eine Bestätigung dauert insgesamt vier Sekunden. Grob gesagt handelt es sich bei Dash um den schnelleren und besseren Bitcoin.

Iota (Symbol: MIOTA)

Das Ziel von Iota besteht darin, das Internet der Dinge ohne menschliche Beteiligung zu verwalten. Als Internet der Dinge wird die Kommunikation zwischen Geräten und Maschinen bezeichnet. Um dieses Vorhaben zu verwirklichen, wird ein autonomes Zahlungssystem nötig sein. Das heißt, salopp gesagt, dass Maschinen Maschinen bezahlen. Iota dezentralisiert das Internet der Dinge durch eine dezentralisierte Konsensprüfung. Dabei wird eine abgewandelte Form der Blockchain verwendet. Denn die ursprüngliche Blockchain stößt aufgrund der Vielzahl der Interaktionen hinsichtlich Skalierung und

Transaktionsgebühren an ihre Grenzen. Bei Iota wird nicht zwischen Minern und Usern unterschieden, und auch die einzelnen Blocks entfallen. Jede Transaktion muss zwei vorangegangene Transaktionen überprüfen und verifizieren, wodurch die Gebühren ausbleiben. Im Grunde ist Iota unendlich skalierbar. Das ist auch dringend nötig, vor dem Hintergrund, dass in naher Zukunft Milliarden von Geräten untereinander kommunizieren werden. Der Erfolg von Iota hängt unserer Meinung nach maßgeblich von der Akzeptanz und der Integration als Zahlungsmittel im Internet der Dinge ab. Deshalb sehen wir die Gründung einer Iota Stiftung positiv. Sie soll die Zusammenarbeit mit Unternehmen aus verschiedenen Industriebereichen fördern.

Monero (Symbol: XMR)

Die Nutzer von Kryptowährungen können zwar anonym agieren, die einzelnen Transaktionen sind jedoch öffentlich einsehbar. Monero hingegen bietet praktisch vollständige Anonymität. Das wird durch Stealth Addresses und Ring Signatures erreicht. Stealth Adresses sind einmalig verwendete ID-Adressen, die ein Nutzer bei einer Transaktion verwendet. Alle vorherigen Adressen des Nutzers sind voneinander unabhängig und unbekannt. Ring Signature ist ein kryptographisches Verfahren, welches verhindert, dass jemand einen Blick in die Blockchain werfen kann. Dadurch wird es praktisch unmöglich gemacht, eine Zahlung nachzuverfolgen. Nur die Besitzer des privaten Schlüssels können eine Transaktion im Nachhinein sichtbar machen. Optional kann eine Zahlung transparent gemacht werden. Im Gegensatz zu Bitcoin ist die Skalierbarkeit von Monero höher. Außerdem können, dank des verwendeten Algorithmus, größere Datenmengen gespeichert werden. Ein weiterer Unterschied zu Bitcoin ist, dass sich die Mining-Difficulty, also die Schwierigkeit, einen Coin zu schürfen, kontinuierlich anpasst. Auch die benötigte Rechenleistung ist wesentlich geringer. Im Whitepaper zur Währung stand sogar ein Inflationsplan. Demnach soll die Inflation bei 0,87 Prozent pro Jahr liegen. Da die Menge der Moneros ausgeweitet wird, besteht praktisch kaum die Gefahr einer Deflation. Manche Nutzer gehen davon aus, dass sich Monero zu einer deflations- und inflationsfreien Währung entwickeln wird.

Zcash (Symbol: ZEC)

Die Gründer von Zcash verfolgen das Ziel, Transaktionen komplett zu anonymisieren. Alle Informationen zu einer Transaktion werden auf der Blockchain verschlüsselt, was deren Nachverfolgung und Nachvollziehung verhindert. Lediglich die Besitzer des Schlüssels können Details sehen. Dieser Key kann nach Wunsch an Dritte weitergegeben werden und ihnen somit Transparenz gewähren. Es werden zwei verschiedene Arten von Transaktion angeboten: zum einen über die Z-Adresse, bei der die Zahlung kryptographisch verschlüsselt wird, zum anderen über eine T-Adresse. Hierbei läuft die Zahlung transparent ab. Zcash ist dem Bitcoin am ähnlichsten, auch hier beschränkt sich beispielsweise die Gesamtmenge auf 21 Millionen Coins. Jedoch werden Transaktionen schneller abgewickelt. Außerdem können sich, im Gegensatz zu Bitcoin, keine Mining-Farmen zusammenschließen, um Transaktionen zu verfälschen. Eine Tatsache, die wir kritisch sehen: Im Gegensatz zu anderen Kryptowährungen steht hinter Zcash ein gewinnorientiertes Unternehmen, das eine Steuer von 10 Prozent auf Mining-Erträge erhebt. Zu beachten ist auch, dass viele Influencer, die den Hype um Zcash befeuert haben, im Unternehmen investiert waren, ohne dies offenzulegen.

Das ist die Bitcoin-Wallet

Bitcoin-Konten können mithilfe einer virtuellen (digitalen) Geldbörse (Wallet) verwaltet werden. Die Wallet generiert ein Schlüsselpaar, bestehend aus einem privaten und einem öffentlichen Schlüssel. Der öffentliche Schlüssel (Public Key) wird in eine öffentliche Adresse umgewandelt – die für jeden sichtbare »Kontonummer«. Der private Schlüssel (Private Key) wird nicht offenbart. Er ist Teil einer digitalen

Unterschrift, mit der jede Transaktion zu signieren ist. Die nahezu unendlich große Anzahl möglicher Schlüssel macht es beinahe unmöglich, einen solchen zu erraten oder zu hacken.

Eine Bitcoin-Transaktion erfordert:

- die öffentliche Adresse des Empfänger-Kontos
- den Überweisungsbetrag
- die öffentliche Adresse des Sender-Kontos
- den Private Key zu dieser öffentlichen Adresse, um Transaktionen

ausgehend vom betreffenden Konto zu signieren. Informationen wie Kartennummern, Namen oder Adressen sind nicht erforderlich. Die Teilnehmer wickeln ihre Transaktionen zudem ohne Intermediär ab.

Vorsicht

Es gibt über 3000 Kryptowährungen, von denen circa 2700 kaum gehandelt werden, bereits wertlos sind oder zunehmend an Wert verlieren. Wenn Sie jemand animiert, bei einem ICO (Initial Coin Offering, das ist ähnlich wie ein IPO, also ein Börsengang nur in Form von digitalen Münzen) teilzunehmen, dann ist das ungefähr, wie beim Roulette auf eine Zahl zu setzen. Falls Sie trotzdem »spielen« wollen, dann investieren Sie bitte etwas Geld in eine Beratung durch einen glaubwürdigen, unabhängigen und sachkundigen Berater.

Chancen

Seit 2009 gibt es alternative Zahlungsmittel in Form von Kryptowährungen. Sie sind relativ anonym und können im Allgemeinen nur begrenzt verwässert werden. Das bedeutet, dass die Anzahl der Coins, die eine Kryptowährung darstellen, in den meisten Fällen von vornherein begrenzt ist. Das ist der Sex-Appeal bei den guten Kryptowährungen. Man kann sie nicht, wie alle bestehenden Währungen, einfach per Knopfdruck endlos vermehren und somit entwerten. Viele Fans von Kryptowährungen misstrauen dem ewigen Gelddrucken der Zentralbanken.

Weltweit gibt es circa 170 Währungen, deren Geldmenge nahezu unbegrenzt beliebig erhöht werden kann. Das führt zu Wertverlusten und Inflation. Warum sollten sich einige Kryptowährungen, bei denen dies nicht der Fall ist und die handelbar sind, nicht als alternative Zahlungsmittel durchsetzen? Eines sollten Sie im Auge behalten: Noch ist es relativ kompliziert, einen Korb von verschiedenen Kryptowährungen zu erwerben. Außerdem scheiden sich die Geister, ob Bitcoins überhaupt werthaltig sind. Ein weiterer positiver Faktor wäre der Einsatz von Kryptowährungen in Entwicklungsländern. Viele Währungen in diesen Regionen sind instabil, der Tausch in US-Dollar ist teilweise reguliert und oft sehr teuer. Überweisungen aus dem Ausland in die Heimat können leicht 10 Prozent kosten.

Risiken

Kryptowährungen sind für ihre potenziellen Todfeinde wie Zentralbanker, Universalbanker, Regulierer, Politiker, die Justiz und Steuerämter kaum kontrollierbar. Die meisten Kryptowährungen genießen zumindest einen gewissen Grad an Anonymität. Den Widersachern gefällt es sicherlich nicht, wenn Kryptowährungen immer mehr Anhänger finden, denn dadurch erleidet das Establishment einen Kontrollverlust. Die Märkte, Zinsen und die Wirtschaft können nicht mehr nahezu unbegrenzt dirigiert werden. Attacken gegen Kryptowährungen sind mittlerweile gut dokumentiert. Vielleicht werden sie eines Tages wesentlich vehementer ausfallen. Denkbar ist auch, dass der Besitz irgendwann verboten wird. Was viele Marktteilnehmer nicht auf dem Schirm haben: Die Streitpunkte zwischen Bitcoin Cash (BCH) und Bitcoin (BTC) spaltet derzeit die Fangemeinde. Im Grunde ist die zugrundeliegende Technologie dieselbe. Die BTC-Community setzt auf ein dezentralisiertes System, während Schnelligkeit und Kosten bei den Transaktionen an zweiter Stelle stehen. Der BCH-Community dagegen ist es wichtiger, dass mittels Kryptowährung schnell bezahlt werden kann. Die Dezentralisierung ist für ihre Mitglieder weniger relevant. In den letzten Monaten haben Kryptowährungen ihre erste Feuertaufe leider nicht gut überstanden. Ein Großteil der Währungen, Bitcoin eingeschlossen, wurde vom negativen Marktgeschehen mitgerissen und zertrümmert. Die enorme Fallhöhe lag allerdings auch an der beispiellosen Euphorie rund um die Jahreswende 2017/2018. In dieser Zeit stieg der Wert eines Bitcoins auf über 20.000 Euro an. Jeder wollte auf einmal mitmischen und sah sich schon als Bitcoin-Millionär. Dies ist, ähnlich wie in anderen Euphoriephasen, das erste Zeichen des Untergangs.

Fazit

Die Blockchain-Technologie wird immer beliebter. Selbst die größten Banken der Welt nutzen sie bereits. Diverse Anwendungen nehmen exponentiell zu. Das trifft aber nicht auf 99 Prozent der Kryptowährungen zu. Wir bleiben bei unserer oft wiederholten Aussage, die wir kurz vor dem Kryptowährungscrash im Januar 2018 getätigt haben: »Bitcoin ist eine Pferdekutsche mit Mofamotor.« Leider orientiert sich der Kryptowährungsmarkt am Bitcoin. Deshalb werden bessere und effektivere Kryptowährungen wie Dash und EOS in akute Mitleidenschaft gezogen. Zudem hat Bitcoin als Absicherung gegen eine Finanzkrise vorerst versagt. Nach der fulminanten Entwicklung sämtlicher Kryptowährungskurse war 2018 ein für Krypto-Anleger desaströses Jahr: Selbst eine vermeintlich solide Kryptowährung wie Bitcoin ist im vergangenen Jahr in der Spitze um mehr als 80 Prozent eingebrochen. Bei Ripple und Ether lagen die Kursrückgänge in der Spitze sogar jenseits der 90-Prozent-Marke.

Laut dem Internetdienstleister Coinmarketcap summierten sich die Marktkapitalisierungen der derzeit 2070 notierten Kryptowährungen zum Jahresende 2018 auf 120 Milliarden US-Dollar. Zu Jahresbeginn lag der Marktwert aller Kryptowährungen noch bei über 800 Milliarden US-Dollar: Das kommt einer unendlichen Kapitalvernichtung gleich. Deswegen sollte man vorerst noch nicht in dieses Segment investieren. Im Gegensatz zu Aktien oder Immobilien haben Kryptowährungen keinen inneren Wert. Ein Anleger, der mit Kryptowährungen Geld verdienen will, kann nur darüber spekulieren, ob das Angebot gerade die Nachfrage übersteigt oder nicht. Eine treffsichere Prognose ist jedoch unmöglich, wie zahllose Anleger in den vergangenen zwölf Monaten feststellen mussten. Eine Bodenbildung ist auch noch nicht absehbar. Wir würden es begrüßen, wenn sich bessere Kryptowährungsalternativen von der schlechten Bitcoin-Kursperformance abkoppeln würden, bevor wir einen Einstieg in dieses Segment wieder erwägen.

Neben dem Thema Kryptowährungen erreichen uns auf diversen Webseiten zahlreiche Anfragen, ob die Flucht in Immobilien eine solide Alternative zu Aktien und Anleihen darstellt. Die Antwort auf diese Frage lautet »Jein«. Aber es ist bereits heute relativ klar, welche Immobilien ein Investor halten kann und welche er verkaufen sollte. Jetzt, vor einer möglichen Korrektur, noch Immobilien zu erwerben, erachten wir als leichtsinnig. Bevor wir zu den konkreten Kriterien kommen, müssen wir uns zuerst mit dem Immobilienmarkt auf globaler Ebene beschäftigen.

Dazu haben wir im Folgenden zunächst die aktuelle Immobilien-Entwicklung weltweit und auch spezifisch für den Standort Deutschland auf Chancen und Risiken untersucht.

4.8 Immobilien- und Zwangshypotheken – riskantes Betongeld

Betrachtet man den UBS Global Real Estate Bubble Index (vgl. Abbildung 41), erkennt man insbesondere in globalen Metropolen eine Blasenbildung. Vor allem Objekte in Hongkong, München, Toronto, Vancouver, Amsterdam und London sind mit mehr als 100 Prozent über ihrem fairen Wert bewertet. Der faire Wert orientiert sich an der Bezahlbarkeit der Immobilien, also dem Verhältnis zwischen Einkommen und Immobilienpreisen.

UBS Global Real Estate Bubble Index
Latest index scores for the housing markets of select cities

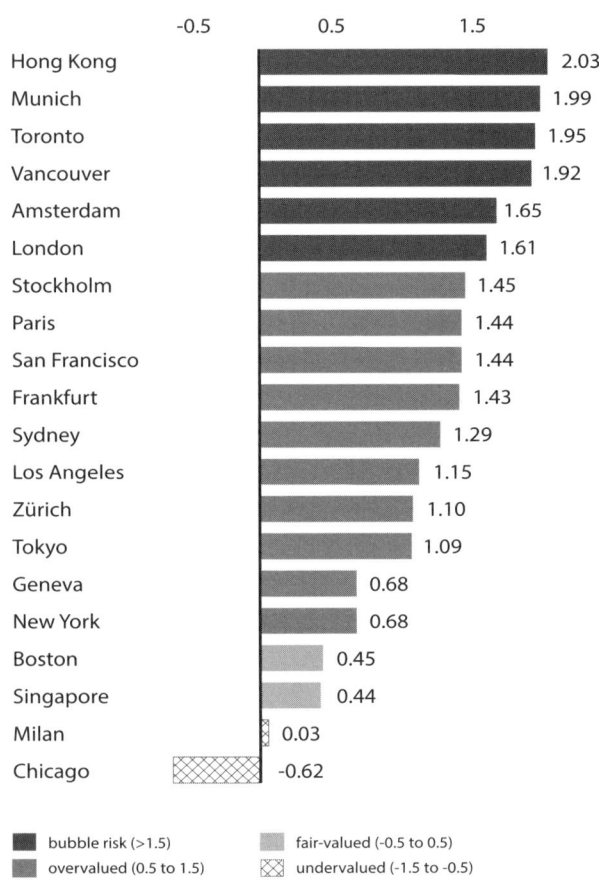

Quelle: https://www.cnbc.com/2018/09/27/usb-real-estate-bubble-index-reveals-property-crash-risk.html

Abbildung 41: UBS Global Real Estate Bubble Index

Unter den Städten, welche um immerhin noch 50 Prozent überbewertet sind, fallen Frankfurt und Zürich auf. In Vancouver fielen die Immobilienpreise in 2018 bereits um mehr als 8 Prozent. In einer Tabelle der 100 bedeutendsten Immobilienmärkte war nur Stockholm – mit einem Wertverlust von 9 Prozent noch schwächer. Dieser Wertverfall ist in den langfristigen Grafiken kaum erkennbar. Das war vor dem großen Crash 2008/2009 ähnlich. Und derzeit tun sich einige internationale Immobilienmärkte zunehmend schwerer, oder stagnieren auf einem hohen Niveau. Im New Yorker Stadtteil Manhattan sind die Haus- und Appartement-Transaktionen bereits Anfang 2018 um 25 Prozent zurückgegangen. Der Umsatz im September 2018 ist gegenüber September 2017 um 39 Prozent gesunken, die Preise sanken um 9 Prozent.

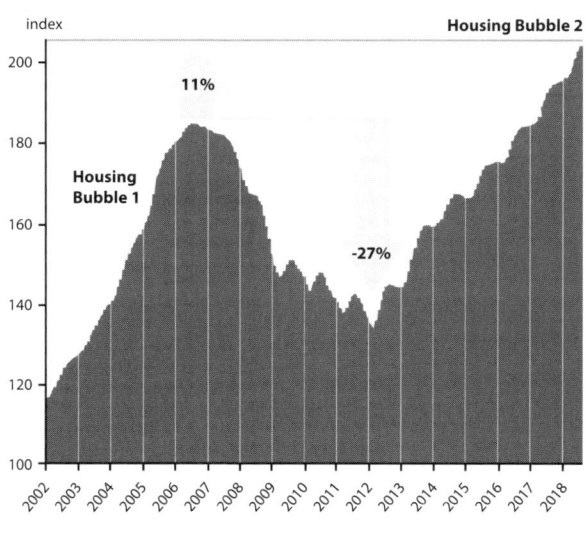

Case-Shiller US Home Price Index
Not seasonally adjusted

Quelle: S&P CoreLogic Case-Shiller, Wolfstreet.com
https://wolfstreet.com/2018/08/28/the-most-splendid-housing-bubbles-in-america-2/

Abbildung 42: Case-Shiller US-Häuserpreis Index

Die euphorische Stimmung am Häusermarkt lässt sich besonders gut am S&P/Case Shiller U.S. National Home Price Index ablesen, welcher in Abbildung 42 dargestellt ist. Dieser konnte zwischen 1996 und 2007 einen kumulierten Preisanstieg in Höhe von 92 Prozent verzeichnen. In den 100 Jahren zuvor betrug der reale Preisanstieg für Immobilien lediglich 27 Prozent.

In China war das Kreditwachstum zuletzt rückläufig. Auch im Jahr 2019 rechnen wir deswegen mit weiter fallenden Immobilienpreisen im Reich der Mitte.

Quelle: https://www.zerohedge.com/news/2017-12-14/global-deflation-alert-chinese-credit-creation-tumbles-27-month-low-why-matters

Abbildung 43: Chinas Kreditvergaben versus Immobilienpreise

Ob die Flucht in Immobilien beziehungsweise Betongold die Antwort auf eine nachlassende Wirtschaftsdynamik ist, wagen wir zu bezweifeln. Denn in China liegt die Mietrendite bei Immobilien unter 2 Prozent, während die Hypothekenzinsen bei circa 5,5 Prozent liegen, ein äußerst ungesundes Verhältnis.

Würden Sie 100.000 Euro in ein Appartement investieren, bei dem die Zinskosten (vor Tilgung und Wartungskosten) bei monatlich 440 Euro liegen, während Sie das Objekt im Normalfall nur für 170 Euro vermieten können? Aktuell befindet sich die Leerstandsquote bei circa 6,8 Prozent (64 Millionen leere Appartements in China).

Das ist erheblich mehr als vor dem Platzen der spanischen Immobilienblase mit einer damaligen Leerstandsquote von 5,4 Prozent. Hier droht ein spekulatives Pulverfass zu explodieren. Ob die Flucht in Immobilien beziehungsweise Betongold die Antwort auf eine nachlassende Wirtschaftsdynamik und fallende Wertschriften ist, wagen wir zu bezweifeln. Wenn die Immobilienblase in China oder den USA platzt, hat das, wie die Vergangenheit bereits gezeigt hat, auch einen großen Einfluss auf europäische und deutsche Immobilienmärkte.

Sind Immobilien in Deutschland ein sicherer Hafen?

Was dafür spricht:

- organischer Bevölkerungszuwachs oder Zuwachs durch Migration
- Beamten- und Studentenstädte (nicht zyklisch)
- Krankenhäuser, Hospize, Altenpflege (demographischer Wandel)
- steigende Einkommen, allerdings unterhalb des Inflationsniveaus
- geringe oder praktisch nicht vorhandene Arbeitslosigkeit
- Digitalisierungsprofiteure, Tech-Center (Chancen für ein Silicon Valley in Deutschland)

Als besonders sicher sehen wir Verwaltungs- und Beamtenstädte sowie wichtige Universitätszentren an (zum Beispiel Freiburg, Koblenz, Münster, Karlsruhe). Selbst in einer Rezession ist der Staatsapparat zuletzt von Kürzungen bedroht. Idealerweise sind entsprechende Städte nicht von einzelnen Schlüsselindustrien wie der Automobilbranche abhängig (wie zum Beispiel Stuttgart, Wolfsburg, Ingolstadt). Ebenfalls ist es von Vorteil, wenn die betreffenden Städte große Universitäten aufweisen können, da hier die Abhängigkeit von der Konjunktur ebenfalls gering ist. In Universitätsstädten mit entsprechendem Lehrangebot, wie Professuren für Entrepreneurship, entstehen in der Regel mehr Firmen und Startups als anderswo. Ein- bis Zwei-Zimmer-Wohnungen sind zu bevorzugen, vor allem in Zeiten einer Rezession.

In einem schlechten wirtschaftlichen Umfeld suchen sich junge Mieter eine kleinere Wohnung oder sie ziehen bei den Eltern ein. Zudem erzielen Vermieter die höchsten Nettomietrenditen mit Apartments bis 60 Quadratmeter. Investitionen in Bereiche, die vom demographischen Wandel betroffen sind, können sich langfristig ebenfalls als vorteilhaft erweisen. Hier könnten Investitionen in Pflegeheime, Hospize und Seniorenresidenzen eine ertragreiche Nettorendite abwerfen. In den letzten Jahren haben sich in Deutschland ebenfalls einige Tech-Städte gebildet, die dem Stil des Silicon Valley nacheifern wollen. Hierzu zählen unter anderem Aachen, Erlangen, Karlsruhe, Jena, Regensburg, Bonn, Essen und Darmstadt. Steigende Mieten und erhöhte Grundstückspreise in deutschen Großstädten sind wohl ein Grund, der Kleinstädte und Randbezirke für Firmen und Immobilieninvestoren attraktiver werden lässt. Trotzdem – in einer Wirtschaftskrise sollte man Immobilien in Randlagen definitiv vermeiden.

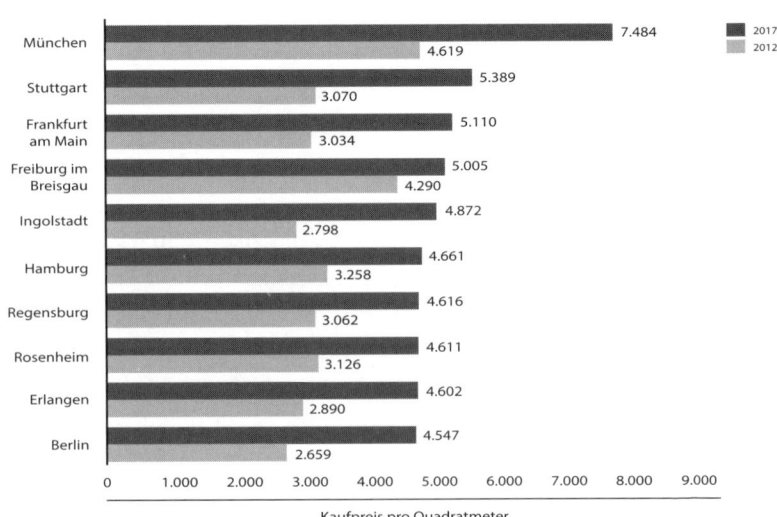

Quelle: https://de.statista.com/statistik/daten/studie/6654/umfrage/

Abbildung 44: Städte mit den höchsten Quadratmeterpreisen für Immobilien in Deutschland im Zeitraum von 2012 bis 2017

Betrachtet man die Entwicklung der Immobilienpreise in Deutschland während der letzten sechs Jahre, sind Preissteigerungen über 50 Prozent keine Seltenheit. Doch die vermeintliche Sicherheit von Immobilien hat auch ihre Schattenseiten. Durch Sondersteuern oder Zwangshypotheken kann der Staat dafür sorgen, dass Hausbesitzer ebenfalls belastet werden. Das geschah zum Beispiel im Zuge der Währungsreform 1948. Jeder Immobilieneigentümer im Gebiet der neuen Bundesrepublik musste eine Zwangshypothek aufnehmen, die er in den darauffolgenden Jahren abzahlen musste. Damit gehörten sparsame Hausbesitzer nicht zu den Gewinnern der Währungsreform. Wer nun meint, dies sei längst Vergangenheit und heutzutage gar nicht mehr denkbar, täuscht sich. Das marode Griechenland ergriff in der Eurokrise eine ähnliche Maßnahme. Es wurde eine Immobiliensteuer eingeführt, die sich auf 10 Euro pro Quadratmeter beläuft und die mit der Stromrechnung eingezogen wird.

Kontra:

- alternde Bevölkerung (Rentner mit weniger Kaufkraft)
- Bevölkerungsschwund
- potenziell schwierig in Städten mit viel Automobil- und Schwerindustrie
- Digitalisierungs-Opfer (Verluste von Arbeitsplätzen durch Industrie 4.0)
- geringe Bezahlbarkeit
- Zombie Umfeld (Unternehmenspleiten bei steigenden Zinsen)
- stagnierende Einkommen
- steigende Zinskosten
- steigende Instandhaltungskosten
- Anstieg der indirekten Besteuerung
- Finanzrepressionen (Zwangshypotheken)
- Grundsteuer (mögliche Änderung)

Als größtes Risiko sehen wir die Gefahr von steigenden Zinsen. Beim Zinsänderungsrisiko handelt es sich um eine Gefahr, die auftreten kann, wenn der Zinssatz des Immobiliendarlehens an die augenblicklich vorherrschenden Marktbegebenheiten angepasst wird. Sollte die Zinsanpassung zu einer Erhöhung des Zinssatzes führen, kann dies für den Darlehensnehmer gefährlich werden. Denn die Darlehensraten könnten so sehr ansteigen, dass er sich nicht mehr in der Lage sieht, sie regelmäßig zu leisten. Sollte dieser Fall eintreten, so kann es unter Umständen passieren, dass der Darlehensnehmer nicht mehr dazu fähig ist, die Immobilie zu halten, und sie deshalb veräußert werden muss.

Die Bundesbank warnte im Februar 2018 in ihrem Monatsbericht: »In den Städten liegen die Preise von Wohneigentum weiterhin deutlich über dem Niveau, das durch die längerfristigen wirtschaftlichen und demographischen Einflussfaktoren gerechtfertigt erscheint.« Sie spricht von Preisübertreibungen. In den Großstädten seien Wohnimmobilien bereits um bis zu 35 Prozent überteuert. Seit 2009 sind die Preise für Wohnimmobilien durchgehend gestiegen. In Zeiten der Niedrigzinsen stellten Immobilien eine relativ sichere Alternative dar, um das sauer verdiente Geld überhaupt renditebringend zu investieren. In einer anstehenden Rezession sind höhere Mieten allerdings nur schwer durchsetzbar. Das Research-Haus Empirica hatte sogar vor einem Rückgang der realen Kaufpreise (insbesondere in München, Berlin und möglicherweise Stuttgart) um ein Viertel bis ein Drittel gewarnt. Auch das Deutsche Institut für Wirtschaftsforschung (DIW) hat ernste Zweifel: »Anzeichen für spekulative Überbewertungen gibt es auch in Deutschland, allerdings in erster Linie in den Metropolen«, heißt es in einer Studie des DIW. Zehn Jahre nach dem Ausbruch der Finanzkrise, die ihren Ursprung im US-amerikanischen Immobilienmarkt hatte, hat das DIW die Daten von 20 Ländern im Staatenbund OECD ausgewertet. Das Ergebnis: In acht Ländern sieht das Institut Anzeichen für eine Spekulationsblase. Dazu zählen die USA, Schweden, Großbritannien, Australien, Belgien, Portugal, Italien und Deutschland.

Fraglich ist auch, wie Mieten langfristig steigen sollen, wenn immer mehr Leute das Renteneintrittsalter erreichen. In Deutschland ist laut der Datenbank Statista bereits jeder fünfte Arbeitnehmer über 55 Jahre alt. Diese Zahl hat sich in den letzten 20 Jahren beinahe verdoppelt. Deutschland liegt damit auch über dem europäischen Durchschnitt. Mit einem Altersdurchschnitt von 45 Jahren gehören wir zu den greisen Nationen dieser Welt (vgl. Abbildung 45).

Jeder 5. Arbeitnehmer in Deutschland ist 55+
Anteil der 55– 64-jährigen an allen Arbeitnehmern (15 – 64 Jahre)

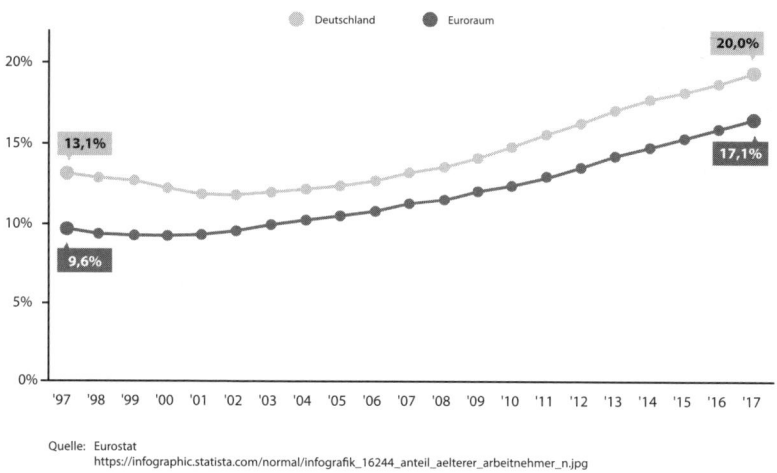

Quelle: Eurostat
https://infographic.statista.com/normal/infografik_16244_anteil_aelterer_arbeitnehmer_n.jpg

Abbildung 45: Anzahl Arbeitnehmer über 55 in Deutschland

Aktuell geht es in der deutschen Gesetzgebung um die Frage, wie die Grundsteuer künftig bemessen werden soll. Diskutiert werden diverse Modelle. Das sogenannte Kostenwertmodell wurde von der Mehrheit der Bundesländer vorgeschlagen. Hier soll der Wert aller 35 Millionen Grundstücke und Immobilien ganz neu ermittelt werden. Dies könnte jedoch zu einem hohen Anstieg der Kosten für die Eigentümer führen, sodass diese Variante stark in der Kritik steht. Der Immobilienverband IZA äußerte gegenüber der *Süddeutschen Zeitung*, dass das Modell zur »Verzehnfachung der Grundsteuer«

führen könne. Auch könnte die Ermittlung aller neuen Einheitswerte viele Jahre dauern. Bei der Immobilienbetrachtung muss man definitiv die verfügbaren Einkommen berücksichtigen. Langfristig gehen wir für die Mehrzahl der Bevölkerung in Deutschland von fallenden realen Einkommen aus. Das liegt an einer stagnierenden oder rückläufigen Wirtschaftsleistung, der schleichenden Enteignung durch Nebenkosten, der Digitalisierungswelle, an Steuererhöhungen und an einer insgesamt schlechten demographischen Entwicklung, die zu einer Vergreisung unserer Nation führt. Diesbezüglich sollte man sich mit Abbildung 46 auseinandersetzen. Wie sollen 2030, in elf Jahren, 2,1 Arbeitnehmer in der Zukunft einen Rentner beziehungsweise einen Pflegefall mit ihren Steuerzahlungen finanzieren? Und in diesem Umfeld reduzierter realer Einkommen sollen Immobilienpreise auf nationaler Ebene weiterhin signifikant steigen?

Workers per retiree
Population age 15 – 64 / Population age 65 and up

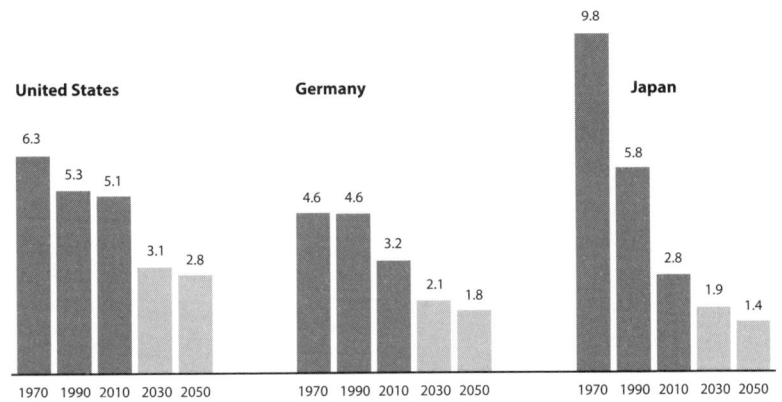

Quelle: United Nations Population Division 2010 Revision, © 2012 Economy Watch NW
http://michaeljparks.com/wp-content/uploads/2012/10/US-old-age-dependency-ratio.jpg

Abbildung 46: Das Verhältnis von Angestellten zu Rentnern in den USA, Deutschland und Japan

Fazit

Trotz aller genannten Nachteile bieten Immobilien sehr langfristig betrachtet eine recht gute Absicherung gegen Inflation. Empirische Studien haben ergeben, dass sich das Gros der Wohnimmobilien über Jahrzehnte hinweg ähnlich entwickelt wie die Inflation. Aber was wäre, wenn eine Deflation oder eine schwere Rezession eintreten sollte? Dann würden die Gehälter stagnieren oder fallen, aber nicht die monatlichen Zinszahlungen, die langfristig vereinbart wurden. Zudem sind Immobilien nicht beweglich. Das bedeutet, dass der Staat in einer Wirtschaftskrise diese Güter leichter besteuern oder belasten kann als mobile, liquide Vermögen. Bisher gab es in der deutschen Wirtschaftsgeschichte zwei Zwangshypotheken, eine im Jahr 1923 und die andere 1948. Bei einem geschätzten Immobilienvermögen von 14 Billionen Euro würde eine 20-prozentige Zwangshypothek ausreichen, um die aktuell notleidenden Kredite innerhalb der EU und die offenen Target-II-Salden zu begleichen.

Es gibt zwei Börsenweisheiten: Erstens, kaufen, wenn das Blut in den Straßen fließt (Rothschild). Die zweite lautet: Verkaufen, wenn das Geld in den Straßen fließt (Homm). Fließt es im Immobilienmarkt? Wäre es so falsch, in diesem schwierigen Umfeld, eine überteuerte Immobilie mit einem unattraktiven Chance-Risiko-Verhältnis mit einem enormen Gewinn zu veräußern?

KAPITEL 5

Kurz- und langfristige Finanz-Szenarien – die optimale Positionierung

»Ich habe wohl nicht mehr als in der Hälfte aller Fälle recht, aber ich verdiene einfach sehr viel Geld, wenn ich richtig liege, und ich verliere so wenig Geld wie möglich, wenn ich unrecht habe.«

GEORGE SOROS

Die zwei nachstehenden Abschnitte erachten wir, als Autoren der vorliegenden Publikation, als die wichtigsten inhaltlichen Beiträge im gesamten Buch. Warum? Erfahrene und erfolgreiche Investmentstrategen verbringen den größten Teil ihrer Zeit damit, wichtige Marktentwicklungen vor der breiten Masse zu erkennen und von diesen Erkenntnissen zu profitieren. Das erfordert ausnahmslos einen extrem hohen Arbeits- und Analyseaufwand. Der Erfolg des Börsenbriefs *Florian Homm Long-Short (www.florianhommlongshort.ch)* beruht ganz wesentlich auf der Früherkennung wichtiger Trends, wie zum Beispiel der Zinsentwicklung, dem Verhältnis des US-Dollar zum Euro, dem Bitcoin-Crash oder dem Abwärtstrend an den Aktienmärkten.

Um bei diesen Aufgaben zu reüssieren, werden Dutzende möglicher Szenarien auf ihre Plausibilität hin geprüft. Diese Recherchen erfordern nicht nur erstklassige analytische Fähigkeiten sowie hervorragende Rechner- und Programmierleistungen, sondern auch laterales und konträres Denkvermögen. Obwohl diese Aufgabe eine enorme Herausforderung darstellt, kann sich der Aufwand lohnen.

In dieser Rubrik versuchen wir, verschiedene Trends zu prognostizieren und mit den entsprechenden Anlagestrategien zu verbinden.

5.1 Unsere Szenarien bis Ende 2020

Unsere Prognosen für die prozentualen Wahrscheinlichkeiten der einzelnen Szenarien gehen auf umfangreiches Backtesting bis in die Vorjahre des Crashs von 1929 (Schwarzer Freitag) zurück. Unser Research-Team hat Theorien und Modelle aus hundert Jahren Börsengeschichte analysiert. Unter der Annahme, dass zukünftige Ereignisse eine große Ähnlichkeit zu vergangenen Ereignissen haben, kann Backtesting ein hilfreiches Werkzeug für Analysen und Prognosen sein.

Tabelle 6: Szenarien von Ende 2018 bis 2020 mit Handelsempfehlungen

Ende 2018 – Ende 2020	
Szenario	**Action**
US-Dollar Stärke	Long USD – Short Euro, schwache FX
Brexit	Short Wertzerstörer, Zombie Aktien
GRC, ITA, FRA – nicht bekannte und realisierte Risiken	Net Short Aktien, Zins Futures
China Isolation	Short Growth/Wachstum
Iran Krieg	Long Öl
Inflation	Short Anleihen, Zins Futures
Zinshausse	Cash aufbauen, mehr Net Short
Junk Bond Schmelze	Stay Short
Stagnierende, fallende Unternehmensgewinne	Stay Short
Börsencrash/Korrektur	Shorts langsam eindecken
Rezessionsangst	Shorts graduell eindecken

Quelle: Eigene Darstellung

Im Gegensatz zu vielen statischen Modellen haben wir mit unserem Modell versucht, verschiedene Faktoren mit den Ergebnissen von Korrelations- und Sensibilitätsanalysen zu kombinieren und an denkbare Szenarien, wie etwa Eingriffe der Zentralbank, anzupassen. Einen Überblick über die verschiedenen Szenarien und die damit verbundenen Aktionen zeigt Tabelle 6.

US-Dollar Stärke

Wahrscheinlichkeit: 74 Prozent
Yen und Euro sind die einzigen extrem liquiden Währungsalternativen zum US-Dollar. Der chinesische Renminbi steckt noch, zumindest was die Akzeptanz dieser Währung auf globaler Ebene anbelangt, in den Kinderschuhen. Andere, weniger liquide, aber bereits etablierte und bedeutende Währungen sind das Britische Pfund, der Australische Dollar, der Neuseeland Dollar, der Kanadische Dollar und der Schweizer Franken.

Zehnjährige Staatsanleihen in Euro oder Yen bieten nur minimale Renditen, die unter der Inflation liegen. Über einen Zeitraum von circa 24 Jahren halbieren Sie Ihr Vermögen mit diesen Titeln. In den USA entspricht die Verzinsung von zehnjährigen Regierungsanleihen (2,82 Prozent) in etwa der aktuellen Inflationsrate.

Wie sinnvoll kann es sein, in europäische Staatsanleihen zu investieren? Die Verschuldung liegt im Verhältnis zur Wirtschaftsleistung bei etwa 85 Prozent, doch die Wirtschaft wird tendenziell schrumpfen oder bestenfalls nicht weiter wachsen. Eine massive Ausweitung der Bilanz der Europäischen Zentralbank (EZB) durch massive Aufkäufe von Staatsanleihen und Unternehmensanleihen im Wert von circa 2,7 Billionen Euro seit 2015 hat die müde europäische Wirtschaft nicht wirklich ankurbeln können. Große Bargeldguthaben der Banken bei der Europäischen Zentralbank werden mit negativen Zinsen bestraft. Zudem sind sich die Mitgliedsländer der Europäischen Union in vielen essentiellen Wirtschaftsfragen nicht einig. Falls es zu einer Rezession kommen sollte, hat die EZB nur sehr wenig Spielraum, um zu reagieren. Zudem sind wir fest davon überzeugt, dass die Währungshüter – aufgrund der schwachen Wirtschaftsdynamik – keinerlei Spielraum haben, die Leitzinsen zu erhöhen.

Wie sinnvoll kann es sein, in japanische Staatsanleihen zu investieren? Der japanische Staatshaushalt ist ein Desaster. Die japanische Regierung gibt jährlich mehr als doppelt so viel aus, wie der Staat an Steuern einnimmt. Zudem liegt die Staatsverschuldung bei circa 270 Prozent der heimischen Wirtschaftsleistung. Das Durchschnittsalter der Bevölkerung beläuft sich auf 55 Jahre. Es ist äußerst unklar, wie diese Nation langfristig finanziell und wirtschaftlich reüssieren will.

Der US-Dollar ist immer noch die beste von drei hundsmiserablen Währungen. Das amerikanische Haushaltsdefizit ist zwar noch größer als das der wichtigsten Wirtschaftsnationen Europas, aber der US-Dollar ist – zumindest vorerst – noch die bevorzugte Welt-Reservewährung. Ein Investor, der in US-Anleihen investiert, verliert viel weniger an Kaufkraft als einer, der deutsche Staatsanleihen kauft. Zudem hat die US-Notenbank die Option, die Leitzinsen von circa 2,5 Prozent hin in Richtung Null zu reduzieren, falls es zu einer deutlichen Wirtschaftsabschwächung kommen sollte.

Weitere Währungsalternativen zu erläutern, würde den Rahmen dieses Buchs sprengen. Nur so viel: Die Verzinsung der Anleihen von Australien und Neuseeland liegt über der Inflationsrate. Dennoch hat der US-Dollar in den Crashs 2000 und 2008 gegenüber diesen Währungen an Wert gewonnen.

Brexit-Anlagestrategien

Das ohnehin schon sehr hohe britische Haushaltsdefizit könnte bei einem harten, komplizierten und langjährigen Brexit noch weiter aus den Fugen geraten. In solch einem Umfeld würden wir die schwächsten und am stärksten von der Konjunktur abhängigen, exportorientierten britischen Unternehmen shorten.

Die EU-Krise weitet sich aus

Die Kredite spanischer Banken an Schwellenländer sowie an Konsumenten entspricht circa 140 Prozent der spanischen Wirtschaftsleistung. Das stellt in einem rezessiven Umfeld ein erhebliches Risiko für das spanische Bankensystem dar und gefährdet in der Folge auch die gesamte Eurozone. Darauf achten jedoch die allerwenigsten Investoren. Ein steigendes Haushaltsdefizit in Frankreich wird zunehmend wahrscheinlich. Eine Herabstufung der Bonität Belgiens ist längst überfällig. Dass Italien wahrscheinlich über 80 Prozent seiner Steuereinnahmen für Zinsen ausgibt, ist ebenfalls kein gutes Zeichen. Auch hier wäre eine Kreditherabstufung mehr als empfehlenswert.

Zunehmende China-Isolation

Nicht nur die USA haben Strafzölle gegen China verhängt – an diesen Maßnahmen hat sich auch die EU beteiligt. Eine deutliche Verschlechterung der chinesischen Wachstumsdynamik hat einen direkten Einfluss auf die gesamte Weltwirtschaft. Es beeinträchtigt die Rohstoff- und Nahrungsmittelpreise und hat Auswirkungen auf wichtige Wirtschaftsnationen wie Deutschland, Australien und Südkorea, um nur einige zu nennen. Grundsätzlich überlegenswert sind somit Short-Positionen auf exportorientierte australische und deutsche Aktien, und eventuell auch auf die großen Luxusgüter-Hersteller.

Quantitative Easing 4, Quantitative Easing 5

Wahrscheinlichkeit: 73 Prozent
Diese akademisch wirkenden Begriffe umschreiben nichts anderes als eine künstlich hervorgerufene Steigerung der Geldmenge durch die Zentralbanken. In der Vergangenheit wurden diese Mechanismen eingesetzt, um anfällige Märkte durch Anleihe- und Aktienkäufe zu stabilisieren, oder um mehr Geld in Umlauf zu bringen. Man könnte auch sagen, Quantitative Easing steht für die Aktivierung der

Gelddruckmaschine mit extrem hohen Volumina. Bisher gab es in den USA nach der Immobilienkrise von 2008 drei massive Gelddruck-Maßnahmen (QE1 bis 3), die jedes Mal mit einer Reduzierung der Leitzinsen einhergingen. Fakt ist, dass diese wundersamen Maßnahmen zur Geldvermehrung immer weniger dazu beitrugen, die schleppende Wirtschaftsdynamik wieder in Gang zu bringen. Das ist vergleichbar mit dem Konsumverhalten eines Süchtigen. Die Dosis muss ständig gesteigert werden, damit der Junkie happy ist.

Falls es zu einer weiteren Welle von QE-Maßnahmen kommt, würden wir definitiv die Gold- und Silberpositionen aufstocken, da wir von einer fallenden realen Verzinsung ausgehen. Dazu finden Sie weitere Informationen im Kapitel »Mega-Trades«.

Wir sind sowieso der Meinung, dass etliche Währungen mittelfristig dramatisch an Wert verlieren werden. Denn ewig kann man dieses Spiel nicht betreiben, ohne dass sich inflationäre Blasen bilden. Das kennen wir ja bereits aus der Weimarer Republik. Oder aber die Investoren verlieren wegen der wundersamen Geldvermehrung und der desaströsen Haushaltsdisziplin das Vertrauen in eine Währung. Welche Auswirkungen das hat, können Sie gerade in mindestens fünf wichtigen Schwellenländern beobachten.

Iran-Krieg

Wahrscheinlichkeit: 23 Prozent (Quelle: Stockmann Contra Corner)
Dieses Risiko darf man keinesfalls ignorieren. Die logische Konsequenz wäre, Öl-Futures und/oder Öl-Aktien zu kaufen.

Steigende Zinsen für minderwertige Anleihen

Wahrscheinlichkeit: 71 Prozent
Steigende Zinsen sind in der Regel Gift für Aktien – vor allem dann, wenn die Wirtschaft und in der Folge die Unternehmenserträge stagnieren oder gar rückläufig sind. Die logische Konsequenz wäre, Short-Positionen zu erhöhen beziehungsweise etwaige Long-Positi-

onen abzubauen. Hier sollte man unterscheiden zwischen wackligen BBB-Unternehmensanleihen, Leveraged Loans oder Schrott-Anleihen auf der einen Seite und hochqualitativen Investment-Grade-Anleihen auf der anderen Seite.

Junk-Bond-Schmelze

Wahrscheinlichkeit: 84 Prozent
Wie wir ausführlich erklärt haben, befinden sich die Junk-Bond-Märkte weltweit in einem Abwärtstrend. Die Talsohle scheint jedoch noch nicht erreicht zu sein. Die Fallhöhe ist aus unserer Sicht noch beachtlich. Falls die Junk Bonds weiter an Wert verlieren, beziehungsweise ihr Verzinsungsniveau steigt, wäre das ein klares Signal, in den Anlageklassen Aktien und qualitativ minderwertige Anleihen noch weiter auf fallende Kurse zu setzen.

In diesem Zusammenhang sollte Sie die von uns kalkulierte hohe Wahrscheinlichkeit einer Junk-Bond-Schmelze nicht überraschen. Denn in Asien, den Schwellenländern, Europa – und seit einigen Monaten auch in den USA – zeichnen sich bereits höhere Zinssätze für solche Anleihen ab. Wir glauben, dass sich dieser Trend fortsetzen wird.

Stagnierende oder fallende Unternehmensgewinne

Wahrscheinlichkeit: 79 Prozent
Aufgrund eines sehr hohen und steigenden Finanzierungsbedarfs der Unternehmen und einem damit einhergehenden steigenden Zinsaufwand rechnen wir damit, dass die Gewinne vieler Aktiengesellschaften sinken werden. Die Anlagekonsequenz ist eindeutig: short gehen! Wir bevorzugen Baisse-Spekulationen auf schlecht positionierte, zyklische, unterdurchschnittlich profitable Unternehmen sowie hochverschuldete Unternehmen mit einem überdurchschnittlichen Finanzierungsbedarf (Wertzerstörer) und mit einer deutlich unterdurchschnittlichen Eigenkapitalrendite.

Börsencrash par excellence

(Ohne Wahrscheinlichkeitsangabe)
Wir können es kaum erwarten, dass Aktien ein attraktives Kaufniveau erreichen. Selbst ohne einen knallartigen Crash gibt es bereits heute einige interessante Kaufkandidaten. Auch wenn sich die Börsenbaisse über mehrere Jahre hinziehen sollte, werden sich selektiv immer wieder Kaufgelegenheiten ergeben. Inhärent halten wir überhaupt nichts von einseitig programmierten permanenten Bären- oder Baisse-Spekulanten. Fakt ist: Langfristig wird mehr Geld mit Long- als mit Short-Positionen verdient. Doch sollten Spekulanten sich an die gute alte Börsenweisheit halten: Greifen Sie nie in ein fallendes Messer! Erst wenn die Preise am Boden sind, wenn also auch der letzte Kleinanleger seine Wertpapiere abgestoßen hat, dann darf man im großen Stil kaufen! Und selbst dann sollte es primär darum gehen, nur die besten Wertschöpfer – also Spitzenqualität – zu attraktiven Preisen zu erwerben.

Erholung an den Börsen

Wahrscheinlichkeit: 84 Prozent
Da Abwärtsbewegungen selten linear verlaufen, ist immer wieder mit Gegenbewegungen zu rechnen. Dazu beitragen könnte ein friedlicher, gut organisierter Brexit, eine unerwartet hohe Haushaltsdisziplin in Italien, eine Entspannung bei den Handelskonflikten, ein Verzicht auf weitere Zinserhöhungen seitens der Fed und Vergleichbares. Dennoch erachten wir diese positiven Faktoren nur als temporäre Entlastungen für festverzinsliche Wertpapiere sowie Aktien in einem Bärenmarkt. Denn aus unserer Sicht überwiegen die Zinsrisiken, der globale Verschuldungsgrad, steigende Haushaltsdefizite, akzelerierende Refinanzierungen und zusätzlicher Finanzierungsbedarf, negative demographische Faktoren sowie eine spätzyklische Wirtschafts-Boomphase. Das kann bedeuten, dass man kurzzeitig auch mal in Aktien oder Anleihen investiert sein darf. Aus Trading-Gesichtspunkten und Risikomanagement-Überlegungen heraus setzen

wir für unsere Order regelmäßig Stops, um bestehende Gewinne zu realisieren beziehungsweise um Verluste zu minimieren.

Prinzipiell sehen wir markante Kurserholungen als erstklassige Chance, Long-Positionen abzubauen (und somit die Cash-Quote zu erhöhen) und zugleich selektiv stark überbewertete Aktien beziehungsweise schlecht positionierte, zyklische und stark verschuldete Wertzerstörer (Unternehmen, die selten ihre Kapitalkosten verdienen) zu shorten. Wir sind der Meinung, dass die Märkte ihre Talsohle noch längst nicht erreicht haben.

Wir gehen davon aus, dass Amerika und Europa aufgrund der stagnierenden oder fallenden Wirtschaftsleistung ein weitreichendes und sehr teures Infrastruktur-Programm lancieren. Das würde sicherlich zu einer kurzfristigen wirtschaftlichen Erholung beitragen, ist aber aus unserer Sicht nicht ausreichend, um das Wachstum der jeweiligen Volkswirtschaften langfristig zu beschleunigen. Diese Methode blieb bekanntlich bereits in Japan viele Jahre lang erfolglos. Auch in China ist bereits absehbar, dass immer größere Infrastruktur-Programme immer weniger zum Wirtschaftswachstum beitragen.

Es wäre denkbar, dass die amerikanische Notenbank (FED) ihre Verkäufe von US-Staatsanleihen komplett einstellt, weil sie eine Verlangsamung des Wirtschaftswachstums oder sogar eine Rezession befürchtet. Derzeit verkauft die Fed jeden Monat heimische Staatsanleihen im Wert von circa 60 Milliarden US-Dollar, um ihre Bilanz zu verschlanken. Wie bereits erwähnt, wird dieser Abbau als Quantitative Tightening (QT) bezeichnet und ist genau das Gegenteil von Quantitative Easing (QE).

Falls nun monatlich nicht weiter US-Staatsanleihen über 60 Milliarden US-Dollar am Anleihemarkt verkauft würden, würde sich dies sicherlich positiv auf den Markt für amerikanische Staatsanleihen auswirken. Solch eine Entwicklung könnte auch die Aktienmärkte beflügeln. Wie Sie sicherlich erkennen, kann es selbst in einer langjährigen Baisse zu kurzfristigen Erholungen kommen. Man sollte auch nicht an der eigenen Skepsis festhalten, wenn sich das Investmentklima nachhaltig verbessert. Dem professionellen Investor ist es egal, ob er Recht behält. Entscheidend ist, ob er Geld verdient. Und das erfordert einen hohen Grad an Flexibilität und keine starren, dogmatischen Anlagemuster.

5.2 Unsere mittelfristigen Szenarien von 2021 bis 2025/2027

Bei unseren mittelfristigen Prognosen sind wir vorsichtiger, was die Wahrscheinlichkeitsberechnungen betrifft, als bei den kurzfristigen (vgl. Tabelle 6). Das bedeutet aber nicht, dass wir diese Szenarien als unwahrscheinlich einstufen. Die Zeitfenster sind langfristig und die Anzahl der Imponderabilien sind somit naturgemäß höher als bei den kurzfristigen Prognosen. Dennoch halten wir es für wichtig, dass Sie sich zumindest mit den möglichen Szenarien befassen. Denn diese könnten einen wesentlichen Einfluss auf die Entwicklung ihres Vermögens haben.

Tabelle 7: Szenarien von 2021 bis 2027 mit Handelsempfehlungen

2021 – 2025/27	
Szenario	**Action**
Deflation, Wirtschaftskrise	Marktneutral
QE4, QE5	Long Aktien
Börsenerholung	Long Aktien
Gold- und Silberhausse	Long Gold und Silber
QE5, QE6	Mega Short Aktien
Stagflation, Hyperinflation, Rekord-Defizite	Mega Short Anleihen, Währungen und Aktien
Entwertung/Währungsreform	Akkumulierung Aktien und Immobilien
Gold-/Rohstoffstandard	Gold und Silber verkaufen

Quelle: Eigene Darstellung

Deflation, Wirtschaftskrise, Rezession

Wahrscheinlichkeit (von Anfang März 2019 bis Ende 2027): 93 Prozent
Die US-amerikanische Bank JP Morgan geht mit einer 65-prozentigen Wahrscheinlichkeit davon aus, dass sich die USA im Jahr 2020 in einer Rezession befinden wird. Wir schließen nicht einmal aus, dass es nicht bereits in der zweiten Hälfte des Jahres 2019 zu einer Ermüdung der US-Wirtschaft kommt. In Europa halten wir das Risiko einer Rezession für noch höher als in den USA. Denn die Europäische Zentralbank verfügt über keinerlei Handlungsspielraum, die Zinsen weiter zu senken.

Zu Beginn einer Rezession oder kurz, bevor sie eintritt, sollte man keine ausgesprochen zyklischen Werte im Portfolio haben. Denn es ist höchstwahrscheinlich, dass die Unternehmensgewinne einbrechen und somit die Kurse dieser Aktiengesellschaften an der Börse fallen. Wenn man davon ausgeht, dass in den nächsten Quartalen eine Rezession aufkommt, sollte man besonders schwache, hoch verschuldete und konjunkturabhängige Unternehmen leerverkaufen, also short gehen. Andere Marktteilnehmer decken sich frühzeitig mit sicheren, qualitativ hochwertigen Anleihen ein.

Quantitative Easing 4, Quantitative Easing 5

Nähere Informationen haben Sie bereits im Abschnitt »Investment-Szenarien bis 2020« gefunden. Wir beziffern die Wahrscheinlichkeit, dass es kurzfristig zu QE4 und QE5 kommt, auf 73 Prozent. Die Wahrscheinlichkeit, dass es bis Ende 2027 zu weiteren Programmen kommt, liegt nach unseren Prognosemodellen bei 93 Prozent.

Erholung an den Börsen

Während wir im kurzfristigen Szenario mit einer Wahrscheinlichkeit von 84 Prozent damit rechnen, dass sich die Kurse auf breiter Front erholen, rechnen wir langfristig (bis Ende 2027) mit einer

Wahrscheinlichkeit von 94 Prozent. Näheres hierzu finden Sie im Abschnitt »Unsere Szenarien bis Ende 2020«.

Gold- und Silberhausse

Wahrscheinlichkeit: 81 Prozent
Mehr zum Thema Gold und Silber finden Sie im Kapitel »Die Mega-Trades«.

Stagflation, Hyperinflation, Rekord-Defizite

Wahrscheinlichkeit (ab dem 1. März 2019): 100 Prozent
In Venezuela gibt es bereits eine Hyperinflation, die jener der Weimarer Republik gleichkommt. In Argentinien kann man bereits von einer hohen Inflation und einer stagnierenden Wirtschaft sprechen. In Pakistan und Argentinien ist der Internationale Währungsfonds (IWF) bereits aktiv. Weitere Länder werden zweifellos folgen. Zu den wahrscheinlichen Kandidaten zählen wir Kolumbien, Brasilien und die Türkei. Eigentlich benötigt Italien bereits heute einen finanziellen Rettungsschirm. Denn die Zinskosten fressen schon derzeit den Bärenanteil der Steuereinnahmen auf. In den USA beträgt das Haushaltsdefizit in diesem Jahr wahrscheinlich mehr als 5 Prozent der Wirtschaftsleistung. Das wäre – in einer Wirtschaftserholung bei gleichzeitiger Friedensphase – ein neuer (Negativ-)Rekord.

Generell gilt, dass man in diesem Umfeld Anleihen, Aktien und Währungen leerverkauft. Das würden wir beim US-Dollar jedoch nicht machen, weil er im direkten Vergleich zum Euro und zum Yen, den beiden anderen großen und liquiden Weltwährungen, besser aufgestellt ist. Bei Immobilien wären wir vorsichtiger. Gold und Silber könnten interessant sein, solange die Zinsen unter der Inflationsrate liegen.

Entwertung, Währungsreform

Mehr zu diesen Themen finden Sie im Kapitel »Die Mega-Trades«.

Gold- und Rohstoffstandard, Goldverbot

Mehr zu diesen Themen finden Sie im Kapitel »Die Mega-Trades«.

Fazit

Der Markt für amerikanische Anleihen mit der Rating-Einstufung Investment Grade beläuft sich derzeit auf ein Volumen von circa 5,2 Billionen US-Dollar. Die Anleihen mit den eher schlechten Noten (A, BBB) machen davon circa die Hälfte aus, also einen Umfang von 2,6 Billionen US-Dollar.

Dazu kommen nochmal circa 1,3 Billionen US-Dollar an sogenannten Leveraged Loans (gehebelten Krediten). Leveraged Loans sind über mehrere Banken syndizierte Kredite von minderwertiger Qualität, in etwa vergleichbar mit Schrottanleihen, also Junk Bonds. Dazu kommen noch notleidende Kredite im Umfang von circa 2 Billionen US-Dollar, primär in den USA und Europa, sowie in nicht näher bekannter Höhe in China und den Schwellenländern.

In einem schwachen Börsen- oder Wirtschaftsumfeld besteht ein hohes Risiko, dass etliche Anleihen, die aktuell noch als sicher (Investment Grade) gelten, zu Junk Bonds herabgestuft werden. Das bedeutet wiederum, dass die Zinsen für solche (Unternehmens-)Anleihen in Zukunft aufgrund der höheren Ausfallrisiken steigen dürften. Interessant ist dabei auch, dass in der letzten Dekade das Volumen an Unternehmensanleihen um circa 100 Prozent gestiegen ist. Das bedeutet aus unserer Sicht, dass eher moderate Zinserhöhungen von circa 150 Basispunkten (1,5 Prozent) einen viel größeren negativen Einfluss (circa 25 Prozent) auf die Ertragskraft der Unternehmen haben als in vorherigen Krisen.

Handlungsempfehlung

Hände weg von Anleihen, die von finanziell schwachen Unternehmen und Staaten mit langen Laufzeiten emittiert werden!

Hände weg von kapitalintensiven, zyklischen Unternehmen, die in den kommenden Jahren hohe Kredite aufnehmen müssen oder vor großen Refinanzierungen stehen. Noch schlechter ist es, wenn solche Unternehmen über Jahrzehnte geringe Eigenkapitalrenditen aufweisen. Bevor Sie in eine Aktiengesellschaft investieren, beschäftigen Sie sich bitte genau mit der Passivseite der Bilanz. Achten Sie bitte speziell darauf, wann größere Refinanzierungen anfallen – und ob zukünftige Kapitalausgaben aus dem Cashflow bezahlt werden können oder ob dazu Fremdkapital aufgenommen werden muss. Zeitgleich muss hinterfragt werden, ob die Dividenden tatsächlich auf dem aktuellen Niveau gehalten werden können. Bei Unternehmen wie zum Beispiel VW, Daimler sowie BMW und vielen anderen, bezweifeln wir dies aufgrund der hohen anstehenden Kapitalausgaben und einem nebulösen Wirtschaftsausblick stark.

Außerdem halten wir äußerst wenig von Unternehmen, die eine geringe Zinsabdeckung ausweisen, massiv investieren müssen und über keinen nennenswerten freien Cashflow verfügen. Wenn diese Unternehmen dann auch noch über Jahre hinweg ihre Kapitalkosten nicht erwirtschaften, sollte man ihre Aktien definitiv meiden.

5.3 Anlagephilosophie – Total Return

Wir investieren mittelfristig in einen Mix aus Substanz, Wachstum, überdurchschnittlichen Dividenden und marktführenden Unternehmen (Wertschöpfer). Da wir nicht von einer eklatanten Marktschwäche erschlagen werden wollen, stellen wir diesen »Perlen« überteuerte Indizes und Unternehmen gegenüber, die sich in einem negativen Industrietrend befinden. Zu diesen Wertzerstörern gehören auch Unternehmen, die aus unserer Sicht zu liberal bilanzieren.

Im Idealfall verdient man gleichzeitig an den Long-Positionen und an den Short-Positionen. Dies erachten wir zwar nicht als wahrscheinlich, jedoch sind wir der Meinung, dass dieser Ansatz ein gutes Chance-Risiko-Verhältnis ergibt. Das bedeutet, dass die Performance der Wertschöpfer (Long) und der Wertzerstörer (Short) zusammengenommen auf Sicht von drei Jahren eine positive Rendite ausweisen sollte. Im derzeitigen Börsenumfeld ist der Kapitalerhalt wichtiger als die Gewinnmaximierung.

Auf keinen Fall sollten Sie Ihr gesamtes Pulver (Bargeld) auf einmal verschießen beziehungsweise komplett investieren wollen, sondern vielmehr Kursschwankungen nutzen, um Positionen opportunistisch auf die gewünschte Zielgröße auszubauen. Deswegen halten wir anfänglich noch einen großen Cash-Anteil.

Der Total-Return-Investor stellt sich selten die Frage, was für seine Anlagestrategie das perfekte Timing ist, denn seine Portfolio-Struktur ergibt sich aus einem Mix von Long- und Short-Positionen, der insgesamt ein gutes Chance-Risiko-Verhältnis hat. Falls der Markt kollabiert, verliert der Total-Return-Investor fast immer weniger als der Long-Only-Investor. Die erfolgreichsten Anleger, die diesen Ansatz verfolgen, profitieren sogar von einer Krise. In einem seitwärts tendierenden Markt sind Renditen zwischen 4 und 10 Prozent nicht unrealistisch. Das bedeutet, dass der Total-Return-Ansatz bei circa 80 Prozent der Markttendenz relativ gut performen sollte. Wenn der Markt rasant steigt, ist der Total-Return-Investor nicht häufig unter den Top Performern, es sei denn, er schafft es kontinuierlich, extrem attraktive Aktien wie zum Beispiel Clinuvel Pharmaceuticals und Depotleichen wie Steinhoff frühzeitig zu identifizieren.

Insgesamt halten wir es für nahezu unmöglich, kontinuierlich und in jeder Marktphase die Kursentwicklungen akkurat vorherzusagen. Wir setzen unsere Energie lieber ein, um das Investment-Portfolio ständig zu optimieren, indem wir gute Long- sowie auch Short-Kandidaten finden: Stück für Stück, aus makroökonomischer und quantitativer Sicht, durch Branchen- und Unternehmensanalysen.

5.4 Die 500 größten Aktiengesellschaften der Welt unter der Lupe

»Unsere Aufgabe ist es, die 200 besten Unternehmen der Welt zu finden, um in sie zu investieren, und die 200 schlechtesten Unternehmen ausfindig zu machen, um diese zu shorten. Wenn die 200 Besten keine bessere Performance als die 200 Schlechtesten hervorbringen, sollte man den Beruf wechseln.«

JULIAN ROBERTSON

Wir haben die 500 größten Unternehmen unter die Lupe genommen. Dabei haben wir speziell betrachtet, wie sie sich während der letzten Finanzkrise verhalten haben und wie sie aktuell aufgestellt sind. Warum ist das für Sie interessant? Sie werden bei der Auswertung feststellen, dass Sie mit vermeintlich sicheren Blue-Chip-Investitionen keinesfalls sicher unterwegs sind und dass sich darunter einige Kandidaten befinden, bei denen man sagen muss: Finger weg! Auf der anderen Seite gibt es auch Unternehmen, mit denen Sie etwas ruhiger durch eine Krise kommen werden. Wir sind uns dessen bewusst, dass eine Performance aus früherer Zeit nicht zwingend ein Indiz für zukünftiges Kursverhalten darstellt. Trotzdem finden wir in der Krise von 2008/2009 ein passendes Vergleichsszenario für einen bevorstehenden Crash. Dies hat den einfachen Grund, dass sich am Versuch, sämtliche Krisen seit den 1990er-Jahren mit geldpolitischer Alchemie zu »heilen«, nichts geändert hat. Und das hat jeweils unmittelbar zur nächsten Blase geführt. 1987 schanzten sich Tradingsysteme gegenseitig Papiere zu und Alan Greenspan lockerte die Geldpolitik. Das viele Geld floss in den neuen Markt und implodierte pünktlich zur Jahrtausendwende. Greenspan pumpte den Ballon wieder auf und sein Nachfolger Ben Bernanke half fleißig mit. In der Subprime-Krise floss die ganze Liquidität in den Immobilienmarkt und riss das Bankingsystem – und später, nach staatlichen Interventionen – auch ganze Länder mit sich nach unten. Ben Bernanke und

Janet Yellen reizten die geldpolitischen Möglichkeiten dann komplett aus. Und wo befinden wir uns mit den monströsen Zentralbankbilanzen heute? Die Geschichte ist noch immer die gleiche, weil sich die Dynamik von Krediten nicht verändert hat. Wenn wir uns mit diesen ausstehenden Summen in Richtung steigender Zinskosten bewegen, müssen die Asset-Bewertungen zwangsläufig fallen – und damit beginnt das oftmals dünne Eigenkapital dahinzuschmelzen. Dies passiert im gesamten Markt, der als Konsequenz mit Vermögenswerten überflutet wird, die auf breiter Flur liquidiert werden. In der Folge führt dies zu einer weiteren Abwertung. Diesen Teufelskreis erkannte bereits Yale-Professor Irving Fisher nach der Great Depression. Der US-amerikanische Hedgefonds-Manager Ray Dalio publizierte hierzu ein hervorragendes Buch (*Big Debt Crisis*) und ein prägnantes Video (*How the Economic Machine Works*) auf YouTube. Folgendes ist eine der Haupterkenntnisse seiner Untersuchung: Egal wie gut sich die Gewinne einer Firma während der Krise entwickelt haben – alle Kurse sind gefallen. Schlussendlich bezwecken wir mit diesem Research, dass Sie bei einer möglichen Kurskorrektur rechtzeitig einen möglichst guten Überblick über Chancen und Risiken erhalten und mit Ihrem eigenen Portfolio abgleichen können.

Methodik

Um herauszufinden, welche Unternehmen bei einem kommenden Credit-Crunch oder Zinsschock besonders anfällig sind und welche eher profitieren werden, haben wir die größten Unternehmen weltweit, die Indizes DAX und SMI, sowie die dreißig besten Rohstoffproduzenten analysiert. Somit kommen wir auf insgesamt 531 Firmen, bei welchen wir folgende Punkte berücksichtigt haben:

– *Gewinnveränderung (2007-2009)*
 Die Entwicklung des Gewinns pro Aktie (verwässert) während der Krise. Als Stichdaten haben wir den 31. Dezember 2007 und den 31. Dezember 2009 verwendet.

- *Kursschwankung Finanzkrise (Hoch – Tief)*
  Die Kursveränderung vom Vorkrisenhoch (um 2007) bis zum Kurstief (um 2009). Hier haben wir dynamische Daten verwendet, um das effektive Risiko darstellen zu können.
- *Kurserholung auf Vorkrisenniveau*
  Die Anzahl an Tagen, die es dauerte, bis sich der Aktienkurs wieder mindestens auf dem Höchststand befand, der vor der Krise erreicht worden war – sofern überhaupt eine Erholung stattfand.
- *Aktuelle Wertschöpfung: Median-ROE 2012 bis 2018*
  Wie hoch ist die Eigenkapitalrendite des Unternehmens? Hier haben wir den Medianwert der letzten fünf Jahre verwendet, um eine Konsistenz zu erzeugen (also 2012 bis TTM (Trailing Twelve Months)).
- *Aktuelle Financial Strength (September 2018)*
  Der Analyseservice gurufocus.com attestiert jeder Aktie eine sogenannte Financial Strength – der Wert kann zwischen 1 und 10 liegen. Diese Bewertung schätzen wir als akkurat ein und haben sie deshalb übernommen.
- *Aktuelle Interest Coverage Ratio (September 2018)*
  Auch in den Bereich Finanzstärke fällt die Interest Coverage Ratio. Seit 2007 lassen sich mehr als 80 Prozent des Ertragswachstums in den USA durch niedrigere Zinskosten erklären. Hochverschuldete Unternehmen wird eine Zinserhöhung umso härter treffen.

Für jedes einzelne dieser sechs Kriterien haben wir eine Rangliste erstellt. Die einzelnen Platzierungen verwenden wir, um eine Durchschnittsplatzierung (einen Score) zu ermitteln (ein Beispiel zeigt Tabelle 8). Diese sollte dann möglichst tief sein, wobei alle Kriterien gleich gewichtet wurden.

Tabelle 8: Beispiel für eine Unternehmensbewertung gemäß den geschilderten Kriterien

Nike Inc.	Wert	Rang
Kursveränderung während der Finanzkrise	-42,14 Prozent	51
Dauer der Kurserholung	371 Tage	36
Veränderung EPS (2007 bis 2009)	4,11 Prozent	165
Median ROE der letzten fünf Jahre	27,8 Prozent	63
aktuelle Interest Rate Coverage	82,31	41
aktuelle Financial Strength	7	53
Score (Mittelwert)	68,2	
Gesamtplatzierung (6/6 Kriterien)	13 (10)	

Quelle: Eigene Darstellung

Histogramm der Kursentwicklungen

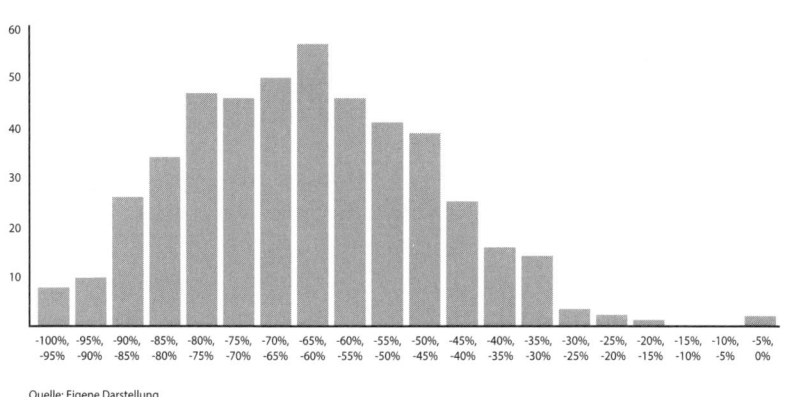

Quelle: Eigene Darstellung

Abbildung 47: Verteilung der maximalen Kursstürze während der Finanzkrise (Hoch zu Tief)

Erkenntnisse

Der Kursverfall einer Aktie während des letzten Crashs dauerte im Durchschnitt 15 Monate. Der Kurs fiel im Schnitt um 63 Prozent. Anschließend brauchte die Durchschnittsaktie etwa 42 Monate, um sich zu erholen, wobei 21,1 Prozent der Aktien heute noch immer nicht wieder den Höchststand von 2007 erreicht haben. Unternehmen, die ihre Erträge zwischen 2007 und 2009 erhöhten, erholten sich im Schnitt nach nur 35 Monaten wieder.

Histogramm der EPS-Entwicklung

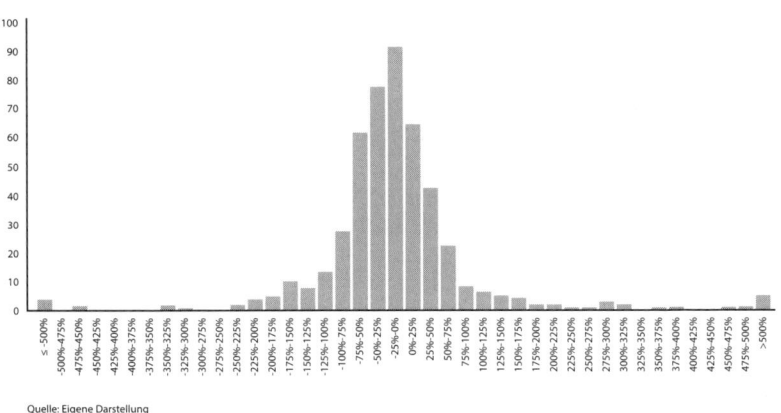

Quelle: Eigene Darstellung

Abbildung 48: Verteilung der Entwicklung der Gewinne pro Aktie/Earnings per Share (2007 bis 2009)

Wie Sie unschwer feststellen können, ist jede untersuchte Aktie während der Finanzkrise gefallen. Auch kann man aus beiden Histogrammen (vgl. Abbildung 47 und 48) schließen, dass die in ökonomischen Modellen (leider) noch immer stets verbreitete Normalverteilung weder auf die Kurs- noch auf die Gewinnentwicklungen von Aktien zutrifft – solche Studien und Modelle bringen daher wenig Nutzen.

Wie der Finanzmathematiker Nassim Taleb so schön sagte, befinden wir uns hier in der Domäne des Schwarzen Schwans (»komplexe Ereignisse in Extremistan«). Da man die Verteilung dieser Ereignisse nicht beeinflussen kann, die eigene Exposure zu negativen Schwarzen Schwänen im Aktienmarkt jedoch schon, empfiehlt Taleb, sich diesen möglichst nicht auszusetzen – und genau das antizipieren wir mit dieser kleinen Studie. Der Begriff Exposure bezeichnet übrigens die offenen Risikopositionen von Finanzinstrumenten und Basiswerten innerhalb des Geschäftsvolumens.

Qualität- und Müllabfall-Baskets

Branchen:
In der folgenden Darstellung finden Sie je sechs Branchen, die in unserer Berechnung am besten (Tabelle 9) beziehungsweise am schlechtesten (Tabelle 10) abgeschnitten haben.

Tabelle 9: Top-Branchen laut unserer Berechnung

Top-Branchen	durchschnittl. Performance	Anzahl geprüfte Firmen
Packaged Foods	-39,46 Prozent	5
Tobacco	-41,16 Prozent	6
Utilities – regulated Electric	-43,11 Prozent	4
Discount Stores	-45,22 Prozent	3
Medical Devices	-45,34 Prozent	6
Household & Personal Products	-45,70 Prozent	10

Quelle: Eigene Darstellung

Tabelle 10: Bottom-Branchen laut unserer Berechnung

Bottom-Branchen	**durchschnittl. Performance**	**Anzahl geprüfte Firmen**
Banks – Regional – Europe	-86,05 Prozent	12
Coal	-83,28 Prozent	3
Industrial Metals & Minerals	-81,84 Prozent	16
Financial Exchanges	-77,28 Prozent	4
Engineering & Construction	-76,65 Prozent	6
Insurance – Life	-76,21 Prozent	8

Quelle: Eigene Darstellung

Unternehmen:
Nachfolgend sehen Sie die 10 Prozent der Unternehmen mit den besten Werten (Tabelle 11).

Tabelle 11: Top-Unternehmen laut unseren Berechnungen

Top-Unternehmen	**Score**	**Anzahl geprüfte Kriterien**
NetEase Inc.	35,60	5
Novo Nordisk A/S	36,83	6
Edwards Lifesciences Corp.	38,00	6
Ross Stores Inc.	38,50	6
Accenture PLC	39,67	6
Jiangsu Yanghe Brewery JSC Ltd.	41,33	3
Jiangsu Hengrui Medicine Co. Ltd.	44,50	6
TJX Companies Inc.	45,50	6
ITC Ltd.	50,00	6
Intuit Inc.	52,33	6

Top-Unternehmen	Score	Anzahl geprüfte Kriterien
Tencent Holdings Ltd.	52,50	4
Hermès International SA	59,67	6
Nike Inc.	68,17	6
Regeneron Pharmaceuticals Inc.	71,33	6
LyondellBasell Industries NV	72,33	3
Fast Retailing Co. Ltd.	73,00	6
Samsung Electronics Co. Ltd.	73,83	6
Amadeus IT Group SA	76,33	3
Industria De Diseno Textil SA (INDITEX)	76,83	6
Tata Consultancy Services Ltd.	77,33	6
Oriental Land Co. Ltd.	80,00	6
360 Security Technology Inc.	80,00	3
Apple Inc.	82,67	6
Gree Electric Appliances Inc. of Zhuhai	83,33	6
Booking Holdings Inc.	83,67	6
Recruit Holdings Co. Ltd.	84,00	3
Biogen Inc.	84,17	6
Alrosa PJSC	84,33	3
Infosys Ltd.	84,40	5
Kweichow Moutai Co. Ltd.	85,33	6
Visa Inc.	85,60	6
SGS AG	86,33	6
Automatic Data Processing Inc.	89,17	6
Novatek PJSC	91,00	4
Compass Group PLC	93,33	6
Illumina Inc.	93,33	6
Mastercard Inc.	93,67	6

Taiwan Semiconductor Manufacturing Co.	94,50	6
Baidu Inc.	96,83	6
Cognizant Technology Solutions Corp.	97,67	6
Baxter International Inc.	98,33	6
Safran SA	98,83	6
International Business Machines Corp. (IBM)	99,17	6
Geberit AG	101,50	6
Costco Wholesale Corp.	103,00	6
PT Bank Central Asia Tbk	103,40	5
Colgate-Palmolive Co.	103,80	5
Gilead Sciences Inc.	105,00	6
CSL Ltd.	105,40	5
China Evergrande Group	105,80	5
Hangzhou Hik-Vision Digital Technology Co. Ltd.	106,50	4
Astellas Pharma Inc.	107,00	6
Reckitt Benckiser Group PLC	110,50	6

Quelle: Eigene Darstellung

Nachfolgend sehen Sie die 10 Prozent an Unternehmen mit den schlechtesten Werten (Tabelle 12).

Tabelle 12: Bottom-Unternehmen laut unseren Berechnungen

Bottom-Unternehmen	Score	Anzahl geprüfte Kriterien
UniCredit SpA	444,00	5
Morgan Stanley	438,40	5
The Royal Bank of Scotland Group PLC	438,40	5
American International Group Inc. (AIG)	437,50	6

Bottom-Unternehmen	Score	Anzahl geprüfte Kriterien
Kinder Morgan Inc.	435,33	3
Citigroup Inc.	432,60	5
Mitsubishi UFJ Financial Group Inc.	431,67	3
Credit Agricole SA	429,80	5
SunTrust Banks Inc.	428,67	3
Lloyds Banking Group PLC	426,80	5
Bank of America Corporation	426,60	5
Danske Bank A/S	426,00	5
Capital One Financial Corp.	418,80	5
Société Générale SA	418,80	5
Saudi Arabian Mining Co.	416,67	3
KBC Group SA/NV	415,80	5
Deutsche Bank AG	406,80	5
Mizuho Financial Group Inc.	404,60	5
Sumimoto Mitsui Financial Group Inc.	403,00	5
Nordea Bank Abp	400,00	3
Intesa SanPaolo SpA	399,60	5
ING Groep NV	399,00	5
State Street Corporation	398,20	5
Charter Communications Inc.	394,67	3
HSBC Holdings PLC	390,60	5
MetLife Inc.	389,20	5
General Electric Co. (GE)	387,00	6
Barclays PLC	384,80	5
Assicurationi Generali	383,40	5
BB&T Corp.	382,80	5

Bottom-Unternehmen	Score	Anzahl geprüfte Kriterien
Prologis Inc.	382,17	6
AXA SA	381,20	5
Banco Bilbao Vizcaya Argentaria SA	380,20	5
HeidelbergCement AG	376,17	6
Manulife Financial Corp.	375,40	5
Swiss Life Holding AG	374,20	5
Credit Suisse Group AG	373,00	5
Swiss Re AG	369,40	5
Bank of New York Mellon Corp.	368,60	5
Nokia Oyj	368,50	6
BNP Paribas	367,40	5
Compagnie de Saint-Gobain SA	365,50	6
Allstate Corp.	365,20	5
Électricité de France SA	363,60	5
LafargeHolcim Ltd.	362,67	6
Autodesk Inc.	362,20	5
Glencore PLC	359,67	3
Julius Baer Gruppe AG	359,40	5
Anadarko Petroleum Corp.	359,00	6
US Bancorp	354,67	3
Allianz SE	354,60	5
Johnson Controls International PLC	354,00	6
Renault SA	353,67	6

Quelle: Eigene Darstellung

Der Wert in der Spalte »Anzahl geprüfte Kriterien« gibt an, in wie vielen der sechs beschriebenen Ranglisten wir die Firma ranken konnten (es waren mindestens 3).

Stellen Sie sicher, dass Sie keinen der Bottom-Werte long in Ihrem Portfolio halten (Trades sind die Ausnahme)!

Fazit: Was leiten wir daraus ab?

1. Unter den Unternehmen mit schlechten Werten finden Sie viele Banken. Vor allem die europäischen Institute sind schlecht positioniert. Das spiegelt sich bereits in einer deutlich unterdurchschnittlichen absoluten und relativen Kursperformance wieder. Viel besser performen dagegen seit einigen Jahren Fondsgesellschaften, Finanzinvestoren, Wagniskapitalgeber und Versicherungen. Aber eines ist ebenfalls recht eindeutig: In einem Crash werden diese Unternehmen ähnlich hart abgestraft wie die Banken. Deswegen sagen wir: Vorsicht bei Finanzwerten!

2. Hoch verschuldete und wertzerstörende Unternehmen sollten Sie definitiv vermeiden oder shorten. Bei diesen »Value Destroyers« bleibt aus unserer Sicht nur ein wesentlicher Hoffnungsschimmer für Investoren: Sie könnten übernommen werden. Dann stiege der Kurs auch bei schwacher operativer Performance. Für den Baissier bedeutet dies, besser breit aufgestellt zu sein. Denn die globale Übernahmewelle ist nach wie vor im Gang. In einer spätzyklischen Wirtschaftsentwicklung oder langjährigen Börsenhausse neigen Unternehmen dazu, im Endstadium verstärkt Konkurrenten zu erwerben oder mit Rekordsummen eigene Aktien zurückzukaufen. Das kann für den Baissier zu herben Verlusten führen.

3. Bei den FAANG Aktien ist Vorsicht geboten: Facebook, Amazon, Apple, Netflix und Google. Das gilt auch für weitere Tech-Aktien wie Nvidia, Tencent, Alibaba, JD.com. Sie alle hatten zwischenzeitlich 25 Prozent bis 50 Prozent an Wert verloren. In einigen Fällen könnte sich sogar ein Nachkauf lohnen. Trotzdem sind die Kursbewegungen aus dem Jahr 2018 nur ein kleiner Vorge-

schmack darauf, wie sich die vielgeliebten FAANG-Werte in einem Crash oder einer andauernden Baisse entwickeln könnten.

Kriterien, um generelle Wertzerstörer zu analysieren:
1. hoher Finanzierungsbedarf, negativer Free Cashflow
2. Cashflow Return on Investment liegt unter den Kapitalkosten
3. hohe Zyklizität
4. Absturzpotenzial der Erträge
5. Bruttomargen, EBITDA und EBIT-Margen mit Abwärtspotenzial
6. Zinskosten sollten durch den EBIT abgedeckt sein
7. Potenzial, Opfer einer Stagflation zu werden (1966 bis 1982)
8. signifikante ausländische Erträge (kein US-Dollar)
9. schlechte Wettbewerbsposition, geringe Preissetzungsmacht, harter Wettbewerb
10. großer Umfang an Insiderverkäufen
11. schuldenfinanzierte Aktienrückkäufe
12. kostspielige, schuldenfinanzierte Übernahmen
13. undynamische, staatsnahe Unternehmen (zum Beispiel in China)

Kriterien, um überbewertete Trendaktien zu analysieren:
1. freier Cashflow (Free Cashflow) > 40
2. hohe Wachstumsumsatzannahmen (PE / Sales) = PES
3. hohe Wachstumsgewinnannahmen (PE / Wachstum) = PEG
4. wenig Raum für Enttäuschung (schlechte Quartalsberichte)
5. stärkere Konjunkturabhängigkeit als wahrgenommen
6. übergroße Beliebtheit (Fanstatus, zum Beispiel Tesla)
7. mindestens zwei starke, globale Konkurrenten
8. vorzugsweise hohe Verschuldung, hohes Liquiditätsrisiko, Bilanztricks
9. langsame Erholung des Aktienkurses auf alte Höchststände nach dem Crash

Hier sucht man am besten Unternehmen, die bereits einen erheblichen Anteil ihres Cashflows oder ihres operativen Gewinnes für die

Bedienung von Zinsen verwenden. Wenn die Zinsen von 3 Prozent auf 4 Prozent steigen sollten, könnten einige Unternehmen zu Pleitegeiern mutieren. Wenn ein Unternehmen bereits heute einen erheblichen Anteil seiner Erträge einsetzt, um Schulden zu bedienen: Was passiert dann erst, wenn die Ertragskraft einbricht oder die Zinsbelastung steigt? Deswegen suchen wir nach Unternehmen, die aus unserer Sicht bereits heute überschuldet, wenig dynamisch und relativ zyklisch sind. Ähnlich wie vor dem großen Crash von 2008/2009 haben Aktienrückkäufe im Jahr 2018 ein neues Rekordvolumen erreicht. Wir sehen solche statistischen Ausreißer als richtungsweisenden Indikator, da die Mehrzahl der Unternehmen ihre Aktien am Markt nur noch sehr teuer erwerben kann.

Kriterien, um Wertschöpfer zu ermitteln:
1. nicht zyklische, wenig zyklische oder antizyklische Unternehmen
2. solide Bilanzen
3. Umsatz, Free Cashflow stabil, steigend (Rezession)
4. stabile Gewinnmargen (Rezession)
5. hoher freier Cashflow
6. geringer Refinanzierungsbedarf unter Capex-Anforderungen
7. attraktive historische Bandbreitenbewertung (EV / EBITDA, Gewinnmargen, Buchwert ...)
8. geringes Engagement in Ländern mit weichen Währungen
9. Top-Marktstellung
10. Free Cashflow > Dividendenausschüttungen
11. solide Dividendenabdeckung, Ausschüttung sollte unterhalb des Gewinns liegen.
12. Aktienrückkäufe ohne Aufnahme neuer Schulden
13. Top-Erholung der Aktienkurse nach dem Crash
14. Diskont zum Wiederbeschaffungswert

Generell gilt in dieser Marktlage:
Verbessern Sie Ihre Portfolio-Struktur. Trennen Sie sich von den riskantesten Aktien. Bauen Sie Cash auf.

Erhöhen Sie Ihre US-Dollar-Quote in Anleihen mit kurzfristigen Zinsen zwischen 2,7 Prozent und mittelfristigen Zinsen bis 4,5 Prozent (nur Investment-Grade-Anleihen mit einer Laufzeit von maximal vier Jahren). Absolut elementar ist es zudem, mit Optionalitäten zu arbeiten. Eine Option hat eine besondere Eigenschaft: Wenn Sie Recht haben, gewinnen Sie mehr, als Sie verlieren, wenn Sie falsch liegen. Das Auszahlungsdiagramm einer solchen Strategie hat die Form einer konvexen Funktion (aus dem Lateinischen: convexus = gewölbt). Vereinfacht gesagt, riskiert man 1 Euro, um potenziell Millionen zu gewinnen. Das Verlustpotenzial ist begrenzt und von Anfang an bekannt, während der mögliche Gewinn unbegrenzt und unbekannt ist.

Solche Strategien sollten Sie nicht mit Ihrem gesamten Vermögen verfolgen. Sie legen 80 Prozent in die sichersten und liquidesten Assets wie Aktien, Cash, Gold, Silber und Staatsanleihen an. Selbstverständlich investieren Sie auch einen Teil in inverse ETFs oder direkt in Leerverkäufe. Mit den anderen 10 bis 20 Prozent können Sie dann riskantere Trades eingehen, die nicht voneinander abhängig sind. Der hohe Anteil an Cash hat noch einen anderen Vorteil. So haben Sie genug Reserven, um investieren zu können, wenn alle verkaufen müssen. Die letzte solche Gelegenheit bestand im Jahr 2009.

So betrachtet besitzt Bargeld auch die Eigenschaft einer Option. Als Beispiel hat Warren Buffett während der jüngsten Finanzpanik genau dies getan und 10 Milliarden Dollar verdient, indem er sein Geld zur Verfügung stellte. Daher können Sie bewusst eine riskante Anlage kaufen (eine, die einen Totalverlust mit sich bringen kann), wenn Sie der Meinung sind, dass Ihr Gewinn (der nach Wahrscheinlichkeiten gewichtet wird) Ihren Verlust erheblich übersteigt. Am besten setzen Sie auf eine Reihe ähnlicher, aber nicht zusammenhängender Möglichkeiten.

Vermeiden Sie Unternehmen mit negativer Wahlmöglichkeit. Dazu gehören beispielsweise Firmen, die sich auf einen Nischenmarkt fokussiert haben, oder stark verschuldet sind. Unternehmer nutzen diese Vorgehensweise permanent, um erfolgreich zu sein, allerdings mit dem Unterschied, dass sie in der Regel ihr Risiko nicht so gut kontrollieren können. Wer an der Börse investiert, hat den Vorteil, nicht seine komplette eigene Haut aufs Spiel setzen zu müssen. Das Thema Optionalitäten wird in Kapitel 7 anhand von ausführlichen Beispielen in der Praxis erklärt.

Sichern Sie Ihre Aktien-Exposure mit inversen ETFs, Derivaten und Short-Positionen ab. Alternativ können Sie auch mit Stop-Loss-Ordern arbeiten. Selbst partielle, intelligente Gewinnmitnahmen sind nicht verwerflich. Professionelle Investoren und Trader halten in diesem Umfeld marktneutrale Portfolios (Long- und Short-Positionen sind ausgewogen), oder sind zunehmend »Net Short« (Short-Exposure ist größer als Long-Exposure). Zudem sind diese Portfolios recht breit diversifiziert und Stop-Orders werden eng am Aktienkurs platziert, damit keine einzelne Position zu schweren Verlusten oder zu einem entgangenen Gewinn führen kann.

»Net Short« ist ein Fachbegriff in der Finanzsprache, der häufig von Hedgefonds-Managern benutzt wird. Dieser Begriff besagt, dass der Wert der Short-Positionen in einem Portfolio den Wert der Long-Positionen übersteigt. Langfristig lohnt es sich nicht, als Investor Net Short zu sein, vor allem nicht bei Aktien. Ohne den geringsten Zweifel sind intelligente Aktien-Sparpläne, die auf mehrere Dekaden ausgerichtet sind, erfolgreicher als das Gros der professionellen Baisse-Spekulanten. Andererseits wäre es fatal, einen Großteil seines liquiden Vermögens in einem Crash oder in einer lang anhaltenden Baisse zu verlieren, weil zu viele Aktien im Depot sind. Wenn Sie jetzt zu 100 Prozent long investiert sind, gehen Sie aus unserer Sicht zurzeit ein erhebliches Risiko ein. Denn Bärenphasen müssen nicht sehr lange andauern, sie können es aber.

Dies führt uns in diesem Marktumfeld zu einem opportunistischen und flexiblen Anlageverhalten:

– Ausreichendes Cash-Polster vorhalten (Warren-Buffet-Philosophie: »Ich kaufe vorrangig Qualität nur dann, wenn der Preis stimmt und mein Verlustrisiko somit begrenzt ist.«)

- Long investieren nur mit Stop-Loss-Order
- Long-Positionen intelligent absichern
- Long-Positionen zum Teil über Short-Put-Strategien erwerben
- Short auf Wertzerstörer mit liberaler Bilanzierung, bei ökonomischem Gegenwind, Bullshit Aktien-Promotion (Hysterie um bestimmte Assetklassen, zum Beispiel Dotcom-Blase) und hoher Bewertung
- Short auf systematisch benachteiligte Branchen und Aktien (ökonomischer und industriespezifischer »Gegenwind«)
- Long auf sichere (wenig zyklische) Aktien und steigende Dividendenrenditen/Unternehmensgewinne setzen
- Opportunistische Gewinnmitnahmen

Konsequenz
- Auf der Short-Seite sollte man sich stark verschuldete und möglichst zyklische Kandidaten aussuchen, die bei einer Wirtschaftsbaisse schlecht performen.
- Die aktuelle Wirtschaftserholung seit Mitte 2009 ist schwächer als jede andere, die seit 118 Jahren gemessen wurde. Das Wirtschaftsklima wird aus makroökonomischer Sicht schlechter. Zumindest erwarten wir keine deutlichen Steigerungen bei den Unternehmensgewinnen oder eine überraschend gute Wirtschaftsdynamik. Hier gilt dieselbe Empfehlung zur Auswahl stark verschuldeter und möglichst relativ zyklischer Kandidaten. Ideal wären Unternehmen, die sich als Wertzerstörer (niedrige Eigenkapitalrendite, geringe Umsatz- und Ertragsdynamik) beschreiben lassen. Diese Unternehmen steigern sich in der Regel langfristig nicht kontinuierlich, sondern wandern von Berg zu Tal. Über mehrere Jahrzehnte entstehen in Boom-Phasen hohe Gewinne und in schwachen Phasen hohe Verluste. Summa summarum eignen sich solche Werte nicht als langfristige Depotwerte. Am besten kauft man diese Werte, wenn keiner sie mehr haben will und verkauft sie, wenn alle der Meinung sind, dass der Boom ewig anhalten wird.

Fazit

Nutzen Sie die Zeit, um Ihr Portfolio besser aufzustellen. Das bedeutet auf der Long-Seite:

– Präferieren Sie intakte Bilanzen.

– Entsorgen beziehungsweise ersetzen Sie Value Flops oder Traps (Fallen).

– Halten Sie keine überteuerten Aktien (hohes PEG, hohes KGV, volatile, zyklische Bereiche, viel Werbegetrommel, aber wenig Konkretes). Vermeiden Sie definitiv Aktien, die relativ zu ihren Mitbewerbern abenteuerlich hoch bewertet sind.

– Solide und nachvollziehbare Ertragsperspektiven sollten gegeben sein.

– Setzen Sie auf überdurchschnittliche und relativ sichere Dividenden beziehungsweise Zinseinnahmen.

– Achten Sie auf eine überdurchschnittliche Performance in einem Crash und vor allem in den ersten zwei Jahren danach. Selbst wenn ein Wert in einem Crash stark fallen sollte – hat er sich dann sehr schnell, langsam oder kaum wieder erholt?

– Setzen Sie auf Investments mit unterdurchschnittlicher Korrelation zum Wirtschaftsgeschehen.

– Steigern Sie selektiv den Anteil der Dividendentitel oder steigern Sie zumindest selektiv die Dividendenrendite des Portfolios.

– Setzen Sie selektiv auf gut verzinste Anleihen mit dem Gütesiegel Investment Grade.

– Wir sind der Meinung, dass man in diesem Umfeld nur dann voll investiert sein sollte, wenn man das Portfolio zumindest zu einem bedeutenden Teil über Derivate abgesichert hat, mit Stop-Loss-Ordern arbeitet oder einen entsprechenden Anteil an Short-Positionen hält.

– Man sollte über eine Bargeldquote verfügen oder zumindest kurz- und mittelfristige Anleihen halten, die nicht mit den Aktienmärkten korrelieren. Das ermöglicht es, nach einem Crash oder einer starken Korrektur selektiv hochwertige Positionen aufzubauen, wenn sich die Gelegenheit dazu ergibt.

KAPITEL 6

Die Mega-Trades

»Ich musste lernen, dass man Recht haben kann und dennoch Geld in einem Markt verliert – und zwar dann, wenn man zu stark gehebelt ist.«

STANLEY DRUCKENMILLER

Mega-Trades sind Trades, die über ein sensationelles Renditepotenzial verfügen. Der Haken besteht darin, dass diese Trades gleichzeitig ein hohes Verlust- und Timing-Risiko beinhalten. Investitionen mit Megapotenzial könnte man auch als Tenbagger bezeichnen, also Investments die um 1000 Prozent oder mehr im Wert steigen. Dieser Begriff wurde durch den legendären Fidelity-Fondsmanager Peter Lynch bekannt. Hierzu einige kurze Beispiele aus der Historie des Autorenteams: Der Vorgänger der Baader Bank war die Ballmaier und Schulz AG. Deren Börsenwert lag 1994 ursprünglich bei circa 10 Millionen DM. Die Baader Bank wurde in diese Börsenhülle eingebracht. Aufgrund der damaligen Investment-Euphorie und einer bemerkenswerten Ertragsentwicklung stieg die Aktie bis ins Jahr 1998 um circa 3000 Prozent.

Der Höchstkurs der Bremer Vulkan AG Aktie lag 1996 bei 100 DM. Das folgende Rechenbeispiel erläutert, wie man selbst mit Leerverkäufen einen Tenbagger erzielen kann. Hier wurde mit einem Hebel von zehn auf fallende Kurse spekuliert. Bei einem Einsatz von nur 10.000 DM (die Summe die bei dem Broker als Sicherheit hinterlegt werden musste) wurden für 100.000 DM Aktien leerverkauft. Dafür war ein Wertpapier Kredit und eine Leihe notwendig.

1998 notierten die Bremer-Vulkan-Aktien nur noch bei 1 DM. Das Unternehmen hatte sich bei verschiedenen Schiffbauprojekten verspekuliert. Dazu kam noch der größte Subventionsbetrug der Nachkriegsgeschichte. 1998 wurden die 1000 Aktien zu einem Kurs von 1 DM zurückerworben. Damit konnte die Aktienleihe von 1000 Stück bedient und geschlossen werden. Der Bruttogewinn (vor Steuern, Kommissionen und Aktien-Leihgebühren) lag bei 99 DM pro Aktie oder 99.000 DM, daraus ergab sich eine Bruttorendite von 990 Prozent. Rein rechnerisch gesehen lag der Return on Investment im unendlichen Bereich, da niemals in irgendetwas investiert wurde, sondern nur eine Sicherheit zur Verfügung gestellt wurde. 2012 empfahl ich, Florian Homm, in meiner Autobiographie *Kopf Geld Jagd* die Clinuvel Pharmaceuticals Aktie bei 1,15 Australischen Dollar. Aufgrund der Zulassung eines Produkts, eines imposanten Umsatzes und der hohen Ertragsentwicklung kletterte die Aktie um 2000 Prozent auf 23 Australische Dollar.

Wenn diese Trades so einfach wären, wäre jeder Investor Multimillionär. Das sind sie aber nicht. Bei einigen dieser Trades, vor allem wenn sie mit Hebelfaktor, also mit Krediten verbunden sind, kann ein Investor tatsächlich mehr verlieren als er investiert hat. Wenn man keinen Hebel benutzt, können trotzdem enorme Verluste entstehen, bevor es eine Kursexplosion gibt.

Die folgenden potenziellen Mega-Trades der nächsten Dekade erachten wir als besonders interessant.

6.1 Gold und Silber – perfekt kalibriert

»Gold funktioniert seit der Zeit Alexander des Großen. Wenn etwas über 2000 Jahre Bestand hat, dann vermutlich nicht aufgrund von Vorurteilen oder einer falschen Theorie.«

BERNARD BARUCH

Die letzte große Goldhausse wurde durch die Krise von 2008/2009 eingeleitet und zusätzlich durch die Nullzinspolitik der Zentralbanken befeuert.

Schauen Sie sich bitte die folgende Grafik (Abbildung 49) sehr genau an und achten Sie darauf, was mit dem Goldpreis passiert, wenn die realen Zinsen fallen oder steigen. Die Korrelation ist zwar nicht perfekt, aber sehr aussagefähig, vor allem wenn fallende Realzinsen mit einem System gefährdenden Börsencrash und einer Depression Hand in Hand gehen wie in den Jahren 2008 bis 2011.

Realzinsen USA vs. Gold
Bei negativen Realzinsen 10-jähriger Staatsanleihen steigt der Preis von Gold an

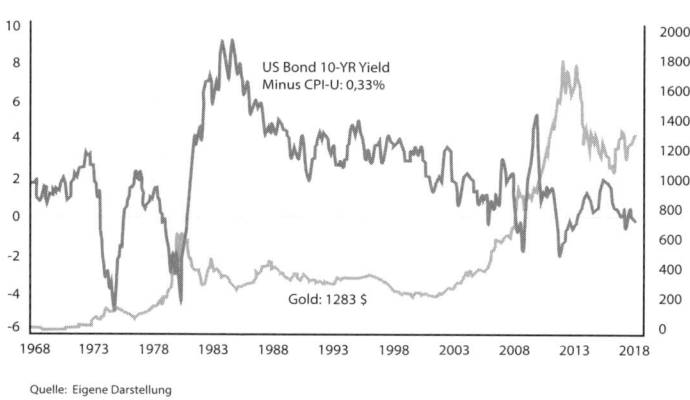

Quelle: Eigene Darstellung

Abbildung 49: Realzinsen USA versus Gold

Der Goldpreis stieg zwischen 2005 und 2011 von circa 500 US-Dollar pro Feinunze auf knapp 1895 US-Dollar pro Feinunze. Das war zwar »nur« ein Return von 280 Prozent, wenn man aber in dieser Zeit einen Korb von kleineren Minengesellschaften zum Tiefkurs gekauft hätte, hätte sich eine Rendite von 1075 Prozent ergeben.

Und jetzt kommt der größte Haken an dieser Geschichte. Zum Beginn des Crashs von 2008/2009 fiel der Goldkurs erst einmal um 30 Prozent, bevor er anschließend um 170 Prozent stieg. Der Kurs der »Junior Miner Aktien« kollabierte im selben Jahr um 83 Prozent, bevor er im Jahr 2011 um 482 Prozent stieg. Hätten Sie bei solchen Kurseinbrüchen die Nerven behalten?

Etliche sehr kleine Goldminen-Aktien konnten in der Goldhausse-Phase um mehrere 1000 Prozent zulegen. Die meisten haben seit 2012 mittlerweile über 87 Prozent an Wert verloren.

Was spricht für Gold?

Gold hat noch nie einen Totalausfall erlebt und konnte seine Kaufkraft, sehr langfristig betrachtet, halten. Gold könnte sich in einer langjährigen Depression als alternatives Zahlungsmittel entwickeln. Nach weitreichenden Währungsreformen könnte Gold ein Comeback erleben, um Währungen, denen kein Anleger mehr vertraut, mit echter Substanz zu untermauern. Falls in einer globalen Rezession oder Depression weitere Gelddruck-Maßnahmen wie Quantitative Easing 5 und 6 durchgeführt würden, rechnen wir fest mit einer Goldhausse. Denn in diesem Fall würden die realen Zinsen, ähnlich wie zwischen 2000 und 2012, massiv fallen. Der Goldpreis dürfte hingegen signifikant steigen. Bei einem systemischen finanziellen und wirtschaftlichen Kollaps, beziehungsweise in einer Phase der unkontrollierten Hyperinflation, ist Gold sicherlich eine der wenigen wirklich goldenen Anlagealternativen.

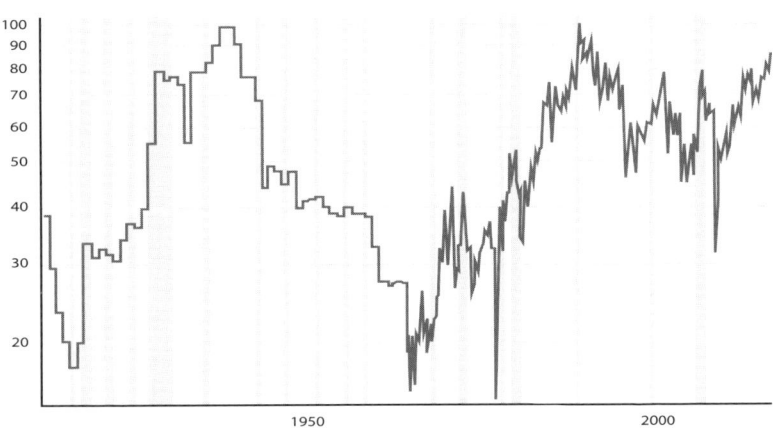

Abbildung 50: Gold/Silber-Ratio

Und was ist mit Silber?

Silber verhält sich ähnlich wie Gold. Das Preisverhältnis wird über die Gold/Silber-Ratio ersichtlich (vgl. Abbildung 50): Aktuell ist eine Unze Gold 80 Mal so teuer wie eine Unze Silber. Aus historischer Sicht spricht einiges dafür, Silber-Positionen aufzubauen, obwohl wir die erste Position lieber bei einer Gold/Silber-Ratio um 86 bis 87 aufbauen würden. Der Unterschied zwischen diesen beiden Edelmetallen besteht darin, dass das Silber circa 5000 industrielle Anwendungen hat. 60 Prozent der Fördermenge wird für industrielle Zwecke verwandt. Für Gold gibt es circa zehn industrielle Anwendungen. Das bedeutet, die Silbernachfrage ist stärker von der Konjunktur abhängig. Ansonsten hat Silber viele der positiven Eigenschaften, die aktuell auch für Gold sprechen. Aber ein wichtiger Faktor macht Silber wiederum sehr interessant für langfristig orientierte Anleger. Silber wird selten in reinen Silberminen produziert, sondern fällt eher als Zusatzprodukt bei der Förderung anderer Erze und Edelmetalle ab. Das bedeutet, dass in einer schweren Rezession oder Depression weniger Metalle gefördert werden. Folglich sinkt dann auch die geförderte Menge an Silber und selbstverständlich auch die Nachfrage. Andererseits kann die Nachfrage in diesen wirtschaftlichen Schwächephasen überproportional steigen. Somit könnte der Silberpreis überproportional steigen. Als Zahlungsmittel für den kleinen Mann ist Silber besser geeignet als Gold.

Falls Sie Ihr Gold in Deutschland physisch hinterlegen wollen, bieten sich folgende Möglichkeiten, Gold und Silber an der Börse zu erwerben:

- XETRA handelbar (wichtig: physisch hinterlegt)
- XETRA GOLD: DE000A0S9GB0 (ETC)
- ETFS PHYSICAL GOLD: DE000A0N62G0 (ETF)
- ETFS PHYSICAL SILVER: DE000A0N62F2 (ETF)

Auch im Ausland notieren zwei Gold-ETCs, welche wir aufgrund ihrer physischen Einlagerung der Barren ebenfalls gut finden. Als Investment bietet sich beispielsweise der SPDR Gold-Trust (GLD) oder der Sprott Physical Gold-Trust (PHYS) an. Wer Gold und Silber lieber im Ausland lagern will, sollte sich den Beitrag zu »Goldmoney Inc.« im Kapitel »Finanzrepression und schleichende Enteignung – Was tun?« genauer anschauen.

Fazit

Ob Gold oder Silber: Mit beiden Edelmetallen kann man sehr viel gewinnen und verlieren. Einen gewissen physischen Bestandteil sollten Sie auf jeden Fall halten, besser noch außerhalb der EU, um sich gegen eine schwere, lang andauernde Krise abzusichern.

Wer meint, mit Gold und Silber ein Krösus zu werden, muss sich tief in die Materie einarbeiten, mit einer ausgereiften und disziplinierten Handelsstrategie agieren und über ein sehr stabiles Nervenkostüm und eine hohe Risikobereitschaft verfügen. Generell gilt: Wenn Sie auf Kredit spekulieren, landen Sie in einer viel höheren Risikodimension.

6.2 Zins-Futures – ein nervenaufreibender Trade

»Shortseller sind für die Märkte wie Kanarienvögel in den Kohleminen: sie sind das Frühwarnsystem, das dich auf ein Problem hinweist.«

BILL ACKMAN

Falls Sie nicht bereit sind, tief in diese Materie der Zins-Futures einzusteigen, können Sie sich die Lektüre dieses Kapitels sparen. Speziell die Future-, Options- und Leerverkaufsgeschäfte (mit Hebel und ohne Stop-Loss) sind ausschließlich für den erfahrenen Investor geeignet. Sie sollten immer genau verstehen, was Sie tun. Das bedeutet, dass Sie die Risiken tiefgreifend erfassen müssen, bevor Sie spekulieren. Weniger versierte Anleger könnten sich alternativ für den Kauf eines inversen ETFs entscheiden. Selbst bei solchen Investments müssen Sie über ein gewisses Basiswissen und ein ausreichendes Risikoverständnis verfügen.

Am besten gehen wir kurz ein Beispiel durch, wie Sie Zins-Swaps zur Absicherung von Zinsschwankungen einsetzen können.

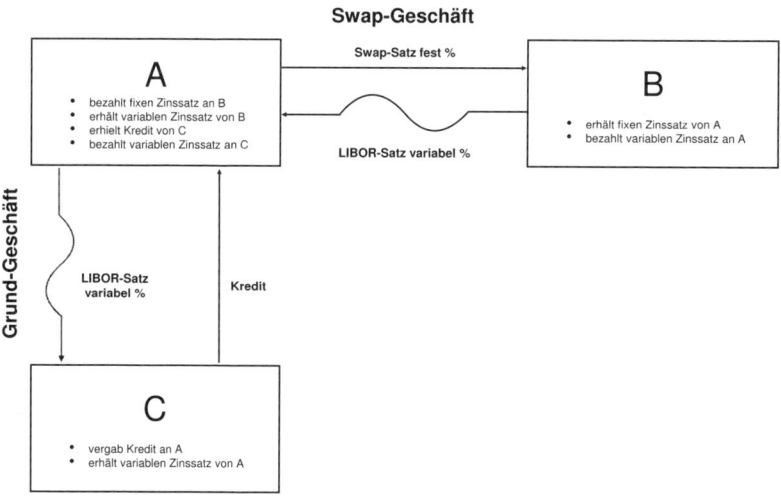

Abbildung 51: Erläuterung des Swap-Geschäfts

Betrachten Sie nun Abbildung 51. Nehmen wir an, Sie sind Partei A und haben für den Bau eines Apartmentblocks einen variablen Kredit bei C aufgenommen. Sie möchten nun Ihr Zinsrisiko absichern. Also gehen Sie zum Swap-Markt (B) und erwerben einen Payer-Swap, der dieselbe Größe hat wie Ihr Kredit (Payer, da Sie den festen Zinssatz zahlen). Die Gegenpartei übernimmt den Receiver-Swap, sie erhält also den festen Zinssatz von Ihnen. Im Gegenzug dazu erhalten Sie eine variable Zahlung von B. Somit gleichen sich Ihr Erhalt und die Zahlung zu variablen Sätzen aus, Sie bezahlen stets die feste Rate und sichern sich so gegen steigende Zinsen ab.

Die variablen Sätze erfolgen im Normalfall zur London Interbank Offered Rate (LIBOR). Dieser Zinssatz wird jeden Morgen kurz vor 11 Uhr (Greenwich Mean Time) bekannt gegeben. Er beziffert die kurzfristigen Zinsraten, zu welchen sich Banken untereinander Geld leihen. Die LIBOR entsteht aus dem Durchschnitt des Betrags, den jede Bank haben möchte, um den anderen Geld zu leihen. In der Vergangenheit kam es hier zu Manipulationen, da die Mitglieder lediglich einen hypothetischen Wert angeben müssen. Aus diesem Grund wird der LIBOR-Leitzinssatz nun voraussichtlich im Jahr 2021 abgeschafft und wahrscheinlich durch mehrere Werte ersetzt, die auf effektiven Rates beruhen. In der EU dürfte dies ESTER (Euro Short Term Rate) sein, die aktuell noch in der Konzeptionsphase steckt. Andere Länder haben bereits funktionierende Alternativen. Diese sind die SOFR (Secured Overnight Funding Rate) in den USA, eine reformierte Form von SONIA (Sterling Overnight Index Rate) in Großbritannien, TONA (Tokyo Overnight Rate) in Japan und SARON (Swiss Average Rate Overnight) in der Schweiz, die 2009 aus dem Repo-Markt entstand (Repo sind Repurchase Agreements, sprich Rückkaufvereinbarungen).

Die Zinsen befinden sich in Europa noch immer auf einem Rekordtief. Weder die EZB noch die Schweizer Nationalbank haben sie bisher angehoben. Die Federal Reserve Bank in den USA ist schon wesentlich weiter, auch wenn sie die Zinsen 2019 wahrscheinlich nicht konsequent linear anheben wird. Gemäß Long-Term-Debt-Cycles müssen die Zinsen irgendwann wieder ordentlich anziehen – und zwar ziemlich bald. Dass die Zentralbanker nicht als Sündenböcke dastehen möchten, weil sie die Zinsen um ein zu großes Maß und überdies zu schnell erhöhen, ist auch klar. Der Druck aus Wirtschaft und Politik wäre schlichtweg zu groß. Trotzdem kann es nicht ewig mit solch tiefen Raten und mit Helikoptergeld weitergehen. Obwohl nach einem aktuellen Quantitative Tightening (QT) ein weiteres Quantitative Easing (QE5) nicht auszuschließen ist, vor allem nicht in einer Krise, verfügen wir hier vor allem langfristig über ein wunderbares Chance-Risiko-Verhältnis.

Wie kann man eine Spekulation auf steigende Zinsen im aktuellen Umfeld ohne Swaps umsetzen?

Leerverkauf eines entsprechenden Zins-Futures (Beispielrechnung):
Hierfür muss bei den Brokern grundsätzlich eine Margin hinterlegt werden.

Bund-Future (Endfälligkeit: Januar 20xx), Leerverkauf zum Kurs von 159,66 Euro. Während der Laufzeit fällt der Bund-Future auf 158,34 Euro – bei diesem Stand wird diese Short-Position wieder geschlossen (Kauf Closing). Der Gewinn errechnet sich folgendermaßen:

$$159,66 \text{ Euro} - 158,34 \text{ Euro} = 1,32 \text{ Euro}$$
$$132 \text{ Ticks} \times 10 \text{ Euro} = 1.320,00 \text{ Euro}$$

Verschreiben einer Call-Option auf einen ausgewählten Zins-Future (Beispielrechnung):
Verkauf Call – Laufzeit: zum Beispiel Januar 20xx – Basis: 160,00 Euro – Kurs: 1,31 Euro, Ertrag aus eingenommener Optionsprämie: 131 Ticks x 10 Euro = 1.310,00 Euro. Liegt der Bund-Future zum Verfalltermin auf 160,00 oder darunter, kann die gesamte Prämie als Gewinn verbucht werden. Mit jedem Punkt, den der Bund-Future oberhalb von 160,00 liegt, schrumpft der Gewinn um 10 Euro. Und oberhalb von 161,31 (160 + 1,31 Optionsprämie) beginnt die Verlustzone. Steigt der Bund-Future zum Verfalltermin auf zum Beispiel 163,00, ergibt sich ein Verlust von: (163,00 – 160,00) – 1,31 = 169 Ticks. Multipliziert man diese mit 10 Euro, kommt man auf einen Verlust von 1690,00 Euro. Beim Verkauf einer Call-Option ist das Verlustrisiko theoretisch unbegrenzt!

Kauf einer Put-Option auf einen ausgewählten Zins-Future (Beispielrechnung):
Monat (zum Beispiel Januar) Bund-Future: 159,66 Euro
Kauf Put – Laufzeit: Januar 20xx – Basis: 159,50 Euro – Kurs: 1,70 Euro

Kapitaleinsatz für Erwerb der Option: 170 Ticks x 10 Euro = 1.700,00 Euro

Fällt der Bund-Future zum Verfalltermin auf zum Beispiel 155,00 Euro, errechnet sich der Gewinn wie folgt: 159,50 Euro – 1,70 Euro (Einsatz) = 157,80 Euro – Differenz zu 155,00 Euro = 2,80 Euro. Das sind 280 Ticks zu 10 Euro, also 2.800,00 Euro. Beim Kauf der Put-Option ist das Risiko immer nur auf den Kapitaleinsatz beschränkt.

Kauf eines inversen ETF auf Staatsanleihen:
Dabei entwickelt sich der Kurs des ETF mit der Wertentwicklung eines Terminkontraktes auf US-Staatsanleihen mit Laufzeiten von mindestens zehn Jahren. Wobei »Double-ETFs« einen zweifachen Hebel gegenüber der einfachen Variante mitbringen. Einer doppelten Chance steht hier ein doppeltes Risiko gegenüber, sodass diese ETFs nur für recht spekulativ agierende Anleger geeignet sind. Weniger erfahrene Anleger sollten mit einem geringen oder gar keinem Hebel agieren. Nur kann man solche Trades keinesfalls als Mega-Trades beschreiben, denn es ist äußerst unwahrscheinlich, dass hier dreistellige prozentuale Returns entstehen.

Leerverkauf eines europäischen Junk-Bond-Fonds:
(Leer-)Verkauf eines ETFs, der ausschließlich in Anleihen unterhalb eines Investments Grade investiert – also sogenannte Hochzins- oder Junk-Bond-Anleihen. Hierfür bietet sich der iShares Euro High Yield Corp. Bond (Kürzel: IHYG) an. Fallen die Anleihe-Kurse, fällt parallel der Kurs des ETFs; die Kursdifferenz zum Einstiegskurs ist der Gewinn.

Kauf eines inversen ETFs auf Junk-Bonds:
Mit dem Kauf eines inversen ETFs, zum Beispiel des Xtrackers II i Boxx High Yield Bond Short Daily UCITS ETF (WKN DBX0PT), partizipiert ein Anleger am Kursverlust von europäischen Hochzins-Unternehmensanleihen. Ohne einen sehr hohen Hebel zählen wir auch diesen Trade nicht als Mega-Trade.

6.3 Währungsreform oder der Kollaps von schwachen Währungen

>*»Wenn Leute wie ich ein Währungsregime stürzen können,*
stimmt das System nicht.«
GEORGE SOROS

In einem Vortrag an der Hamburger Mark Banco Anlegertagung im Mai 2016 hatte ich, Florian Homm, bereits ausführlich auf enorme Risiken der türkischen Lira gegenüber dem US-Dollar und dem Euro hingewiesen. In diesem Fall ging es um einen Währungskollaps. Im Mai 2016 konnte man mit 1 US-Dollar 2,95 Türkische Lira erwerben. Im August 2018 konnte man für denselben US-Dollar 6,52 Lira erwerben. Das war ein Return von 121 Prozent. Bei Forex (Währungsgeschäften) dieser Art investieren professionelle Anleger oft mit dem 20-fachen Hebel, also auf Kredit. Falls man »nur« mit dem 10-fachen Hebel agiert, ergibt sich ein Return von 1210 Prozent.

Unter dem Begriff »Währungsreform« versteht man eine staatliche Neuordnung des Geldwesens. Es geht also um Änderungen von fixierten Umrechnungskursen (sogenannten Pegs), beispielsweise zu anderen Währungen. Auch die Lancierung einer neuen Währung fällt in die Kategorie der Währungsreform. Grundsätzlich werden in einer Währungsreform die Guthaben abgebaut. Die Schulden bleiben, zumindest bei Privatanlegern, in der Regel bestehen.

Zu einer Währungsreform kommt es, wenn eine Nation hoffnungslos überschuldet ist und die Haushaltsdefizite auswuchern. Die Vorstufe ist in der Regel ein Währungskollaps. Extreme Staatsausgaben stehen in keinem Verhältnis mehr zu den Steuereinnahmen. Das Staatssystem wird auf Pump aufrecht erhalten und es besteht, wenn das Staatswesen langfristig über seinen Verhältnissen lebt, kaum eine Chance, die Zinsen zu bezahlen – zumindest nicht ohne dramatische Steuererhöhungen. Auch ist es unmöglich, die Verbindlichkeiten jemals abzubauen. In diesem Umfeld drucken die Zentralbanken Unmengen an Geld, damit der Staat seine Zahlungen tätigen kann. Dieses auf Knopfdruck produzierte Geld erhöht in der Regel die Geldmenge. Eine rapide steigende Geldmenge bei einer hohen Umschlaghäufigkeit fördert die Inflation. Das Vertrauen in die nationale Zentralbank sinkt. Der Staat begleicht seine Rechnungen mit frisch gedrucktem oder elektronisch geschaffenem Geld. Falls sich dieses Muster fortsetzt, führt es wie in vielen Ländern wie Argentinien, Venezuela und Zimbabwe zu einer Hyperinflation, die später fast immer in eine Währungsreform mündet.

In den kommenden Jahren rechnen wir verstärkt mit dem Kollaps von Währungen und einigen Währungsreformen. Aber auch in diesem Bereich sollte sich ein Privatanleger ausgiebig fortbilden, bevor er in Forex investiert, beziehungsweise auf einen Währungskollaps oder eine Währungsreform spekuliert. Das gilt vor allem, wenn er mit einem hohen Hebel oder einer hohen Beleihung arbeiten will.

6.4 Von der Nervosität an den Börsen profitieren – VIX-Futures

»Verwechsle niemals die Abwesenheit von Volatilität mit Stabilität.«
NASSIM TALEB

Der Volatilitätsindex (VIX) gibt die kurzfristige Schwankungsintensität (implizite Volatilität) anhand von Optionspreisen auf den S&P 500 über einen 30-tägigen Zeitraum an. Zur Berechnung wird der Mittelwert der Preise des SPX (S&P 500) Puts and Calls über einer großen Auswahl an Ausübungspreisen gebildet, um die unmittelbare Volatilität der Optionspreise einzuschätzen. Das heißt, der VIX stellt ein Maß für die Erwartung des Marktes an die Volatilität der Aktienmärkte über den nächsten 30-Tage-Zeitraum dar. Wie das genau aussieht, schauen wir uns noch an. Der VIX ist ein synthetischer Index, angegeben wird er in Punkten. VIX bedeutet übrigens »Volatility Index«.

Ein hoher Wert weist auf einen unruhigen Markt hin, niedrige Werte lassen eine Entwicklung ohne starke Kursschwankungen erwarten. Der VIX wird daher auch »Angstbarometer« genannt. Zwischen dem VIX und dem S&P 500 liegt eine gegenläufige Korrelation vor.

Fällt der S&P 500, dann steigt in der Regel der VIX an. Steigt der S&P 500, dann fällt meist der VIX. Ein interessantes Merkmal besteht darin, dass der VIX eine ausgeprägte positive Tendenz aufweist: Er steigt nämlich mehr und in schnellerem Tempo, als er fällt.

Diese positive Tendenz hat einen einfachen Grund: Der VIX ist ein Maß für die an den Märkten vorherrschende Angst. Angst breitet sich rasch aus und geht irgendwann in Panik über. Jedenfalls kommt es nicht häufig vor, dass Angst schnell abflaut. Sobald der Schock dann in eine Seitwärtsbewegung mündet, fällt der VIX-Index relativ schnell wieder auf sein früheres Niveau. Ein weiteres wichtiges Merkmal besteht in der Rückkehr zum Mittelwert. Aktien können langfristige Trends aufgrund einer Veränderung der Fundamentaldaten aufweisen (das heißt nicht zum Mittelwert zurückkehren). Beim VIX hingegen handelt es sich um einen Volatilitäts- und nicht um einen Wertmaßstab. Doch was sagt uns der VIX konkret? Ende Dezember 2018 stand der VIX beispielsweise bei einem Punktestand von 30. Dies bedeutet nicht, dass die Anleger erwarten, dass der S&P 500 in den nächsten 30 Tagen eine solch hohe Volatilität aufweist. Berechnet wird der VIX wie folgt: Die Chicago Board Options Exchange (CBOE) berechnet den VIX unter Verwendung von Standard-SPX-Optionen und wöchentlichen SPX-Optionen, die für den Handel an der CBOE zugelassen sind. Standard-SPX Optionen verfallen am dritten Freitag eines jeden Monats, und wöchentliche SPX Optionen verfallen an allen anderen Freitagen. Dabei geht die CBOE vor, wie es gleich beschrieben wird. Erschrecken Sie jetzt bitte nicht, was die Komplexität dieser Berechnung betrifft. Diese Berechnungsschritte sind nicht zwangsläufig nötig, um den Vorgang auch in der Realität umzusetzen. Wir versuchen, Ihnen die Logik in einer einfachen Rechnung zu vermitteln.

- Optionen mit einer Verfallszeit von 23 bis 37 Tagen werden ausgewählt.
- Die Beträge der Gesamtabweichung jeder Option werden berechnet.
- Die Gesamtabweichung der ersten und der zweiten Fälligkeit wird berechnet.
- Danach folgt die Abweichung der 30-Tage-Varianz, welche durch das Interpolieren der beiden Abweichungen berechnet wird.
- Die Quadratwurzel wird ermittelt, um die Volatilität als Standardabweichung zu erhalten.

Aktueller VIX-Stand (Weihnachten 2018): 30 Prozent

Erwartete Volatilität im nächsten Monat: 0,3 x $\sqrt{(30/365)}$ = 8,6 Prozent

Also: (VIX-Stand in Prozent) x Quadratwurzel
von (Berechnungszeitraum in Tagen/365)

8,6 Prozent ist die Volatilität, die Anleger in den kommenden 30 Tagen im S&P 500 erwarten konnten. Dieser Wert wird nur über die implizierte Volatilität der Optionen ermittelt. Die Rechnung funktioniert natürlich auch mit einer anderen Anzahl von Tagen. Für dieses Beispiel wurden beispielhaft 30 Tage gewählt.

Auch ein Verkauf der Volatilität (Short), kann äußerst lukrativ sein. Nach der Subprime-Krise im Oktober 2008 erreichte der VIX sein 20-Jahres-Hoch und kletterte bis auf 90 Punkte hinauf. Allerdings hatte der S&P 500 zu diesem Zeitpunkt bereits 47 Prozent seiner Marktkapitalisierung verloren. Nach unserem Rechenexempel aus dem obigen Beispiel hätte dies innerhalb der nächsten 60 Tage einen Kurssturz von 36 Prozent bedeuten müssen, innerhalb des nächsten Jahres (365 Tage) sogar einen weiteren Kursverlust von 90 Prozent. Selbstverständlich wäre dies möglich, aber eben sehr unwahrscheinlich gewesen. Wie Sie bereits wissen, ist das Arbeiten mit Wahrscheinlichkeiten die wichtigste Prämisse, um ein gesundes Chance-Risiko-Profil zu ermitteln.

Wie handelt man den VIX?

Der VIX ist ein Index, also lediglich eine Kennzahl. Sie können eine Kennzahl nicht kaufen und verkaufen. Im Gegensatz zum S&P 500, der aus einem relativ stabilen Portfolio von Aktien besteht, wird der VIX ständig neu zusammengesetzt. Sie können diesen Index allerdings durch Finanzprodukte kaufen (long gehen) oder verkaufen (shorten). Damit ist aber auch klar, dass viele der Zertifikate und ETFs auf den VIX ständigen Rollverlusten unterliegen. Schuld an den Rollverlusten sind Kursdifferenzen, welche die an den Terminbörsen gehandelten Kontrakte zu einem bestimmten Zeitpunkt aufweisen können. Die Preisdifferenz zwischen dem fairen Preis des neuen und alten Futures werden als Rollkosten bezeichnet. Rollkosten entstehen also, wenn der Preis des Futures durch Angebot und Nachfrage nicht seinem theoretischen Wert entspricht. Das heißt, wir bezahlen zu viel oder zu wenig für den neuen Future. Einen Rollgewinn generieren wir, wenn der Preis des neuen Futures zu niedrig ist. Handelt ein Future hingegen zu hoch, entstehen Rollverluste. Diese werden bei VIX-Futures täglich abgewickelt und als Kosten verbucht. Im Allgemeinen errechnen sich diese Kosten aus dem Durchschnitt des letzten besten Gebots (Geldkurs) und des letzten besten Angebots (Briefkurs) für den VIX-Futures-Kontrakt. Weitere Verluste können entstehen, wenn der Bid-Ask-Spread (die Geld-Brief-Spanne) im neuen Future aufgrund von geringerer Liquidität sehr groß ist. Auf folgender Internet- Seite ist es beispielsweise möglich, sich die monatlichen Rollover-Daten für den VIX-Future anzusehen:

https://www.macroption.com/vix-expiration-calendar/

Der letzte volle Handelstag ist immer der Tag vor der Abwicklung des Kontraktes. Normalerweise handelt es sich dabei um einen Dienstag.

Die wichtigsten Instrumente für den Volatilitätshandel sind VIX-Futures und S&P-500-Optionen: Bei diesem Ansatz kaufen oder verkaufen Sie VIX-Index-Futures je nach Ihren Volatilitätserwartungen. Einige Trader verwenden die tatsächlichen VIX-Futures, aber eine einfachere und gebräuchlichere Methode unter Privatanlegern ist die Verwendung von ETNs, die VIX-Futures-Strategien replizieren. ETNs (Exchange-Traded Notes) sind an der Börse gehandelte Schuldverschreibungen: Sie können ETFs und ETNs verwenden, um jeweils auf eine Richtung zu spekulieren. ETFs und ETNs sind jedoch unvollkommene Nachbildungen beziehungsweise Referenz-Indizes für deren Performance und partizipieren daher nie an der vollen Wertentwicklung. Die Kosten bei Nutzung dieser Instrumente sind hingegen überproportional hoch.

ETFs (Exchange-Traded Funds) – an der Börse gehandelte Indexfonds: Wenn Sie einen inversen ETF kaufen, müssen Sie eine hohe Gebühr zahlen und die Möglichkeit in Kauf nehmen, die gesamte Anlage zu verlieren, wenn eine Liquidationsklausel ausgelöst wird.

ETFs und ETNs bieten eine Möglichkeit, Futures zu handeln. Allerdings sind wir wegen der hohen Kosten nicht vollends überzeugt von diesen Instrumenten. Wir bevorzugen Futures beziehungsweise Mini-Future-Kontrakte zum Handeln. Anleger können die VIX-Future-Kontrakte VXX oder SVXY, die das Ergebnis realer oder erwarteter Marktinstabilitäten sind, zum Schutz vor Volatilitätsausbrüchen verwenden. Der Handel mit VIX-Futures war in den letzten Jahren äußerst beliebt, hauptsächlich durch den Einsatz börsennotierter Produkte wie iPath S&P 500 VIX-Short-Term-Futures ETN (NYSE-ARCA: VXX) und des Velocity Shares Daily Inverse VIX-Short-Term-ETN (NASDAQ: XIV). Letzterer wurde aber am 15. März 2018 vom Emittenten Credit Suisse nach einem Werteinbruch von rund 95 Prozent geschlossen. Das tägliche Handelsvolumen in jedem dieser Produkte betrug zu ihrer Glanzzeit ungefähr 1 Milliarde US-Dollar.

In Deutschland werden seit Kurzem von der Commerzbank folgende Möglichkeiten angeboten, VIX-Mini-Futures zu handeln, allerdings sind sowohl das Handels- als auch das Emissionsvolumen noch sehr übersichtlich:

– *Mini Future Long auf Basket Open-End (COBA); ISIN: DE000C-V81R79; WKN: CV81R7:*

Dieses Knock-Out-Produkt (Call) mit Stop-Loss hat eine unbegrenzte Laufzeit und ist mit einer Knock-Out-Barriere von 10,85 US-Dollar über dem Basispreis in Höhe von 10,28 US-Dollar ausgestattet. Liegt der Kurs des Basiswertes VIX Future 02/2019 (CBOE) US-Dollar über der Knock-Out-Barriere, partizipiert der Kunde überproportional an der Entwicklung des Basiswertes. Wird die Knock-Out-Barriere während der Laufzeit erreicht, verfällt das Knock-Out-Produkt zu einem vom Emittenten ex post berechneten Restwert. Es erfolgt eine regelmäßige Anpassung der Knock-Out-Barriere sowie des Basispreises.

– *Mini Future Short auf Basket Open-End (COBA); ISIN: DE000CD-7ZU11; WKN: CD7ZU1:*
Dieses Knock-Out-Produkt (Put) mit Stop Loss hat eine unbegrenzte Laufzeit und ist mit einer Knock-Out-Barriere von 39,03 US-Dollar unter dem Basispreis in Höhe von 52,11 US-Dollar ausgestattet. Liegt der Kurs des Basiswertes VIX Future 02/2019 (CBOE) US-Dollar unter der Knock-Out-Barriere, partizipiert der Anleger umgekehrt überproportional an der Entwicklung des Basiswertes. Wird die Knock-Out-Barriere während der Laufzeit erreicht, verfällt das Knock-Out-Produkt zu einem vom Emittenten ex post berechneten Restwert. Es erfolgt eine regelmäßige Anpassung der Knock-Out-Barriere sowie des Basispreises.

Oft werden wir gefragt, ob man auch auf verschiedene VIX-Zertifikate setzen soll, die in Deutschland handelbar sind. Wir sind von dieser Produktkategorie hinsichtlich der Liquidität sowie der Preisspanne und der Preisfindung nicht unbedingt überzeugt. Wenn Sie solche Produkte handeln wollen, dann reicht es nicht, einmal im Monat in Ihr Depot zu schauen. Sie sollten Ihr Handelsverhalten ebenso von Ihrem Verständnis für Risiken abhängig machen, als auch von Ihrer Bereitschaft, solche einzugehen.

Schauen Sie sich in Abbildung 52 die Ausreißer nach oben in den Jahren 2010, 2011, 2017 und Anfang 2018 an. Renditen von über 300 Prozent waren keine Seltenheit.

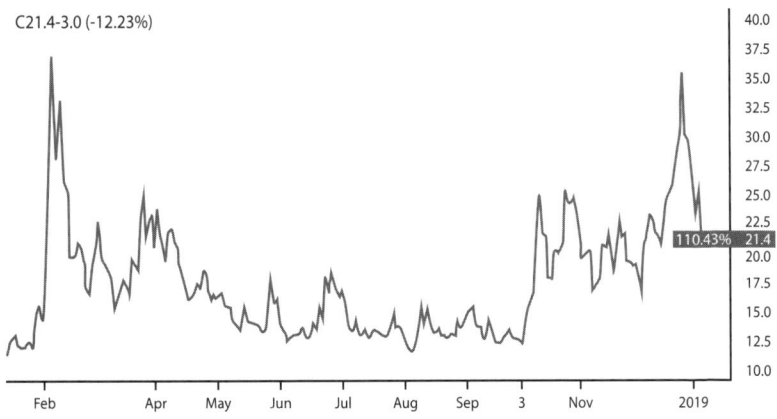

C21.4-3.0 (-12.23%)

Quelle: https://www.tradingview.com/symbols/TVC-VIX/

Abbildung 52: VIX-Chart

Allein in den vergangenen Jahren gab es mindestens ein halbes Dutzend Gelegenheiten, in denen ein Anleger sein Kapital hätte verdoppeln können. Andererseits gibt es lange Phasen – der VIX pendelt hier meist zwischen 13 und 17 – in denen man am besten gar nichts macht. Ideal finden wir außergewöhnlich lange Phasen, in denen der VIX zwischen 9 und 12 verharrt. Bisher war es immer nur eine Frage der Zeit, bis die Volatilität wieder anstieg. Sie sollten als Anleger aber auch bei Spekulationen auf den VIX tief in die Materie einsteigen. Vor allem müssen Sie die laufenden Kosten eines VIX-Investments und die Risiken genau verstehen. Besonders professionelle Investoren shorten den VIX, wenn die Volatilität extrem hoch ist. Der Einsatz in eine Weiterbildung in diesem Bereich könnte sich lohnen.

Wir kennen weder Ihre Neigungen und Präferenzen, Ihre Erfahrung, Ihre Risikobereitschaft noch Ihr Alter oder Ihre Vermögensstruktur. Deswegen empfehlen wir immer wieder, nur in solche Werte zu investieren, von denen Sie selbst überzeugt sind und die zu Ihrem ganz persönlichen Anlagehorizont und Anlagestil passen. Jeder Investor muss für sich selbst entscheiden, wie viel Risiko er eingehen will.

6.5 Short Abenomics – die gigantische Yen-Währungsreform

»Gefallene Blüten kehren nicht zum Zweig zurück.«

JAPANISCHES SPRICHWORT

Wie bereits im Japan-Beitrag besprochen, sehen wir recht schwarz für das Land der aufgehenden Sonne. Der Hedgefonds-Manager Kyle Bass prognostizierte bereits im Jahr 2010, der japanische Markt für Staatsanleihen werde bald implodieren. Er verwies auf die Staatsverschuldung, die damals bereits beim 24-fachen der Steuereinnahmen des Landes lag und nannte die schrumpfende und alternde Bevölkerung des Landes als Auslöser für seinen Mega-Trade. Bisher konnte Kyle Bass die von ihm prognostizierte Entwicklung noch nicht zu Geld machen. Man sollte sich fragen, warum Japan aufgrund horrender Haushaltsdefizite, rekordverdächtiger Schulden und extrem hoher Pensions- und Rentenzahlungen im globalen Vergleich nicht schon längst pleite ist und warum der Yen noch nicht gegenüber dem Euro oder dem US-Dollar eingebrochen ist. Trotz dieser beunruhigenden Indikatoren ist Japan nach wie vor eine stabile und kreditwürdige Nation, die Investoren anzieht, wie der folgende Forbes-Artikel beschreibt: *https://www.forbes.com/sites/peterpham/2017/12/11/when-will-japans-debt-crisis-implode/*

Japans Steuereinnahmen im Vergleich zu seinen Zinszahlungen

Weshalb Japan als kreditwürdig gilt und welche Szenarien eintreten müssen, dass sich dies in mittelfristiger Zukunft ändert, möchten wir Ihnen im folgenden Abschnitt erläutern.

Japans System ist nach wie vor am Leben, weil es die Zinssätze auf niedrigem Niveau halten kann, sodass die Rückzahlungswerte im Verhältnis zur Gesamtverschuldung niedrig bleiben. Dieses Vorgehen funktioniert nur deshalb, weil es sich bei Japan im Gegensatz zur Eurozone um ein geschlossenes ökonomisches System handelt. Derzeit hält es der breite Markt für unwahrscheinlich, dass Japan mit seinen Zinszahlungen bald in Verzug gerät. Aber was passiert, wenn der Schuldzinssatz seinen Höhepunkt erreicht oder sich dieses Szenario zumindest abzeichnet?

Das japanische Anleihesystem

Je höher das Ausfallrisiko ist, desto höher ist der Zinssatz der Anleihen – der zusätzliche Betrag soll das zusätzliche Risiko für die Anleger abdecken. Um die Schuldenlast zu senken, senkte die japanische Zentralbank diesen Zinssatz und kaufte über Jahrzehnte Staatsanleihen, um das Finanzsystem mit mehr Bargeld zu versorgen. Theoretisch minimiert dies die Gesamtzinsrückzahlung künstlich.

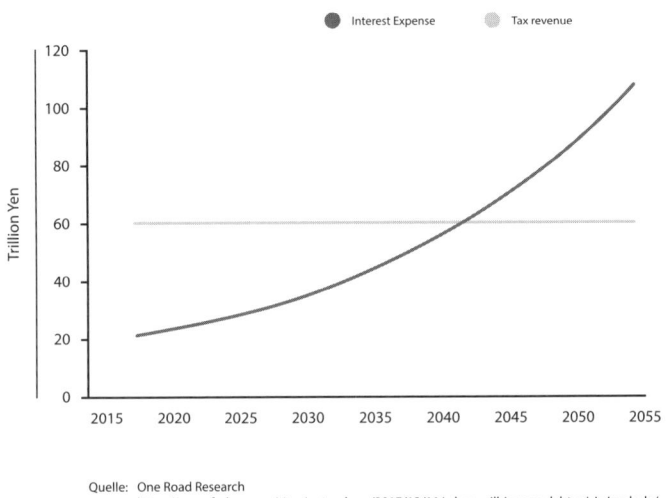

Japan Tax Revenue v.s Interest Expense

Quelle: One Road Research
https://www.forbes.com/sites/peterpham/2017/12/11/when-will-japans-debt-crisis-implode/

Abbildung 53: Japans Steuereinnahmen im Vergleich zu den Zinszahlungen

Basierend auf diesem Trend können wir herausfinden, wann die Regierung nicht mehr über ausreichende Steuereinnahmen zur Deckung der Zinszahlungen verfügt. Unter der Annahme, dass die Steuereinnahmen konstant bleiben und es keine wirtschaftlichen Schocks geben wird, werden die Zinszahlungen in Japan bis 2041 die Steuereinnahmen übersteigen (vgl. Abbildung 53). Beachten Sie, dass wir davon ausgehen, dass der Zinssatz bei lediglich 1,1 Prozent bleibt. Wenn dieser Zinssatz nur minimal ansteigt, ist Japans Ende schneller abzusehen.

Das hier vorgestellte Szenario wurde für die bestmöglichen Bedingungen berechnet. Erhöhen sich die durchschnittlichen Zinskosten um lediglich 1 Prozentpunkt, muss Japan weitere 25 Prozent seiner Steuereinnahmen aufwenden, um überhaupt die Zinsrate abdecken zu können. Eine Erhöhung um 2 Prozentpunkte würde bereits das Ende für Japans Finanzsystem und einen Kollaps des Yen bedeuten. Die Kosten des nationalen Schuldendienstes würden auf ein unüberschaubares Niveau steigen. Kapitalflucht aus Japan wäre die Folge. Die Krise würde das gesamte Finanzsystem Japans verschlingen.

Betrachtet man die weltweite Lage an den Finanzmärkten, könnte dieses Szenario ebenso gut zehn Jahre früher eintreten. 20 Prozent der Exporte gehen bereits nach China. Damit hängt die japanische Konjunktur teilweise am Tropf der chinesischen. Da die Regierung die meisten ihrer Schulden an ihre Bürger verkaufen konnte, ist das Land aktuell noch in einer recht glücklichen Ausgangsposition.

Deflation, also ein Zustand sinkender Preise für Waren und Dienstleistungen, der über einen längeren Zeitraum auftritt, macht die Staatsverschuldung und andere niedrigverzinsliche Vermögenswerte viel attraktiver. Japans Achillesferse ist der schrumpfende Binnenmarkt bei einer negativen demographischen Entwicklung. Wenn zum Beispiel der Warenpreis um 1 Prozent fällt, während Staatsanleihen 1 Prozent einbringen, dann beträgt die Gesamtrendite 2 Prozent. Japanische Investoren sind derzeit mit diesen Renditen zufrieden, aber das Land muss die nationalen Ersparnisse erhöhen, damit die inländischen Käufer weiterhin neue Staatsschulden kaufen können. Doch einige Faktoren sprechen aus unserer Sicht dagegen:

- Laut Humanium, (eine humanitäre NGO, *www.humanium.org*) ist Selbstmord in Japan seit 2014 die häufigste Todesursache unter Kindern im Alter von 10 bis 19 Jahren.
- Die Sparquote liegt laut der letzten OECD-Erhebung bei 4,54 Prozent. Die deutsche Sparquote liegt bei circa 10 Prozent.
- Dem japanischen Staat gehört ein großer Anteil der Aktienmärkte (circa 40 Prozent der Börsenkapitalisierung und 22 Prozent aller ETFs).
- Die japanische Zentralbank kann die Zinsen kaum noch anheben, weil die aktuellen, minimalen Zinszahlungen bereits einen erheblichen Anteil der Steuererträge schlucken.
- Bei einem Mischzins von nur 0,71 Prozent auf alle japanischen Staatsanleihen müssten sämtliche Steuereinnahmen für Zinszahlungen eingesetzt werden.
- Das Haushaltsdefizit belegt, dass Japan seit Jahren mehr als doppelt so viel ausgibt, wie es an Steuern einnimmt. Die Staatsverschuldung liegt bei 270 Prozent der Wirtschaftsleistung. Das ist ungefähr 50 Prozent höher als die Verschuldung Griechenlands.
- Das Durchschnittsalter liegt bei 55 Jahren, und die Bevölkerung schrumpft seit neun Jahren. Die japanische Suizidrate ist 60 Prozent höher als der weltweite Durchschnitt.
- Die größten Inhaber japanischer Staatsschulden sind die Pensionsfonds des Landes. Ab 2025 werden die Auszahlungen aus diesen Fonds jedoch die Einnahmen übersteigen. Aufgrund der oben genannten demographischen Struktur werden die Pensionsfonds dann von Nettokäufern zu Nettoverkäufern. Wenn dies passiert, bestünde die Marktreaktion logischerweise in einem Anstieg der Risikoprämien, hier gemessen am Zinssatz. Dies würde angesichts der Schuldenlast den Rentenmarkt zermalmen.

Dies ist der wahre Grund, warum die Bank of Japan den Yen schwächt. Das geschieht nicht, um japanischen Unternehmen zu helfen, sondern um die eigenen Jobs zu retten. Die Zentralbank muss Yen drucken, um japanische Staatsanleihen zu kaufen. Das allein schwächt den Yen, ist aber ein Ergebnis und nicht die Ursache. Unter diesen Voraussetzungen ist es höchst zweifelhaft, dass das Land die nationalen Ersparnisse so weit erhöhen kann, dass der Kauf von Staatsanleihen nachhaltig ist. Und weil Japan ein Nettoimporteur von Gütern ist, besteht die einzige Möglichkeit, Schulden abzubauen, darin, ausländische Investoren zu haben. Um sicherzustellen, dass Japans Zins- und Ausgabenverpflichtungen nicht in Verzug geraten, muss die Regierung sicherstellen, dass auch Ausländer vermehrt japanische Schulden in Form von Anleihen aufkaufen.

Alternativ kann Japan das Wirtschaftswachstum erhöhen, um seine wachsende Schuldenlast zu kompensieren. Damit diese Methode funktionieren kann, muss sie jedoch diejenigen Branchen umkrempeln, die die höchsten Steuereinnahmen bieten. Wenn Japan dieses Risiko nicht eingeht, um sicherzustellen, dass das wirtschaftliche Wachstum die Zinszahlungen übertrifft, sind die Würfel gefallen. Allerdings sind viele eingeläutete Konjunkturpakete bereits gescheitert, und Japan müsste neue Wege finden, um aus seinem wirtschaftlichen Treibsand herauszuschwimmen.

Wie Anleger davon profitieren können

Währungsreform Japans – der Yen kollabiert:
Als Möglichkeit bietet sich hier ein Short des Yen oder ein Short des Yen gegenüber dem US-Dollar (vgl. Abbildung 54) an. Dies lässt sich über inverse ETFs, ETNs, Forex-Kontrakte oder über CFDs und Derivate umsetzen. Die beiden letzteren würden wir allerdings wegen der möglichen Langlebigkeit des Shorts eher vermeiden. Schließlich sprechen wir über Szenarien, die sich mehrere Jahrzehnte lang hinziehen könnten. Erfahrenere Investoren können hier durchaus auch mit einem kleinen Hebel arbeiten. Jedoch ist das Timing bei Währungsshorts eine existenzielle Frage.

USD zu JPY Diagramm
26 Dez 2008 00:00 UTC – 23 Dez 2018 10:37 UTC
USD/JPY close: **111.20187** low: **75.77006** high: **125.62920**

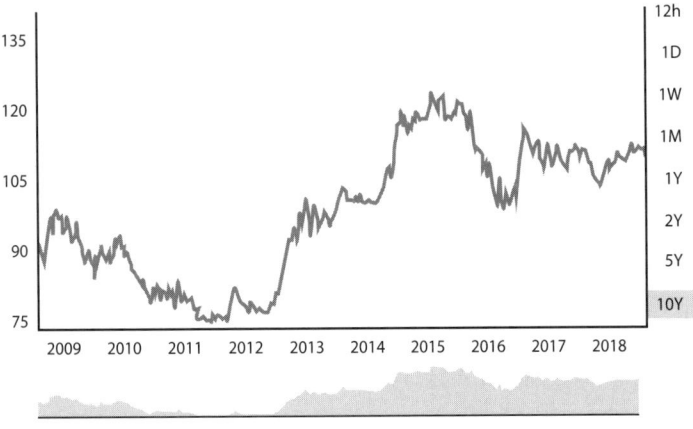

Abbildung 54: Kurs des US-Dollar zum japanischen Yen während der vergangenen zehn Jahre

Fazit

- Das Durchschnittsalter liegt bei 55 Jahren und die Bevölkerung schrumpft seit neun Jahren. Die japanische Suizidrate ist 60 Prozent höher als der weltweite Durchschnitt.
- Die größten Inhaber japanischer Staatsschulden sind ihre Pensionsfonds. Ab 2025 werden die Auszahlungen daraus jedoch die Einnahmen übersteigen. Aufgrund der oben genannten demographischen Struktur werden diese Pensionskassen dann von Nettokäufern zu Nettoverkäufern. Wenn dies passiert, wird die Marktreaktion logischerweise ein Anstieg der Risikoprämien sein, hier gemessen am Zinssatz. Dies würde angesichts der Schuldenlast den Rentenmarkt zermalmen.

6.6 Eurodebakel – Short diverser europäischer Unternehmens- und Bundesanleihen

»Die EZB ist bereit, im Rahmen ihres Mandats alles zu tun, was nötig ist, um den Euro zu retten. Und glauben Sie mir: Es wird genug sein.«

MARIO DRAGHI

Ebenfalls an früherer Stelle sind wir auf das kommende Eurodebakel eingegangen. Bundesanleihen zu shorten, halten wir aktuell noch für ein wenig zu früh. Generell sollten Sie bei Shorts auf ganze Sektoren oder Regionen zuerst mit dem absoluten Schrott beginnen – also das, was schon so krank und zombifiziert ist, dass es nur noch eine Frage der Zeit ist, bis es vor die Hunde geht. In diesem Fall könnten das europäische High-Yield-Anleihen sein (also Junk Bonds). Verschlechtert sich dann die Gesamtsituation, shortet man graduell ein wenig gesündere Papiere, da die Verunsicherung der Investoren zunimmt und dann auch diese abgestoßen werden. Dasselbe können Sie umgekehrt übrigens bei Long-Investments beobachten: Sie kaufen in Krisen Top-Value-Werte (profitable, nicht-zyklische Unternehmen mit kerngesunden Bilanzen), da bei diesen die Chance am höchsten und das Risiko am geringsten ist. Je mehr die Konjunktur dann wieder anzieht, desto mehr Investoren kaufen wieder Aktien dazu, und Sie können langsam, aber sicher auch riskantere Growth-Werte erwerben. Wenn die Indizes neue Höchststände erreichen, steigt jeweils fast alles – bis die Schrott-Werte wieder zu fallen beginnen, schließlich den Index nach unten drücken und das Spiel wieder von vorn beginnt. Die Dynamik ist immer dieselbe, nur die Auslöser, das Timing und kleine andere Faktoren sind jeweils verschieden.

Deshalb: Wenn sich die Lage in Europa drastisch verschlechtert, kann man die Anleihen leer verkaufen. Auf jeden Fall gehört auch immer ein bisschen Gold in Ihr Portfolio, wofür wir auf das oben stehende Gold-Kapitel verweisen.

6.7 Fazit

Wie Sie sicherlich erkannt haben, können sogenannte Mega-Trades enorme Gewinne bringen, aber das Risiko ist auch vergleichsweise hoch. Die meisten dieser Trades eignen sich nicht für den Privatanleger, der nicht bereit ist, sehr tief und fundiert sowie auf breiter Basis in diese Themen einzusteigen. Alles andere wäre eine verantwortungslose Spekulation – ähnlich, wie beim Roulette auf einzelne Zahlen zu setzen.

Eine wichtige Erkenntnis bleibt trotzdem. Wenn ich mehr als vier Jahrzehnte als professioneller Investor Revue passieren lasse, dann ist besonders auffällig, dass ich mehr Mega-Trades mit einzelnen Aktieninvestments gemacht habe als mit Gold, VIX-Futures, Währungen oder Zins-Futures insgesamt. Deswegen verbringt unser Analystenteam mehr Zeit damit, Aktien mit einem sehr hohen Aufwärtspotenzial zu finden, als sich in makroökonomischen Megatrades zu positionieren.

Deswegen stellen wir Ihnen im nächsten Kapitel einige Beispiele für Aktieninvestments vor, die über ein sehr hohes Kursgewinnpotenzial verfügen. Solange Sie nicht mit Hebel beziehungsweise mit Wertpapierkrediten arbeiten, können Sie bei solchen Investments auch nicht mehr als Ihren Einsatz verlieren. Das kann man von den meisten stark gehebelten Futures-Investments nicht behaupten.

KAPITEL 7

Konkrete Lösungen und vielversprechende Anlagestrategien

»Im Risiko steckt die Belohnung.«

CARL ICAHN

7.1 Hohe positive Optionalität – das Konzept erklärt

Wir haben Ihnen bereits wichtige Finanzkonzepte wie »Disintermediation«, »Net Short« und »De-Rating / Rerating« erklärt.

»Hohe positive Optionalität« (HPO) ist ein weiterer wichtiger Bestandteil des modernen Portfoliomanagements. Was das genau bedeutet, lässt sich am besten anhand eines Beispiels erläutern. Nehmen wir die Wunderwaffe gegen Falten: Botox sollte einst verhindern, dass Menschen schielen, also die Augäpfel nach innen oder außen drehen. Nach kurzer Zeit wurde das Einsatzgebiet ausgeweitet. Dadurch stieg der Umsatz mit Botox. 1992 wurde ein Bericht veröffentlicht, wonach Botox vorübergehend auch Falten mildern könne. Zehn Jahre später wurde Botox als Mittel gegen Falten zugelassen. Bis zu diesem Zeitpunkt war Allergan der Eigentümer diverser Botox-Patente – ein aufstrebendes, aber moderat bewertetes Unternehmen. Durch die Genehmigung, Botox im kosmetischen Bereich anzuwenden, stieg der Kurs der Allergan-Aktie von 2002 bis 2015 um 1600 Prozent. Heute gehört das Unternehmen mit einem Börsenwert von 45 Milliarden US-Dollar zu den größten Pharmaunternehmen weltweit. Das heißt, dass Allergan, nachdem Botox für die ersten Anwendungsgebiete zugelassen wurde, eine hohe Optionalität aufwies. Denn es war bereits ausgeschlossen, dass Botox sich als Rohrkrepierer erweisen würde. Somit war das Risiko beschränkt.

Darüber hinaus war das Potenzial zum Einsatz in anderen Bereichen für einige Kapitalmarkt-Teilnehmer und Wissenschaftler erkennbar. Der ehemalige Trader und heutige Bestsellerautor Nassim Taleb machte den Begriff der Optionalität als Investmentkriterium bekannt. HPO dient vielen Managern als Grundstein einer ausgezeichneten Performance. Nehmen wir zum Beispiel Stan Druckenmiller und George Soros, die erfolgreich auf einen Absturz des Britischen Pfunds gewettet haben. Peter Lynch ging in seinen Glanzzeiten sehr hohe Wetten auf verschiedene Sektoren ein, die er im Magellan Fonds dramatisch übergewichtete. Mohnish Pabrai hat jahrelang eine sensationelle Performance mit weniger als fünf Portfolio-Positionen erwirtschaftet. John Paulson, einer der größten Profiteure im Crash von 2008, hatte mit wenigen Shorts Milliardengewinne eingestrichen. Nach enormen Kurseinbrüchen neigen wir dazu, die Hedges (Absicherungen) teilweise aufzulösen, um direkt ohne hohe Portfolio-Versicherungsprämien vom Kurspotenzial profitieren zu können. Wir sind jedoch noch davon entfernt, solche Maßnahmen ergreifen zu müssen. Hedges sollte man erst dann auflösen, wenn sprichwörtlich das Blut in den Straßen fließt. Hedges sollte man dagegen auflegen, wenn das Geld in den Straßen fließt.

Ganz generell gilt, dass sich kaum eine Aktie dem generellen Abwärtstrend in einer Baisse entziehen kann. Andererseits ermöglichen solche Marktbewegungen auch enorme Gewinne, wenn man sie nutzt, um zum richtigen Zeitpunkt auf die richtigen Wertschöpfer zu setzen. Entscheidend ist, dass sich die Aktiengesellschaften weiterhin positiv entwickeln. Wenn sie das nicht tun, sollte man sich von ihnen trennen. Wichtig ist auch, dass diese Unternehmen ein weitaus besseres Kurspotenzial vorweisen als der Gesamtmarkt und dass sie sich aufgrund guter Ergebnisse von der Masse der mittelmäßigen und unterdurchschnittlichen Unternehmen abheben. Früher oder später wird die bessere Substanz und Ertragslage im Aktienkurs abgebildet.

Eine solche Strategie ist allerdings nur dann empfehlenswert, wenn man entweder mit einer Portfolio-Absicherung arbeitet oder über hohe Barbestände oder regelmäßige Mittelzuflüsse verfügt, um solche Positionen bei Kursschwäche auszubauen. In vielen Fällen kann sich auch ein Aktiensparplan lohnen. Entscheidend ist nicht unbedingt das perfekte Timing. Der richtige Kaufzeitpunkt ist ohnehin sehr schwer zu treffen. Wichtiger ist, ob man die Unternehmen richtig einschätzt und die Positionen bei passender Gelegenheit während einer Kursschwäche ausbaut, beziehungsweise gegen Kursverluste absichert. Deswegen werden Kernpositionen oft über inverse ETFs, Short-ETFs und Short-Aktien-Positionen gegen Markteinbrüche zumindest teilweise abgesichert. Diese Versicherungsprämie verursacht oft Kosten, aber in der Regel lohnt sie sich, wenn man auf der Jagd nach Tenbaggers ist, also Aktien mit dem Potenzial, ihren Wert zu verzehnfachen. Zudem sollte man darauf achten, dass die Gier bei solchen Positionen nicht das Hirn ausschaltet. Grundsätzlich gilt: Investieren Sie nicht mehr als Sie zu verlieren bereit sind. Das bedeutet generell, dass risikofreudigere, oft jüngere Investoren, die noch jahrzehntelang mit einem Arbeitseinkommen rechnen, risikobereiter sein können als diejenigen, die bereits ihren Ruhestand planen.

Bei hoher Optionalität geht es meistens um das Potenzial, extrem hohe Gewinne bei vergleichsweise überschaubarem Risiko zu erwirtschaften. Auch Situationen mit binärem Chance-Risiko-Verhältnis spielen eine Rolle. Einem hohen erwarteten Return steht ein Totalverlust gegenüber. Eine hohe Optionalität beinhalten auch die drei Aktiengesellschaften, die wir Ihnen als Beispiele präsentieren:

Was meinen wir damit konkret?

Die bereits vorgestellten Mega-Trades setzen eine hohe Professionalität, Geduld, Kaltschnäuzigkeit, Investment-Disziplin und Know-how beim Investor voraus. Des Weiteren besteht in den meisten Fällen, vor allem wenn die Positionen mit Krediten finanziert sind, das Risiko, mehr zu verlieren, als anfänglich eingesetzt wurde. Die Gefahr dieses unbegrenzten Verlusts besteht nicht bei hochgradig optionalen Aktien, die man einfach an der Börse für Bargeld erwirbt. Diese börsennotierten Gesellschaften muss man nicht über Wertschriftenkredite zusätzlich hebeln, um außerordentliche Gewinne zu erzielen. Denn bereits die Aktien dieser Unternehmen verfügen über erhebliches Kurspotenzial.

7.2 Clinuvel Pharmaceuticals – der aufstrebende Pharmawert

Kürzel: CUV (ASX – Australia)
ISIN: AU000000CUV3
Die Aktie notiert auch an deutschen Börsen und an der NASDAQ.

Vorgeschichte des Unternehmens

Unsere Meinung zu diesem Pharmaunternehmen ist recht gut dokumentiert. Ursprünglich entdeckte ich, Florian Homm, diesen Wert, als der Kurs bei 0,34 Australischen Dollar stand. Die Firma hieß damals noch Epitan und war in jeder Hinsicht (operativ und finanziell) sehr schwach aufgestellt. Sie hatte sich damals nur auf die Behandlung von Sonnenbrand fokussiert. Heute ist Clinuvel ein weltweit tätiges biopharmazeutisches Unternehmen mit Standorten in Europa, Asien und Nordamerika, das sich der Entwicklung von Arzneimitteln zur Behandlung von einer Reihe schwerer Hautkrankheiten verschrieben hat. Die Entwicklung des Aktienkurses zeigt Abbildung 55.

In den ersten Jahren seit dem ursprünglichen Investment von Florian Homm stieg die Clinuvel Aktie von 0,34 Australischen Dollar auf knapp 10 Australische Dollar. Diese Kursrallye beruhte mehr auf Emotionen als auf wirtschaftlichen Erfolgen. Der Wert der Aktie fiel im Crash wieder unter den Wert von 1,00 Australischen Dollar. Das Unternehmen geriet danach förmlich in Vergessenheit. Florian Homm hatte bereits 2007 das Management ausgetauscht.

Unter der Ägide eines neuen Vorstandsvorsitzenden, Philippe Wolgen, wurden operativ enorme Fortschritte gemacht, die sich Ende 2012 in keiner Weise im Kurs niedergeschlagen hatten. Anfang 2013 empfahl ich die Clinuvel-Aktie in meiner Autobiographie, dem Bestseller *Kopf Geld Jagd* zu Kursen von knapp 1,15 Australischen Dollar zum Kauf.

Nach einer kompletten Neuausrichtung und Investitionen von circa 170 Millionen Australischen Dollar schaffte es Clinuvel Ende 2014, die europäische Marktzulassung für ein Präparat mit dem Namen Scenesse zu erlangen, mit dem eine stoffwechselbedingte extreme Lichtempfindlichkeit, bekannt als EPP (erythropoetische Protoporphyrie) wirksam behandelt werden kann. 99 Prozent der Patienten bestätigen eine stark verbesserte Lebensqualität durch Scenesse. Selbst das Interesse an einer Behandlung in den dunklen Wintermonaten stieg deutlich. Die Wirksamkeit und Armut an Nebenwirkungen wurden ohne den geringsten Zweifel bestätigt (PASS Safety Studie) und weiterhin akribisch dokumentiert. Die Clinuvel-Bullen-Story ist nach wie vor vollkommen intakt und hat sich in den letzten Monaten sogar deutlich verbessert. Scenesse wird von Clinuvel als Implantat, das etwa der Größe eines Reiskorns entspricht, mit einem Wirkstoffgehalt von 16 mg Afamelanotid angeboten. Es wird alle zwei Monate subkutan über dem Beckenkamm implantiert. Das Implantat löst sich im Gewebe auf und muss nicht wieder entfernt werden. Die verstärkte Hautpigmentierung setzt etwa zwei Tage nach der Implantation ein und hält acht Wochen an. Der Wirkstoff stimuliert die Melaninproduktion und macht die Haut auf diese Weise brauner und widerstandsfähiger gegen Sonnenlicht, weil sie bestimmte UV-Strahlen besser absorbieren kann. Dadurch verlängert sich die Dauer, die Betroffene in der Sonne verbringen können.

Investoren, die im Jahr 2013 ein Investment in Clinuvel-Aktien gemacht haben, haben ihren Einsatz in der Spitze verzwanzigfacht. Die Kurssprünge sind unseres Erachtens auf folgende Umstände zurückzuführen:

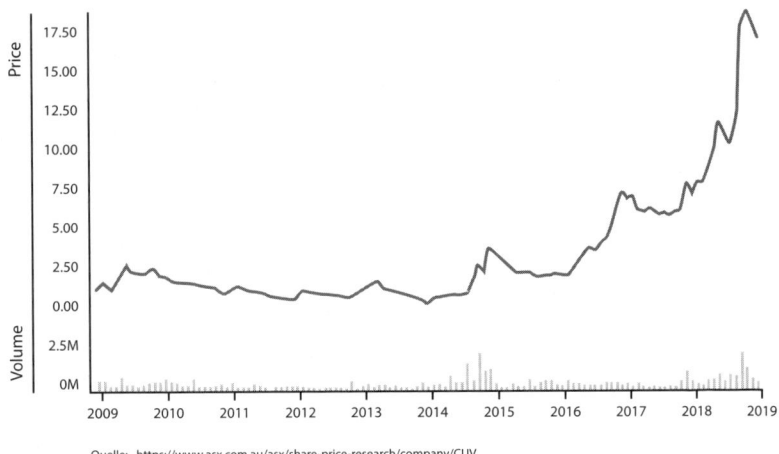

Quelle: https://www.asx.com.au/asx/share-price-research/company/CUV

Abbildung 55: Zehnjährige Kursentwicklung von Clinuvel Pharmaceuticals

Phase I: Promotion und Spekulation +2900 Prozent (2001-2007)
Phase II: Proof of Concept +2000 Prozent (2012-2016)
Phase III: Investieren und Ernten: mutmaßlich +300 Prozent bis +5000 Prozent (2019 bis 2022)

Aktuelle Lage (Stand Anfang Januar 2019)

Die Gesellschaft gibt aktuell nur spärlich bekannt, mit wie viel Umsatz und Gewinn sie in Zukunft rechnet. Sie bemüht sich auch nicht, das Unternehmen in der breiten Öffentlichkeit oder auch nur unter Profiinvestoren bekannt zu machen. An der australischen Börse gibt es kein Unternehmen mit einer vergleichbaren Börsenkapitalisierung, das nicht von einem Broker oder einer Bank mit Anlageresearch abgedeckt wird.

CEO Philippe Wolgen ist von Natur aus ein extrem konservativer Vorstandschef, der immer auf Risiken hinweist, aber selten auf die Chancen und das Potenzial des Unternehmens. Im Englischen nennt man diesen Führungsstil generell »underpromise and overdeliver« (wenig versprechen und viel mehr erreichen). Im Allgemeinen finden wir diese Einstellung gut, weil operative Ziele erreicht werden und weil nicht jeder Anleger über diese exzellenten Aussichten informiert ist. Wolgen trägt somit zu einem ineffizienten Markt im Hinblick auf Clinuvel-Aktien bei. Davon profitieren die Anleger, die sich intensiv mit dem Unternehmen beschäftigen, schon allein deswegen, weil ein Wissensvakuum besteht.

Wolgen hält den Ball bewusst flach, weil wichtige Zulassungen in Amerika und anderen Ländern bevorstehen und weil intensive Preisverhandlungen mit diversen Krankenkassen in Europa geführt werden. Schließlich kostet die Behandlung zwischen 60.000 und 72.000 Euro pro Patient und Jahr. Wer das für überzogen hält, sollte nicht vergessen, dass Clinuvel circa 170 Millionen Australische Dollar in Forschung und Entwicklung investiert hat. Das Risiko eines Totalverlusts ist bei der Entwicklung von pharmazeutischen Präparaten enorm hoch. Dieses enorme Risiko sollte honoriert werden.

Ende 2014 wurde das Kernmedikament (Scenesse) von der EMA (European Medcines Agency) zur Behandlung der Stoffwechselkrankheit EPP zugelassen. Seitdem sprudeln die Gewinne und der Cashflow steigt rasant. Im kommenden Geschäftsjahr rechnen wir mit einem freien operativen Cashflow zwischen 70 Millionen bis 110 Millionen Australischen Dollar. Das macht die Aktie relativ günstig, denn sie wäre nur mit dem Siebenfachen operativen Cashflow bewertet.

Was die Ertragserwartungen betrifft, liegt Clinuvel voll im Trend. Wir empfehlen Ihnen, die Webseite des Unternehmens (*www.clinuvel.com*) zu besuchen und sich die Ertragsentwicklung anzuschauen. Die Patientenbehandlungen in Europa nehmen stetig zu (zur Zahl der EPP-Kranken, vgl. Tabelle 13). Mit einer Zulassung von Scenesse in den USA rechnen wir außerdem in diesem Jahr mit einer Wahrscheinlichkeit von über 80 Prozent. Das würde das Ertrags- und

Kurspotenzial aus unserer Sicht mindestens verdoppeln. Eine solche Entwicklung wäre zwar schön. Aber damit würde es sich bei Clinuvel noch lange nicht um einen sogenannten Tenbagger – ausgehend vom aktuellen Kursniveau – handeln. Denn es gibt mindestens drei weitere Anwendungen, die für extreme Kursphantasie sorgen. Die kleineren Anwendungen betreffen zwei weitere Krankheiten. Diese weisen jeweils ungefähr das Potenzial der erfolgreichen Behandlung von EPP, ergo ein Cashflow-Potenzial von circa 230 bis 350 Millionen Australischen Dollar, auf. Bei einer Börsenbewertung abzüglich Bargeld von nur circa 750 Millionen wäre Clinuvel lediglich mit dem Faktor 3 bewertet. Typisch für diese Branche sind Bewertungen des 15- bis 20-Fachen frei verfügbaren operativen Cashflows. Nachfolgend werden wir die potentiell von Clinuvel behandelbaren Krankheiten erläutern.

Tabelle 13: Anzahl der erfassten EPP-Erkrankten in Europa

Land	Anzahl EPP-Kranke
Deutschland	699
Großbritannien	460
Niederlande	220
Belgien	95
Schweden	51
Frankreich	560
Italien	510
Schweiz	115
Spanien	330
Österreich	81
Subtotal	3121
Andere EMA-Staaten*	1000
Total	**4121**

European Medicines Agency   *Quelle: Eigene Darstellung*

Hautkrankheit I – Xeroderma pigmentosum (kurz »XP«, auch Mondscheinkrankheit genannt)

XP ist eine Hautkrankheit, die auf einem genetischen Defekt beruht und den Chromosomenbruchsyndromen zuzuordnen ist. Bei XP hat die betroffene Person zwei Kopien des mutierten Gens geerbt – eine von jedem Elternteil. Das verursacht die Krankheit XP. Wenn nur ein XP-Gen vererbt wird, trägt die betreffende Person zwar das Krankheitsgen, wird jedoch nicht krank. Mit zwei XP-Genen sind Hautzellen gegenüber UV-Licht überempfindlich, was zu einer Reihe von Symptomen führt. So sind nach Schätzwerten heutzutage etwa zwei bis vier von 1 Million Menschen erkrankt. Laut anderen Quellen hat XP in der Bevölkerung Europas und in den USA eine geschätzte Inzidenz von 1 zu 1.000.000 bis zu 1.250.000. Einigkeit besteht allerdings darüber, dass XP in Japan, Ägypten und in Teilen Nordafrikas deutlich häufiger auftritt als zum Beispiel in Europa und den USA. Teilweise wird die gesteigerte Vorkommenshäufigkeit von XP in diesen Ländern auf den dort einheitlich hohen Sonnenlichtpegel zurückgeführt. Die Haut der betroffenen Menschen kann sich nach Schäden durch Sonneneinstrahlung nicht regenerieren. Treffen UV-Strahlen auf die Haut des Patienten, bilden sich zuerst Entzündungen, später warzenähnliche Gebilde, die sich zu bösartigen Formen von Hautkrebs entwickeln können. Besonders die üblicherweise dem Sonnenlicht ausgesetzten Hautpartien wie Gesicht, Augen und Arme sind davon betroffen. Die Krankheit erhöht das Hautkrebsrisiko der Betroffenen stark.

Die Lebenserwartung dieser Patienten ist unbehandelt gering, in der Regel sterben sie im ersten Lebensjahrzehnt. Weniger als 40 Prozent der betroffenen Kinder werden über 20 Jahre alt. Die Krankheit führt bei den Betroffenen oft schon in frühester Kindheit zu der Ausbildung zahlreicher, meist bösartiger Hauttumoren an den sonnenexponierten Körperstellen (zum Beispiel im Gesicht, an Kopf, Nacken, Oberarmen und Händen). Diese Hauttumore verursachen meist gravierende Entstellungen und bedingen häufig einen frühzeitigen Tod.

Letzteres kann jedoch durch die Vermeidung von UV-Strahlen und durch die zusätzliche Anwendung von umfangreichen Lichtschutzmaßnahmen (Lichtschutzmittel, Lichtschutzkleidung et cetera) sowie durch eine regelmäßige Tumorbehandlung günstig beeinflusst werden.

Dennoch führt der hohe Versorgungsaufwand durch Tumoroperationen, Kontrolluntersuchungen, Tumortherapie und Prophylaxe (beziehungsweise strikte Lichtschutzmaßnahmen) erfahrungsgemäß zu einer erschwerten Lebensgestaltung und oft auch zu schweren Depressionen. In einigen Fällen verlagern die Betroffenen sogar ihren Tag-/Nachtrhythmus, um den Teufelskreis von Hauttumoren, Tumoroperationen, Entstellungen und einer verkürzten Lebenserwartung zu durchbrechen. Da die Betroffenen das Sonnenlicht meiden müssen und es sich dabei mehrheitlich um Kinder handelt, existiert der umgangssprachliche Begriff »Mondscheinkinder«. Dies wirft nun die Frage auf, ob die Betroffenen wirklich zu einem Leben im Dunkeln gezwungen sind. Die Behandlung von XP weist für Clinuvel ein ähnliches Potenzial wie EPP auf (Umsatz circa 150 bis 200 Millionen Euro), das Ertragspotenzial wird ebenfalls als sehr hoch eingeschätzt. Dieser positive Bewertungsfaktor ist bisher in unseren Modellen in keiner Weise abgebildet. Ob Scenesse bei XP so effektiv wirkt wie bei EPP, können wir derzeit noch nicht einschätzen. Interessant ist auf jeden Fall, dass Clinuvel in Japan bereits ein Patent für die Behandlung von XP angemeldet hat. Bekannt ist außerdem, dass sich die japanische Zulassungsbehörde (Pharmaceuticals and Medical Devices Agency – PMDA) bei ihren Zulassungsverfahren sehr stark an der amerikanischen FDA (Food and Drug Administration) orientiert. Da es aber nur circa 250 dieser Fälle in den USA gibt, bestehen drei Möglichkeiten:

1. Zulassungsverfahren in Japan. Dauer: 30 bis 50 Monate
2. Zulassungsverfahren in den USA. Dauer: 48 bis 72 Monate
3. Erfolgreiche Zulassung von Scenesse in den USA für EPP in den nächsten sechs bis neun Monaten und Behandlung von XP-Er-

krankten auf humanitärer Basis über die sogenannte Label Extension mit Off-Label-Use in Japan und in den USA. Das bedeutet, ein Medikament könnte in extremen Fällen auch für andere Krankheiten verwendet werden, selbst bevor eine Medikamentenzulassung für die Behandlung einer spezifischen Krankheit in dem jeweiligen Land vorliegt.

Wir halten die dritte Variante für denkbar, da es sich bei XP um eine der schlimmsten Krankheiten überhaupt handelt. Des Weiteren verfügt Scenesse über die erwiesene Fähigkeit, defekte Reparaturenzyme zu aktivieren.

Trotzdem muss man hier betonen, dass eine Behandlung am besten im Frühstadium (in einem Alter von unter zehn Jahren) beginnen sollte. Obwohl Clinuvel in Sicherheitsstudien perfekt abgeschnitten hat, kann man heute nicht definitiv sagen, wie Patienten unter 18 Jahren auf eine Scenesse-Behandlung reagieren würden. Andererseits wäre es inhuman, derartig leidenden Patienten keine Behandlung zu ermöglichen.

Falls diese Anwendungen genauso erfolgreich werden sollten wie die Behandlung von EPP, bestünde ein Kurspotenzial von 300 Prozent bis 500 Prozent. Damit die Aktie aber um 1000 Prozent und mehr steigt, ist aus Investorensicht ein weiteres Behandlungsgebiet äußerst interessant. Die betreffende Krankheit, die weit verbreitet und durch die Medien bekannt ist, ist Ihnen sicherlich geläufig:

Hautkrankheit II – Vitiligo oder die Weißfleckenkrankheit

Sie kennen sicherlich Menschen, bei denen ein klarer Unterschied zwischen der normalen Hautfarbe und weißen, farblosen Pigmenten oder Hautbereichen erkennbar ist. Besonders auffällig ist diese Krankheit bei Menschen mit einer etwas dunkleren Hautfarbe. Es lassen sich verschiedene Quellen ausmachen, aber mindestens 50 Millionen Menschen leiden unter der Weißfleckenkrankheit, das erscheint als gesichert. In den USA allein gibt es circa 1,2 Millionen Vitiligo-Behandlungen pro Jahr. Die bestehende Behandlungsmethode ist die Verwendung von ultravioletten Strahlen. Vielversprechend ist eine Kombinationstherapie mit Scenesse (dem Clinuvel-Produkt) und der UV-Behandlung. Diese Therapieform befindet sich in der zweiten Phase des Zulassungsverfahrens in den USA. Mit einer Zulassung ist wohl innerhalb von drei Jahren zu rechnen. Die Erkenntnisse der bisherigen Studien stimmen uns positiv, vor allem was die Effektivität der Behandlung und das Sicherheitsprofil betrifft. Neue Clinuvel-Studien in einer kleinen Probandengruppe zeigen schon innerhalb der ersten sechs Monate eine erhebliche Verbesserung des Patientenzustands. Erfreulicherweise werden alle wichtigen Hautpartien außer an Händen und Füßen nachpigmentiert. Bereits ab dem 43. Tag waren Clinuvels Anwendungen heilbringender als die herkömmliche Monotherapie.

Die Vitiligo-Behandlung durch Scenesse birgt enormes Potenzial. Eine vielversprechende oberflächliche Behandlung von Vitiligo ist laut unserer Einschätzung in keiner Weise im Clinuvel-Kurs abgebildet und wäre eine riesige Überraschung. Denn eine Hautcreme, die bei Vitiligo positive Wirkungen erzielt, wäre ein Paradigmenwechsel:

— Erstens müsste man womöglich weniger auf die Kombinationstherapie setzen. Das bedeutet, bei einer erfolgreichen gezielten Behandlung der betroffenen Hautpartien müsste man die erwarteten Umsätze nicht mehr mit einem anderen Anbieter teilen.

— Zweitens wäre eine solche Behandlung nicht invasiv und würde den Patienten voraussichtlich keine Schmerzen zufügen, wie das bei der aktuellen UV-Bestrahlungsbehandlung der Fall ist.

— Drittens könnte man eine entsprechende Behandlung wesentlich zielgerichteter einsetzen als eine UV-Behandlung oder eine Kombinationstherapie.

— Viertens wäre man in diesem Bereich gemäß unseren Recherchen erst einmal vollkommen konkurrenzlos. Bei 1,2 Millionen Behandlungen und einem denkbaren Behandlungspreis zwischen 5000 US-Dollar und 25.000 US-Dollar allein in den USA, sollten Sie sich selber das globale Umsatz- und Ertragspotenzial ausrechnen.

Stellen Sie sich einfach vor, dass das Marktpotenzial bei EPP-Erkrankten 10.000 potenzielle Patienten umfasst. Gemessen an der potenziellen Anzahl von Patienten ist der Vitiligo-Markt mindestens 5000 Mal größer. Fall sich diese Therapie durchsetzen würde (ähnlich wie Botox von Allergan bei Falten), entstünde ein Ertragspotenzial von mehr als 1 Milliarde Euro gegenüber einem aktuellen Börsenwert von circa 500 Millionen Euro.

Hautkrebs-Vorbeugung und Behandlung von Porphyria variegata – langfristiges Potenzial

Weltweit gibt es circa 300 Millionen Hautkrebskranke. Scenesse ermöglicht eine Verdunklung der Hautfarbe. In der Medizin beruht die gebräuchlichste Kategorisierung verschiedener Hauttypen auf dem Dermatologen Thomas B. Fitzpatrick. Typ I etwa umfasst Menschen mit einer sehr hellen Hautfarbe, die sehr empfindlich auf Sonneneinwirkung reagieren. In den Hauttyp-Kategorien I und II (»Keltischer Typ« und »Nordischer Typ«) befinden sich über 80 Prozent der Personen, die extrem hautkrebsgefährdet sind. Stellen Sie sich vor, Sie könnten Ihre Hautfarbe um zwei Typen weiter in Richtung einer stärkeren Pigmentierung verschieben. Es wäre wesentlich unwahrscheinlicher, dass Sie Hautkrebs bekommen würden. Auch Menschen, die die Sonne meiden, um weniger Falten zu bekommen, könnten sich für eine solche Behandlung entscheiden. Menschen, die primär im Freien arbeiten (Bauarbeiter, Dachdecker, Gärtner ...) oder einen Großteil ihrer Freizeit draußen verbringen (Wanderer, Golfer, Surfer ...) hätten einen viel besseren Schutz gegen Hautkrebs.

Hoffnung macht auch ein potenzieller Einsatz des Medikaments Scenesse bei der Krankheit Porphyria variegata, abgekürzt PF. Dabei handelt es sich um eine angeborene Bildungsstörung des roten Blutfarbstoffs, die gelegentlichen mit Unverträglichkeitsreaktionen gegenüber Sonnenlicht einhergeht. Besonders verbreitet ist diese Krankheit in Südafrika. Clinuvel kündigte kürzlich an, im Frühjahr 2019 in Form einer Studie mit der Patientenbehandlung zu beginnen.

Risiken

Grundsätzlich sollte man bei jedem Investment ein Chance-Risiko-Verhältnis erstellen und sich seine eigene Meinung bilden, bevor man investiert. Dem wollen wir an dieser Stelle nachgehen. Wir beginnen mit den Risiken.

- Clinuvel ist derzeit nur mit einem Medikament in einem Markt (Europa) tätig.
- Eine Übernahme oder ein Buyout durch das Management der Gesellschaft könnte das Potenzial der Aktie beschränken.
- Die Gesundheitssysteme werden zunehmend zahlungsunfähig, und Kosten für die EPP-Behandlung werden nicht gebührend durch die nationalen Gesundheitssysteme übernommen.
- Zudem verläuft die Kostenübernahme in Ländern wie Frankreich, England und Belgien wesentlich mühsamer als erwartet und zu schlechteren Konditionen als in Deutschland. In schweren Fällen könnten sich die nationalen Gesundheitssysteme weigern, irgendwelche Kosten zu übernehmen.
- Investor Relations und Public Relations erreichen bei weitem nicht ihr Potenzial. Das kann bedeuten, die Aktie notiert kontinuierlich unter ihrem inneren Wert.
- Das sogenannte Key Man Risk, sprich die Abhängigkeit von einer Schlüsselfigur in der Führungsebene. Das Unternehmen hat sich unter der Leitung von CEO Philippe Wolgen blendend entwickelt. Wolgen will aber Ende 2021 als Chief Executive Officer zurücktreten.
- Keine Zulassung in den USA für EPP. Scheitern der Zulassung in der Behandlung von XP, Porphyria variegata und Vitiligo.

Chancen

Kurz vor der Zulassung von Scenesse in Europa im Oktober 2014 hat Clinuvel das Tochterunternehmen Vallaurix Pte. Ltd. mit Sitz in Singapur gegründet. Dies war damals ein äußerst geschickter

Schachzug. Denn die Gründung hatte zum Ziel, die Forschung und Entwicklung an weiteren Melanocortinen auszulagern und somit auch die zugehörigen Patente und Schutzrechte von Clinuvel auf die Tochterfirma zu übertragen. Aus strategischer Sicht ist Vallaurix extrem wichtig für Clinuvel. Denn die unternehmerischen Aktivitäten von Vallaurix fokussieren sich auf die Erforschung und Entwicklung neuer Behandlungen. Die Pläne von Clinuvel zur Entwicklung einer dermatologischen Creme (vor allem zur Behandlung von Vitiligo) scheinen in geordneten Bahnen zu verlaufen. Es wurden nicht nur Patente und ein Markenname registriert, sondern es wird nach Angaben des CEO von einer möglichen Markteinführung im kommenden Jahr gesprochen.

Gerade bei der Behandlung von Vitiligo wäre eine effektive Behandlung mit einer Creme relativ zu einer UV-Behandlung oder einer Kombinationstherapie (UV plus Scenesse) hochgradig attraktiv, da man nur die Bereiche behandeln müsste, die über keine natürliche Pigmentierung verfügen. Bei der Scenesse-Vitiligo-Kombinationstherapie wird die gesamte Hautschicht behandelt. Mit gewissen Meilensteinen könnte man in den nächsten drei Jahren rechnen:

– Zulassung EPP-Behandlung in den USA in den kommenden Monaten
– Zulassung einer Behandlung von PV und XP
– Zulassung einer Behandlung von Vitiligo
– Weitere positive Studienergebnisse in den Bereichen Vitiligo, XP und PV
– konkretes Übernahmepotenzial
– Research Coverage seitens renommierter Broker und Banker
– Primäre Börsennotierung an der NASDAQ, Sitzverlagerung in die USA
– konstanter und stark steigender Cashflow im Jahresvergleich
– zunehmende Akzeptanz der EPP-Behandlung in weiteren europäischen Ländern mit kompletter Übernahme der Behandlungskosten

Weitere Quellen

- www.clinuvel.com
- www.florianhommlongshort.ch
- www.sphene-capital.de

Fazit

Clinuvel Pharmaceuticals ist, mit einem Anlagehorizont von drei Jahren, aus unserer Sicht einer der günstigsten, interessantesten und wachstumsstärksten börsennotierten Biopharmawerte weltweit. In den jetzigen Kernbehandlungen EPP, XP und Vitiligo bewerten wir das Konkurrenzumfeld als eher dürftig. Bei Clinuvel kann man im Hinblick auf die Chance-Risiko-Ermittlung leichter kalkulieren, denn es bestehen bereits Gewinne in der EPP-Anwendung, die in den nächsten Jahren ein Ausmaß zwischen 80 und 100 Millionen Euro erreichen sollten. Somit ist die aktuelle Bewertung selbst nach einer guten Performance allein durch die EPP-Behandlung nachvollziehbar. Das erhebliche Potenzial einer erfolgreichen Vitiligo-Behandlung, einer topischen Behandlungsmethode und das keineswegs zu vernachlässigende Potenzial bei den PV- (Porphyria variegata) und XP-Behandlungen ist aus unserer Sicht nicht im aktuellen Börsenwert abgebildet. Der aktuelle Kurs bildet aus unserer Sicht lediglich das wirtschaftliche Potenzial einer Behandlung von 1100 europäischen EPP-Patienten ab, die unter extremer Lichtempfindlichkeit leiden. Das sollte sich innerhalb der nächsten 20 bis 30 Monate ändern, denn in diesem Zeitfenster erwarten wir konkrete wissenschaftliche Ergebnisse, Zulassungen und Research Coverage in Australien und in Amerika. Folgende Faktoren sprechen aus unserer Sicht für die Clinuvel-Pharmaceuticals-Aktie:

- Deep Value – hoher freier Cashflow, niedriges Kurs-Gewinn-Verhältnis
- exzellente Wachstumsperspektiven, hohes Gewinnwachstum

- nicht-zyklisches Geschäftsmodell
- positive potenzielle Auslöser auf breiter Flur in den nächsten Jahren
- extrem hohe positive Optionalität bei übersichtlichem Verlustrisiko
- keine Abdeckung durch Mainstream-Analysten, Broker und Banker

Wir sind zuversichtlich, dass Clinuvel im nächsten Geschäftsjahr zwischen 1300 und 2000 Patienten in Europa versorgen wird und dass die Kosten der Behandlung von den Krankenkassen übernommen werden. Der freie Cashflow, allein durch die Geschäfte in Europa, könnte im kommenden Geschäftsjahr bei 141 Millionen Australischen Dollar (aktuelles Geschäftsjahr Schätzung circa 65 Millionen Australischen Dollar) liegen. Dem steht eine Börsenbewertung (abzüglich Bargeld) von circa 750 Millionen australischen Dollar gegenüber. Somit wird der überaus konservativ geschätzte operative freie Cashflow (vor Holdingkosten) für das kommende Jahr an der Börse aktuell mit dem siebenfachen Faktor bewertet. Das ist ohnehin ein attraktiver Wert, vor allem für ein Unternehmen mit jährlichen Ertragswachstumsraten von 40 Prozent bis 110 Prozent und einer Bilanz mit hohem Bargeldbestand (geschätzt 100 Millionen Australische Dollar Ende des nächsten Geschäftsjahres). Die Kursphantasie, die durch XP, PV und Vitiligo besteht, ist aus unserer Sicht in keiner Weise im Kurs abgebildet.

Ende 2018 veröffentlichte Clinuvel in einer Studie ihrer Tochtergesellschaft Vallaurix extrem positive Ergebnisse bei der Behandlung von Vitiligo. In den Börsenbeben im Dezember 2018 ist diese Nachricht untergegangen. Das sollte aber dem mittelfristig orientierten Investoren keineswegs egal sein, denn wir haben den Eindruck, dass die Scenesse-/UV-Vitiligo-Behandlung alle anderen Alternativen in den Schatten stellt. Zudem haben die Investoren diese Entwicklung bestenfalls nur eingeschränkt verstanden.

Nebst diesen in erster Linie wirtschaftlich betrachteten Faktoren handelt es sich bei CUV aus ethischer Sicht um ein wertvolles Investment. Denn eine Investition ermöglicht es dem Unternehmen, die notwendigen biopharmazeutischen Studien durchzuführen. Daraus hervorgehende Forschungsergebnisse könnten bis zu 300 Millionen Menschen eine wichtige Unterstützung bieten.

Falls Ihr Interesse geweckt ist, gehen Sie bitte auf den folgenden Link und lesen Sie sich die Pressemitteilung zu Vitiligo vom 19. Dezember 2018 genau durch. Bilden Sie sich immer Ihre eigene Meinung: *https://www.clinuvel.com/investors/news/announcements*

Unabhängige Analysten sehen den inneren Wert des Unternehmens derzeit bei 36 Australischen Dollar (plus 100 Prozent). Wir schätzen das Kurspotenzial als wesentlich höher ein, weil das Kernprodukt Scenesse womöglich noch gegen mehr Krankheiten eingesetzt werden kann, als es aktuell der Fall ist. Daraus ergibt sich eine hohe Optionalität, bei einem übersichtlichen Risiko (minus 30 Prozent bis 50 Prozent). Ein Return von über 1000 Prozent in den nächsten fünf Jahren würde uns keineswegs überraschen. Dies wurde bereits zweimal erreicht.

Aktionäre und solche, die es werden wollen, sollten sich selbst intensiv mit Clinuvel beschäftigen und ihre eigene Meinung bilden. Steigen Sie tiefer in die Materie ein und investieren Sie nur dann, wenn Sie davon überzeugt sind. Bei einem rechnerischen Chance-Risiko-Verhältnis von 10 zu 1 oder deutlich mehr sollte sich der Aufwand lohnen.

Hinweis:

Um die Clinuvel Position gegen Marktverluste abzusichern, gibt es einige Optionen. Wir präsentieren Ihnen fünf Beispiele.

Clinuvel-Hedge

- ProShares Short Russell 2000 (ETF); Kürzel: RWM (inverser ETF, kaufen)
- Leerverkauf des Russell 2000 ETF: SPDR Russell 2000 U.S. Small Cap UCITS ETF; WKN: A1XFN1; ISIN: IE00BJ38QD84, Symbol: ZPRR
- Leerverkauf des Loncar Cancer Immunotherapy ETF; Kürzel: CNCR; ISIN: US26922A8264

- Leerverkauf des Virtus LifeSci Biotech Clinical Trials ETF; Kürzel: BBC; ISIN: US26923G3011
- Leerverkauf des Direxion Daily S&P Biotech Bull and Bear 3X Shares; Kürzel: LABU; ISIN: US25490K3234

7.3 Volition RX – Krebs-Früherkennung, die Leben retten könnte

Kürzel: VNRX (NYSE)
ISIN: US9286611077

Kurzvorstellung der Firma

Volition ist ein Life-Sciences-Unternehmen, das sich auf die Entwicklung einfacher, benutzerfreundlicher und kosteneffizienter Bluttests zur Diagnose von einer Reihe Krebsarten konzentriert. Volition beabsichtigt, die Anwendung seiner Technologie über Krebs hinaus zu erweitern, indem es andere Krankheitsanwendungen untersucht. Die Forschungs- und Entwicklungsaktivitäten des Unternehmens konzentrieren sich derzeit auf Belgien mit weiteren Niederlassungen in London, Texas und Singapur. Der Grund dafür ist, dass das Unternehmen sich darauf fokussiert, seine diagnostischen Produkte zunächst in Europa, dann in den USA und schließlich weltweit auf den Markt zu bringen. Als Chief Scientific Officer (CSO) konnte das Unternehmen Doktor Jake Micallef gewinnen. Micallef war für die WHO im Bereich der Diagnostik tätig und ist bei der Entwicklung von Bluttests einer der führenden Experten weltweit. Bei der WHO war er in leitender Funktion tätig.

Was genau macht Volition?

Krebs führt zu unregelmäßigen Konzentrationen von einzigartig strukturierten Nukleosomen im Blut. Ein Nukleosom ist ein DNA-Abschnitt, der um einen Kern von Proteinen gewickelt ist. Durch einen einfachen Test mit einer kleinen Menge Blut kann Volition diese einzigartigen Nukleosomen erkennen. Diese Nukleosomen sind kleine Fragmente, die in Krebszellen enthalten sind und in ihnen heranwachsen. Volition isoliert das Nukleosom, um daraus die Fragmente in den Krebszellen zu untersuchen und einer bestimmten Krebsart zuzuordnen. Diese Fragmente sind für den menschlichen Organismus zwangsläufig existenzbedrohend. Jeder menschliche Körper weist diese Fragmente in seinem Blut auf. Sterben Chromosomen ab, wandelt sich ihr Inhalt in kleine Fragmente um. Dies passiert in jedem Organismus im Sekundentakt und sorgt dafür, dass sich unser Organismus stetig erneuert. Hört dieser Vorgang auf, entsteht Krebs jeglicher Art. Die Chromosomen in beschädigten Zellen unterscheiden sich nämlich von einer gesunden und funktionsfähigen Zelle. In einem gesunden Körper werden die beschädigten Zellen recycelt und bilden neue und frische Zellen. Durch Messung und Analyse mit dem weltweit patentierten Nu.Q-Testverfahren können diese Tests eine Krebserkrankung diagnostizieren. Denn in jeder Blutprobe lassen sich einige dieser Zellen finden.

Aktuell hat der betreffende Test eine Trefferwahrscheinlichkeit von über 80 bis 94 Prozent und wird weltweit in sechs verschiedenen Testgruppen angewandt. Für eine wissenschaftliche Auswertung müssen allerdings Hunderte bis Tausende solcher Tests absolviert werden. Die ersten Testreihen beschäftigten sich mit Darmkrebs. Darmkrebs ist jedes Jahr für mehr als 200.000 Todesfälle in Europa, fast 50.000 Todesfälle in den USA und etwa 700.000 Todesfälle weltweit verantwortlich. Deutlich weiter verbreitet ist allerdings Prostatakrebs, und auch darauf lässt sich das Testverfahren erfolgreich anwenden – ebenso auf Lungen- sowie Bauchspeicheldrüsenkrebs. Dieses Ergebnis muss anschließend durch Nachuntersuchungen bestätigt werden. Wird beispielsweise ein Darmkarzinom diagnostiziert, wird es durch eine Darmspiegelung auf Bösartigkeit getestet. Aktuell gibt es bereits vergleichbare Tests, die nur einen Teil der DNA untersuchen und nicht das Fragment als Ganzes. Zudem sind vergleichbare

Anwendungen so teuer, dass ungefähr ein Drittel der US-Bürger auf dieses Verfahren verzichten muss. Volitions Verfahren bricht diese Tests auf die Einfachheit eines Diabetes- oder Schwangerschaftstests herunter und ist dadurch in der Lage, neue Patientengruppen zu erschließen. Zudem müssen für den Test jeweils nur zehn Mikroliter Blut entnommen werden, dies erspart den Patienten eine aufwendige Prozedur bei der Frühuntersuchung. Ungefähr 95 Prozent der Personen, die bei den bisher angewendeten Tests von Exact Sciences über eine Stuhlprobe einen positiven FIT-Wert (Darmkrebsscore) erhalten, haben keinen Darmkrebs. Denn solche Tests erkennen Blut im Stuhl, nicht direkt Krebs. Daher zielt der Nu.Q-Darmkrebs-Test darauf ab, den Diagnoseprozess zu verschlanken und sicherzustellen, dass weniger Patienten sich einer unnötigen Darmspiegelung unterziehen müssen, indem umlaufende Nukleosomen als neue blutbasierte Biomarker zur Erkennung von Darmkrebs verwendet werden.

Im Juli 2018 gab Volition bekannt, dass es an einer großen US-Studie teilnehmen werde, die möglicherweise ein erster Schritt hinsichtlich einer eventuellen US-Zulassung für einen Bluttest auf NuQ-Basis in der Primärdiagnostik von Darmkrebs sei. Ein solcher Test würde auf die US-Bevölkerung abzielen – eine Marktgröße, die auf ungefähr 90 Millionen Individuen (primär Menschen in der Altersklasse 50+) abzielt und nach unserer Schätzung ein Gesamtmarktvolumen von 4 Milliarden US-Dollar umfasst. Angesichts der Tatsache, dass es sich um eine Studie von Drittanbietern handelt, bei der Volition zwar Teilnehmer, aber nicht Hauptsponsor ist, hatte das Unternehmen im Hinblick auf das Studiendesign nicht die Möglichkeit, direkte Konsultationen vorzunehmen und direkte Rückmeldungen von der US-Zulassungsbehörde FDA zu erhalten. Laut Volitions Management wurde die Studie vom National Cancer Institute (kurz NCI, der führenden Krebsinstitution in den USA) entwickelt, als zentrales Element, das von Volition für eine eventuelle PMA-Einreichung bei der FDA verwendet werden könnte. Die Abkürzung steht für Premarket Approval, eine wichtige Hürde auf dem Weg zur US-Zulassung – auch für den Nu.Q-basierten Bluttest.

Ob diese Studie für eine Zulassung ausreichen wird, kann derzeit nicht mit Sicherheit gesagt werden. Dass an dieser Studie allerdings mehr als 13.000 Menschen teilnehmen, kann als wichtiges Indiz gewertet werden, da der Konkurrent Exact Sciences mit seinem Produkt »ColoGuard« eine Studie von nur 10.000 Probanden vorweisen musste, um eine Genehmigung zu erhalten.

Die erwarteten Studienkosten in Höhe von circa 33 Millionen US-Dollar werden zu 90 Prozent vom NCI übernommen. Wir halten es für denkbar, dass die zehn wichtigsten Krebsarten innerhalb der nächsten zwei bis drei Jahre durch Volition-Tests identifiziert werden können, auch die 15 weniger weit verbreiteten Krebsarten könnten mittelfristig dazukommen. So besteht die Möglichkeit, dass – in einem Zeitraum von weniger als fünf Jahren – die 25 wichtigsten Krebsarten auf diese Weise mit hinreichender Sicherheit diagnostiziert werden können.

Aus unserer Sicht wirken sich auch folgende weitere Aspekte positiv auf die Weiterentwicklung von Volition aus:

– die Reputation sowie die Expertisen von NCI, EDRN (Early Detection Research Network) und Great Lakes Cancer Management Specialists (Partner der Studie und hoch angesehene Forschungsgesellschaften)
– deren Fokus auf die Entwicklung (und eventuelle Kommerzialisierung) von Technologien zur Krebserkennung

Eine frühzeitige Diagnose hat das Potenzial, nicht nur das Leben der Patienten zu verlängern, sondern auch ihre Lebensqualität zu verbessern. Als wichtigen Indikatoren für die erfolgreiche Verbreitung von Volitions Bluttest sehen wir die weltweite Verbreitung des bereits etablierten ELISA-Systems an, das sich in fast jedem Krankenhaus der westlichen Welt auffinden lässt (vgl. Abbildung 58). ELISA heißt ein antikörperbasiertes Nachweisverfahren (Assay). Mithilfe von ELISA können Proteine (zum Beispiel Antikörper) und Viren, aber auch niedermolekulare Verbindungen wie Hormone, Toxine und Pestizide in einer Probe (Blutserum, Milch, Urin et cetera) nachgewiesen werden. ELISA bietet damit eine wichtige Grundlage, Volitions Bluttest flächendeckend zu vermarkten und ihn direkt vor Ort auszuwerten. Diese einzigartige Lösung gewährt bisher kein anderer Anbieter.

Prof. Dr. med. Stefan Holdenrieder ist Direktor und Facharzt des Instituts für Laboratoriumsmedizin in München. Er hat jahrzehntelange Expertise auf dem Gebiet der Möglichkeiten für medizinisches Monitoring. Aus seiner Sicht sind die bisherigen Forschungsergebnisse von Volition eine exzellente Voraussetzung für eine erfolgreiche Markteinführung der vielversprechenden Bluttests. Als einer der führenden Experten im Bereich Monitoring führt er die enormen Kostenvorteile an, die solche Tests mit sich bringen. 20 Prozent der häufigsten Krebsformen kosten in ihrer Behandlung mindestens 50.000 US-Dollar pro Jahr und sind oftmals doch selten von Erfolg gekrönt. Dies liegt vor allem daran, dass der Krebs in einer viel zu späten Phase entdeckt wird, was in den ohnehin zumeist maroden Gesundheitssystemen weltweit Milliarden an zusätzlichen Kosten verursacht. Zudem eröffnet die Kooperation von Volition mit Professor Holdenrieder effiziente Kostenersparnisse in der Studienerstellung. Durch die über Jahrzehnte gesammelten Daten können bereits Studien mit nur 50 bis 70 Teilnehmern aussagekräftig bewertet werden. Des Weiteren arbeiten zusätzliche 40 Mitarbeiter an der Auswertung dieser Studien in Volitions Forschungszentrum in Belgien. Als Reaktion auf die Erkenntnisse zu den Vorteilen einer frühzeitigen Diagnose haben die EU und zahlreiche andere Länder weltweit Darmkrebs-Früherkennungsprogramme in Auftrag gegeben. Derzeit gibt es in 14 der 28 EU-Staaten Programme zur Darmkrebsvorsorge, weitere zehn Staaten bieten eine Form von öffentlichem (Krankenkassen) oder privatem Screening an. Auch die Regierung in Belgien hat Volition ihr Vertrauen geschenkt und das Unternehmen mit 3,7 Millionen Euro unterstützt, die es dem Unternehmen erlauben, täglich mehr als 3000 Proben auszuwerten. Bei Darmkrebs wird sich der Markt wahrscheinlich deutlich ausweiten – in der Folge könnte der Test auf entzündliche und infektiöse Krankheiten ausgedehnt werden. Die Bilanz des Unternehmens ist grundsolide. Der Barbestand von Volition beläuft sich derzeit auf circa 20 Millionen US-Dollar. Das Unternehmen hat von der wallonischen Regionalregierung eine nicht verwässernde Finanzierung in Höhe von 700.000 US-Dollar erhalten. Eine weitere Ertragsquelle von Volition sind die Nu.Q-Test-Kits, die an führende Forschungsinstitute verkauft werden. Die wachsende Akzeptanz dieser Test-Kits bestätigt das steigende Interesse von unabhängigen Marktteilnehmern an den Volition-Analyseverfahren.

Wichtige Kapitalmaßnahmen und Veränderung in der Eigentümerstruktur

Anfang August 2018 gab Volition zudem bekannt, dass das Unternehmen eine definitive Vereinbarung mit Cotterford Company Ltd. im Zusammenhang mit einem Privatplatzierungsangebot (PIPE) von 5 Millionen Volition-Stammaktien zu einem Preis von 1,80 US-Dollar pro Aktie sowie einer Option zum Kauf von bis zu 5 weiteren Millionen Stammaktien zu einem Ausübungspreis von 3,00 US-Dollar pro Aktie erzielen konnte, zahlbar in bar. Das führte zu einem Bruttoerlös von 9 Millionen US-Dollar. Die Option auf weitere 5 Millionen Aktien gilt nur für zwölf Monate. Volition beabsichtigt, den Nettoerlös dieser Privatplatzierung für die fortlaufende Produktentwicklung, für klinische Studien, für die Produktvermarktung und für andere allgemeine Unternehmenszwecke zu verwenden. Cotterford gehört in der angelsächsischen Investment-Community zu den erfolgreicheren Mid-Stage-Investoren. Der Begriff »Mid Stage« bezeichnet Firmen, die bereits erhebliche Meilensteine erreicht haben und sich danach in vielen Fällen sehr gut entwickeln. Cotterford war zum Beispiel bei dem führenden E-Commerce-Lieferdienst in Großbritannien frühzeitig investiert. Auch bei der CREO Medical Group, gelistet an der London Stock Exchange, ist Cotterford zu einem Bruchteil der aktuellen Bewertung bei passender Gelegenheit sehr smart eingestiegen. Das Unternehmen verfügt über eine hohe Kompetenz und einen exzellenten Track-Record bei Life-Sciences- und Technologie-Investments und gilt in seinen Kerninvestment-Bereichen als hervorragend vernetzt. Die Entscheidungsträger des Unternehmens sind uns bekannt, agieren aber prinzipiell als äußerst diskrete und professionelle Investoren. Das Investment und Family Office von Cotterford erinnert uns an den Clinuvel-Aktionär Willem Blijdorp, der aktuell circa 5,5 Prozent an Clinuvel hält. Cotterford unterscheidet sich insofern von Blijdorp, als dass vor eigenen Investments zwar intensiv recherchiert wird, aber nur selten Aufgaben in den Boards des Unternehmens wahrgenommen werden, um potenzielle Interessenkonflikte und mediale Aufmerksamkeit zu vermeiden.

Vereinzelte Analysten (beispielsweise von Zack Research) senkten Volitions Kursziel von 7 auf 6 US-Dollar. Dies lag an der Verzögerung von Volitions Forschungsresultaten im Darmkrebsbereich. Vergessen wurde dabei allerdings einer von Volitions wichtigsten Meilensteinen. Durch die Möglichkeit, die Tests auch mit replizierbarer DNA zu simulieren, können völlig neue Bandbreiten in der Systematik der Tests erreicht werden. Das entsprechende Verfahren konnte erst innerhalb der letzten 18 Monate angewendet werden. Durch diesen Quantensprung wurden die Testergebnisse in der Vorhersehbarkeit um deutlich mehr als 10 Prozent erhöht. Mit jedem Prozent mehr, das erreicht werden kann, schafft sich Volition einen enormen Wettbewerbsvorteil.

Weitere Volition RX-Projekte in einem mittelfristigen Zeitrahmen

– Screening-Tests für asymptomatische Probanden bei den häufigsten Krebsarten, zum Beispiel Lungen-, Prostata- und Darmkrebs.
– High-Risk-Screening-Tests, die in Verbindung mit bestehenden Tests zur Verbesserung der Sensitivität und/oder Spezifität eingesetzt werden, zum Beispiel in Verbindung mit Kot-Tests zur Erkennung von Darmkrebs oder mit niedrig dosierten CT-Scans zur Erkennung von Lungenkrebs.

- Tests zur Diagnose von Krankheiten bei symptomatischen Patienten und/oder Hochrisiko-Patienten oder beispielsweise bei Typ-II-Diabetes-Patienten, die oft an Bauchspeicheldrüsenkrebs erkranken.
- Monitoring-Tests zur Überwachung und/oder Identifizierung des Wiederauftretens einer Krankheit, zum Beispiel bei Prostatakrebs.

Wichtige Meilensteine für bisherige Projekte
(Vervollständigung der Studien):

- Darmkrebs: Die Erhebungen für europäische Kohorten werden im Jahr 2019 vorgenommen, die für asiatische Kohorten Anfang 2019 (Teilkohorte). Eine vollständige Kohorten-Sammlung soll bis Mitte 2020 vorliegen. Zur Datenerhebung in der US-Kohorte läuft aktuell die entsprechende EDRN-Studie, eine vollständige Kohortenerhebung wird bis 2020 abgeschlossen sein, die FDA-Zulassung ist für 2021 vorgesehen.
- Prostatakrebs: Die Daten für die Europäische Kohorte werden 2019 erhoben, für die Erhebung für die asiatische Kohorte steht der Termin noch nicht fest, und für die US-Kohorte ist ebenfalls 2019 vorgesehen.
- Pan-Cancer Study (Studie zu den 27 häufigsten Krebserkrankungen): Die Sammlung ist abgeschlossen. Vorläufige Analyse und Ergebnisse werden im laufenden Jahr erwartet.

Risiken

Wenn der frühe Markteintritt tatsächlich gelingt und weitere Probandenstudien veröffentlicht werden, dürfte sich der Kurs von Volition vervielfachen und sich in einem Zeitraum zwischen neun und 14 Monaten auf eine Bandbreite von 10 US-Dollar zubewegen. Allerdings ist die Konkurrenz groß, daher sind – bei starken Verzögerungen – die Risiken erheblich. Im Gegensatz zu den bekannten Stuhltests (zum Beispiel von Exact Sciences) zur Darmkrebsfrüherkennung (circa

90 Prozent Trefferquote), sind Bluttests einfacher zu handhaben und deutlich hygienischer. Zudem sind sie nicht mit so viel Schamgefühl verbunden. Ein vergleichbarer Stuhltest von Exact Sciences kostet in den USA derzeit knapp 650 US-Dollar. Dafür werden zwei Stuhlproben benötigt und die Probe muss innerhalb von 72 Stunden bei einem Labor eingegangen sein, um sie auch verwerten zu können.

Als weiterer Hauptkonkurrent kann die Firma Cellmax aus den USA und Taiwan eingestuft werden, die mit der CTC-Technologie einen ähnlichen Ansatz verfolgt. Obwohl Cellmax ein taiwanisches Unternehmen ist, arbeiten führende Wissenschaftler der National Taiwan University mit Volition zusammen, wodurch es möglich ist, selbst in Taiwan Tausende von Proben zu erheben. Die erste Studie wird 5000 asymptomatische Darmkrebs-Screenings umfassen. Eine weitere Studie wird in Zusammenarbeit mit der University of Oxford durchgeführt, bei der 350 Patientenproben der letzten drei Jahre gesammelt wurden.

Jedoch scheint die von Cellmax verwendete CTC-Technologie nicht gänzlich dafür geeignet zu sein, Krebs im Frühstadium zu erkennen. Dies liegt primär daran, dass im Blut vorhandene CTC-Marker darauf hindeuten, dass sich der Krebs bereits ausgebreitet hat. Sollte dies tatsächlich der Fall sein, zweifelt man selbstverständlich auch an Cellmax-Krebsstudien, in welchen 16 verschiedene Krebsarten durch Bluttests des Unternehmens mit einer Trefferwahrscheinlichkeit von 87 Prozent erkannt werden sollen.

Auch eine Firma, die von der Google-Mutter Alphabet mitfinanziert wird, arbeitet an einem Krebsfrüherkennungstest. Allerdings hat Alphabet darüber noch keine konkreten Zahlen veröffentlicht. Aktuell läuft die Erprobungsphase. Grail, ein 2016 gegründetes Joint Venture, verfügt inzwischen über mehr als 1 Milliarde US-Dollar. Zu den Investoren gehören der Genanalyse-Spezialist Illumina, das Pharmaunternehmen Johnson & Johnson, der Amazon-Gründer Jeff Bezos, der Microsoft-Gründer Bill Gates und etliche andere bekannte Persönlichkeiten. Das erklärte Ziel ist ein Bluttest, der beim jährlichen Gesundheitscheck alle wichtigen Krebsarten, sofern vorhanden, identifiziert. Auf diesem Weg der Krebsforschung sammelt Grail derzeit Blutproben von 120.000 Frauen, um einen Test zur Früherkennung von Brustkrebs zu entwickeln. Der CEO von Illumina, Jay Flatley, erklärte: Wenn man in Studien nachweisen könne, dass der »Grail-Test« Krebs der Stufe 2 erkennt, gehe er davon aus, dass der Marktwert der Tests zwischen 20 und 40 Milliarden US-Dollar liege. Sollte man im Rahmen der DNA-Tests sogar Krebs der Stufe 1 nachweisen können, wäre sogar ein Marktwert von 100 Milliarden US-Dollar möglich, so Flatley weiter. Das Unternehmen hat sich zudem mit Dennis Lo zusammengetan. Der Forscher von einer Hongkonger Universität ist einer der geistigen Väter der Liquid Biopsy.

Dennis Lo gelang 1997 – nach langer, hartnäckiger Forschung – der Nachweis, dass im Blut schwangerer Frauen DNA-Bruchstücke des ungeborenen Kindes zirkulieren. Die Entdeckung hatte weitreichende Folgen. Inzwischen können Frauen schon während der frühen Schwangerschaft durch einen Bluttest erfahren, ob der Fötus an Trisomie 13, 18 oder 21 leidet. Zuvor war dies nur durch eine invasive Fruchtwasser-Untersuchung möglich, die eine Fehlgeburt auslösen kann.

In der Vergangenheit wurde der Markt für Bluttests von einem riesigen Skandal überschattet. Der Name »Theranos« steht für den größten Betrugsskandal des Silicon Valley. Mit dem Versprechen einer vermeintlich revolutionären Bluttest-Methode sammelte das Start-up Hunderte Millionen US-Dollar an Investorengeldern ein, bevor sich alles als großer Bluff entpuppte. Nachdem bekannt wurde, dass die Methode weit weniger gut funktionierte als behauptet, brach die Firma zusammen. Rund 700 Millionen US-Dollar hatten prominente Geldgeber wie etwa Medienmogul Rupert Murdoch in die Firma gepumpt, deren Bewertung in der Spitze bei unglaublichen 9 Milliarden US-Dollar lag. Elizabeth Holmes hatte die Firma Theranos im Jahr 2003 im kalifornischen Palo Alto gegründet. Die Biotechfirma elektrisierte Investoren mit dem Versprechen, einen Apparat entwickelt zu haben, der mit nur wenigen Tropfen Blut umfangreiche medizinische Analysen ermöglichte. Holmes, die bevorzugt im schwarzen Rollkragenpullover auftrat und sich gerne mit Steve Jobs vergleichen ließ, wurde als Wunderkind der Szene gefeiert.

Die Studienabbrecherin aus Stanford hatte ein Wundergerät namens »Edison« entwickelt, das alle bisherigen Bluttestverfahren in den Schatten stellen sollte. Ein kleiner Piekser und ein Tropfen Blut sollten genügen, um die Probe auf diverse Krankheiten zu untersuchen. Die Wende kam durch eine Veröffentlichung des »Wall Street Journal« im Oktober 2015. Insider berichteten darin, der Edison-Apparat werde wegen seiner Unzuverlässigkeit kaum eingesetzt, stattdessen analysiere Theranos die meisten Blutproben mit herkömmlichen Geräten von anderen Herstellern wie Siemens. Zunächst stritt das Unternehmen alles ab, doch die Zweifel an der Substanz des Medizinmärchens wurden immer massiver. Theranos verlor Lizenzen und Labor-Deals. Ende 2016 musste die Firma das Kerngeschäft mit den Bluttests aufgeben. Laut der Börsenaufsicht SEC hatte Holmes die Investoren nicht nur über die Wirksamkeit ihres Verfahrens getäuscht, sondern auch ansonsten das Blaue vom Himmel versprochen. So habe sie erklärt, mobile Theranos-Geräte würden in Kampfeinsätzen in Afghanistan sowie in Rettungshubschraubern eingesetzt, was nicht stimmte. Zudem habe sie für 2014 einen Umsatz von 100 Millionen US-Dollar in Aussicht gestellt, aber nur 100.000 US-Dollar erlöst. Manche Experten bezweifeln sogar, dass es je überhaupt einen zuverlässigen Bluttest zur allgemeinen Früherkennung von Krebs geben wird, da ein Tumor im sehr frühen Stadium womöglich noch gar nicht an den Blutkreislauf angeschlossen sein könnte.

Fazit

Das Wichtigste zuerst: Die Volition-Aktie sollte niemand kaufen, der nicht mit hoher Volatilität und einem möglichen Totalverlust zurechtkommt. Aber das Unternehmen Volition weist auch eine hohe Optionalität auf – und deshalb gehört die Aktie zu unseren zentralen Anlageideen. Ein Investment in Volition-RX-Aktien erscheint aus unserer Sicht nicht nur finanziell sinnvoll, sondern beinhaltet auch eine sehr hohe ethische Komponente. Stellen Sie sich nur einmal vor, dass in circa drei Jahren schwerste und weitverbreitete Krebserkrankungen im Frühstadium mit einer hohen Genauigkeit erkannt werden könnten. Solche Tests würden Millionen Menschen das Leben retten, vielleicht sogar das Ihre. Ähnlich wie bei Clinuvel sollten Sie als Anleger dem Unternehmen allerdings nicht ewig Zeit geben, sondern vielmehr die Entwicklungsschritte genau im Blick behalten und beobachten, ob das Management die Entwicklungsziele erreicht. Wie Clinuvel verfügt Volition über beträchtliche Bargeldreserven und keine nennenswerten Verbindlichkeiten. Investoren könnten ihren Einsatz mittelfristig mehr als verzehnfachen, wenn die großen Studien die sehr guten Daten der ersten kleineren Studien bestätigen und die Kommerzialisierung beginnt. Falls das nicht gelingt, droht ein Totalverlust.

Die Volition-Aktie ist, zumindest aus unserer Sicht, aufgrund ihres enormen Potenzials mit einem Börsenwert von lediglich circa 70 Millionen US-Dollar signifikant unterbewertet. Allein wenn etwa zehn Krebsarten erkannt werden können, handelt es sich in jedem einzelnen Fall um einen Blockbuster.

Bekannte Mitbewerber werden hingegen mit bis zu 10 Milliarden US-Dollar bewertet. Ein Kursziel von 10 US-Dollar (plus circa 600 Prozent) auf Sicht von 18 Monaten halten wir für möglich. Das entspräche einer Börsenbewertung von circa 500 Millionen US-Dollar. Ähnlich ausgerichtete Unternehmen kommen auf Bewertungen von 1,5 Milliarden US-Dollar (Cellmax), 2,7 Milliarden US-Dollar (Freenome), 3,4 Milliarden US-Dollar (Guardant). Der aktuelle Marktführer (Exact Sciences), der ausschließlich im Bereich Darmkrebs agiert, wird mit knapp 10 Milliarden US-Dollar bewertet. Ein bekannter Mitbewerber (Grail) beziffert das jährliche Umsatzpotenzial in der Krebsfrüherkennung auf circa 80 bis 100 Milliarden US-Dollar. Vor allem den Prostatakrebs-Bluttest von Volition halten wir aufgrund der bisherigen exzellenten Ergebnisse für sehr vielversprechend. In spätestens neun Monaten sollte die Prostatakrebs-Studie in vollem Umfang veröffentlicht werden. Darüber hinaus sollten die entscheidenden Studien für eine Zulassung – zumindest in Europa – in zwölf bis 18 Monaten abgeschlossen sein. Eine Kommerzialisierung innerhalb der nächsten 24 Monate ist somit wahrscheinlich. Da es sich bei der Früherkennung von Krebs um einen sehr großen Markt handelt, sind in diesem Bereich viele Teilnehmer aktiv. Wir haben uns einen Monat lang intensiv mit diversen Konkurrenten beschäftigt. Wir sind letztlich zu der Überzeugung gekommen, dass Volition das Potenzial hat, in diesem hart umkämpften Segment zu reüssieren.

Unsere Meinung teilen nicht nur Koryphäen im Blutplasma-Bereich, wie zum Beispiel Professor Holdenrieder – selbst das National Cancer Institute (NCI) übernimmt 90 Prozent der Kosten der anstehenden Volition-Studie mit über 13.000 Darmkrebs-Proben. Warum sollten die Verantwortlichen das tun, wenn die Volition-RX-Technologie aussichtslos wäre? Belgien und Wallonien haben mit bisher 4,4 Millionen US-Dollar zum Forschungszweck beigetragen. Die Kooperation mit Professor Holdenrieder und der führenden Universität in Taiwan sprechen ebenfalls für Volition, vor allem im direkten Vergleich mit dem Mitbewerber Celltech.

Volition sind bei der Erkennung von Krebs durch seine Bluttests in den vergangenen zwölf bis 15 Monaten Quantensprünge gelungen (94 Prozent Früherkennung im Bereich Prostatakrebs). Die neuesten Ergebnisse liefern eine größere Genauigkeit besser als die des Marktführers Exact Sciences (bei Darmkrebs 93 Prozent). Diese wichtigen Entwicklungen haben die meisten Investoren nicht einmal im Ansatz verstanden. Die einzigen Ausnahmen sind Volition-Insider, die vor kurzem wieder eigene Aktien deutlich über dem aktuellen Aktienkurs erworben haben, sowie Cotterford Company, ein sehr erfolgreicher Technologie- und Life-Sciences-Investor, der mittlerweile größter Einzelaktionär geworden ist und weitere 15 Millionen US-Dollar investieren will.

Die Bilanz sieht zudem gesund aus. Aktuell befinden sich circa 20 Millionen US-Dollar an Barmitteln im Unternehmen. Im Geschäftsjahr 2019 könnten nochmals 15 Millionen US-Dollar für Forschung und Entwicklung zur Verfügung gestellt werden. Das sollte bis zur Kommerzialisierung reichen. Wir sind uns dessen bewusst, das Biotechnologie-Investments ein schwieriges und riskantes Terrain sind. Daher können wir nicht ausschließen, dass sich eine noch bessere Technologie durchsetzen wird. Im Gegensatz zu Clinuvel hat Volition RX wesentlich mehr Konkurrenten.

Falls die großen und abschließenden Prostatakrebs-Tests ähnlich erfolgreich sind wie der bisherige, wäre ein Börsenwert von 2 Milliarden US-Dollar plausibel. Falls Sie diese Bewertung für wahnwitzig erachten, so kommt sie dennoch nur einem Fünftel der Bewertung des aktuellen Marktführers Exact Sciences gleich. Auch bei unserer Kaufempfehlung von Clinuvel bei 1,20 Australischen Dollars vor fünf Jahren (näher ausgeführt im Bestseller *Kopf Geld Jagd*) wurden wir von den üblichen Berufspessimisten bemitleidet. Der Clinuvel-Kurs stand zwischenzeitlich bei 24 Australischen Dollar.

Der Aktienkurs des aktuellen Marktführers, Exact Sciences, ist – aufgrund guter Testergebnisse und einer erfolgreichen Kommerzialisierung – innerhalb von 60 Monaten ebenfalls um 500 Prozent auf zwischenzeitlich 78 US-Dollar gestiegen. In den vergangenen zehn Jahren konnte die Exact-Sciences-Aktie um sagenhafte 12.000 Prozent steigen. Warum sollte das bei Volition anders sein? Über das Marktpotenzial muss man sich wirklich nicht streiten. Auf die Ergebnisse einer großen Volition-RX-Prostata-Bluttest-Studie sollte man auch nicht ewig warten; aus unserer Sicht maximal 18 Monate.

Zudem gehen wir bei Volition von circa vier bis sechs weiteren positiven Auslösern in den nächsten 24 Monaten aus, die den Aktienkurs beflügeln könnten. Selbst in einem sehr schlechten Kapitalmarktumfeld könnte die Aktie signifikant steigen, wenn sich unsere positive Einschätzung bewahrheitet. So viele Aktien mit »Tenbagger«-Potenzial kennen wir nicht – vor allem nicht mit einem Investitionszeitraum von 18 bis 24 Monaten. Unabhängige amerikanische Analysten und Broker gehen von Kurszielen von 4 bis 7 US-Dollar aus, was einem erheblichen Aufwärtspotenzial (150 Prozent bis 320 Prozent) im Vergleich zum aktuellen Börsenkurs entspricht.

In der Zwischenzeit werden wir mit Spannung weitere größere und kleinere Bluttest-Resultate (Darmkrebs, Lungenkrebs, Nierenkrebs und so weiter) erwarten und akribisch analysieren. Ein nachvollziehbares, aber gewagtes Chance-Risiko-Verhältnis von 10 zu 1 oder mehr ist auf Sicht von weniger als zwei Jahren extrem selten. Die Absicherung dieser Position stellen wir zum Teil über eine Short-Position in Exact Sciences dar. Als Total-Return-Experten suchen wir immer auch nach Möglichkeiten, das Portfolio-Risiko durch sogenannte Pair-Trades abzusichern. Bei einem Pair-Trade werden Wertpapiere aus einem Segment gewählt, die eine hohe positive Korrelation aufweisen. Während der Investor ein Papier kauft, das er als relativ stark einstuft, wird das schwach erscheinende oder überteuerte Wertpapier verkauft.

Aus unserer Sicht bildet der Exact-Sciences-Kurs bereits die positive Entwicklung des Unternehmens ab, während sehr wenige Investoren das Potenzial von Volition erkannt haben. Wir wollen, abgekoppelt von der Marktentwicklung, eine positive absolute Performance erwirtschaften. Aus unserer Sicht eignet sich auch der inverse ETF auf den Russell 2000 als Hedge, da circa 30 Prozent der Unternehmen in diesem Index aus dem Life-Sciences- und Biotech-Bereich stammen.

Volition RX – Absicherungsmöglichkeiten

- Kauf des inversen ETFs: ProShares Short Russell 2000 (ETF); Kürzel: RWM (inverser ETF, kaufen)
- Leerverkauf des Russell 2000 ETF: SPDR Russell 2000 U.S. Small Cap UCITS ETF; WKN: A1XFN1; ISIN: IE00BJ38QD84, Symbol: ZPRR
- Leerverkauf des Loncar Cancer Immunotherapy ETF; Kürzel: CNCR; ISIN: US26922A8264
- Leerverkauf des Virtus LifeSci Biotech Clinical Trials ETF; Kürzel: BBC; ISIN: US26923G3011
- Leerverkauf des Direxion Daily S&P Biotech Bull and Bear 3X Shares; Kürzel: LABU; ISIN: US25490K3234
- Leerverkauf der Exact Sciences Corporation (EXAS)

7.4 Blockescence PLC – gutes Geschäftsmodell in einer rasant wachsenden, wenig zyklischen Branche

Kürzel: BCK (Xetra)
WKN: A1JGT0
ISIN: MT0000580101

Einen attraktiveren Wert in den Bereichen Gaming, Blockchain und Industriekonsolidierung konnten wir zu einer derart moderaten Bewertung selbst nach ausführlichen Recherchen nicht ausfindig machen.

Blockescence ist eine der ersten Beteiligungsgesellschaften der Welt, die Unternehmen übernimmt, welche ihr Marktumfeld nachhaltig durch den Einsatz der sogenannten Distributed-Ledger-Technologie (DLT) – auch als Blockchain-Technologie bekannt – verändern können. Über den Begriff der Blockchain und deren derzeit wichtigste Anwendung, die Kryptowährung Bitcoin, sind in den letzten Monaten sicherlich Tausende Artikel geschrieben worden. Auf der einen Seite stehen die enthusiastischen Befürworter der Blockchain, häufig junge Menschen, die ihren Einsatz in Bitcoins oder anderen Kryptowährungen wie Ether innerhalb kürzester Zeit vervielfachen konnten. Auf der anderen Seite stehen konservative Anleger, zu denen mutmaßlich auch Sie gehören, die mit einem derartigen Hype bislang wenig anfangen können und glauben, dass das Phänomen bald ohnehin wieder verschwunden sein wird. Daher ist es höchste Zeit, sich mit der Blockchain zu beschäftigen. Was ist dran an dieser Technologie? Handelt es sich um einen ungerechtfertigten Hype oder doch eher um ein Geschäftsmodell, das die industrielle Landschaft möglicherweise stärker verändern wird als das Internet?

Worum es eigentlich geht: Anwendung der Blockchain-Technologie am Beispiel von Blockescence

Im Gegensatz zu den meisten physischen Gütern können digitale Daten leicht kopiert werden. Unsere digitale Ausgabe des Börsenbriefes »Florian Homm Long Short« beispielsweise ist die Kopie einer Originaldatei, die sich von dieser nicht unterscheidet. Alle unsere Leser erhalten identische Kopien dieser einen Ursprungsdatei. Während das Kopieren einer Datei in diesem Fall gewollt ist und überhaupt erst die Grundlage für den erfolgreichen Vertrieb eines Produkts bildet, wird das Kopieren einer digitalen Datei problematisch, wenn es sich um den Erwerb von Unikaten, etwa aus dem Kunstbereich, oder um den Tausch von Geld in digitale Währungen handelt. Wie kann der Käufer sicherstellen, dass der Verkäufer vor dem Versenden der erworbenen Kryptowährung nicht noch eine Kopie erstellt hat und diese nach dem Verkauf des Originals immer noch besitzt? Dieses Problem konnte erst durch den Einsatz der Distributed-Ledger-Technologie gelöst werden. Unter dem Begriff »Digital Ledger«, der sich im Grunde gar nicht und wenn, dann am besten mit »verteiltes Kontenbuch« übersetzen lässt, wird eine Technologie verstanden, welche die unerlaubte Kopie einer digitalen Datei unmöglich macht.

Dabei werden digitale Daten nicht mehr zentral, sondern auf vielen voneinander unabhängigen Peer-Rechnern (den sogenannten »Nodes«, also Knoten) gleichzeitig dezentral gespeichert. Das Recht, eine bestimmte Datei, also etwa das PDF unseres Börsenbriefes zu lesen, ist also nicht mehr nur auf einem Rechner gespeichert, sondern alle Leser des Börsenbriefes verwalten diese Berechtigung gemeinsam. Nur wer im Besitz eines bestimmten digitalen Schlüssels ist (vergleichbar mit dem Passwort, das den Lesern zum Öffnen des Börsenbriefes zugesandt wird), darf den Börsenbrief lesen – oder ihn anschließend an einen Dritten verkaufen. Entscheidet sich der Nutzer für den Verkauf seines digitalen Originals, sorgt ein Aktualisierungsprozess dafür, dass alle Teilnehmer darüber informiert werden und dass der Verkäufer jetzt keinen Zugriff mehr auf diese Datei besitzt. Das Geniale an der Technologie ist, dass jeder Teilnehmer automatisch über den neuesten Stand der Datenbank informiert wird und dementsprechend weiß, wer welche Originaldaten und damit Besitzberechtigungen gerade besitzt. Ein zentraler Administrator oder eine zentrale Datenhaltung ist folglich nicht erforderlich. Vielmehr erfolgt die Datenhaltung auf allen beteiligten Rechnern des Peer-to-Peer-Netzwerks gleichzeitig, eines Netzwerks also, bei dem die Mitglieder als gleichrangig eingestuft sind.

Um das verteilte Kontenbuch bei allen Teilnehmern (den »Peers«) identisch zu erweitern und digitale Daten eindeutig zuzuordnen, bedarf es lediglich eines Abstimmungs- und Validierungsprozesses unter den Teilnehmern des Peer-to-Peer-Netzwerks. Hierbei kommen Algorithmen zum Einsatz, in denen definiert wird, welche Voraussetzungen erfüllt sein müssen, um dem Kontenbuch eine neue, gültige Transaktion – also etwa den Verkauf einer Kryptowährung – hinzuzufügen.

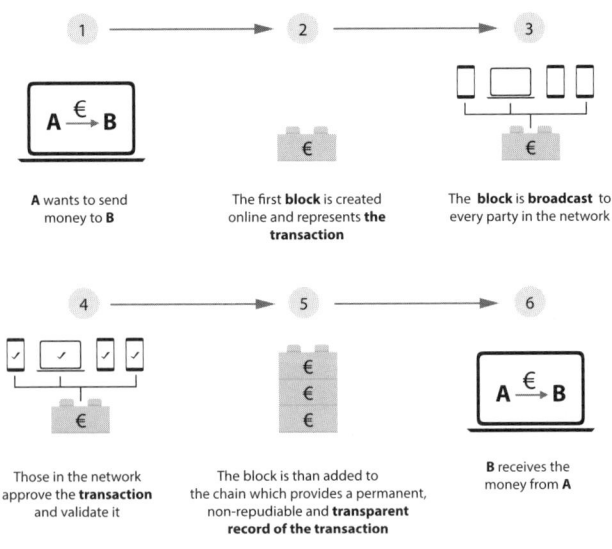

Quelle: https://www.spectator.co.uk/2017/05/blockchain-an-investors-guide/

Abbildung 59: Funktionsweise der Blockchain vereinfacht dargestellt

Der bekannteste Algorithmus ist das Blockchain-System (vgl. Abbildung 59), das fälschlicherweise häufig als allgemeines Synonym für DLT verwendet wird. Das Konzept der Blockchain wurde 2008 von einem Menschen oder einer Menschengruppe mit dem Pseudonym Satoshi Nakamoto erfunden. Die Blockchain ist eine kontinuierlich anwachsende Liste von Datensätzen – genannt Blöcke – die durch den Einsatz kryptographischer Verfahren miteinander verknüpft und dezentral gespeichert werden, wie bei DLTs üblich. Einmal aufgezeichnet können die Daten in einem bestimmten Block nicht rückwirkend geändert werden, ohne dass auch alle nachfolgenden Blöcke geändert werden müssen – was wiederum einen Konsens der Netzwerkmehrheit erfordern würde. Eine Fälschung der Blockchain ist bauartbedingt ausgeschlossen, da gleichzeitig alle Peer-Rechner gefälscht werden müssten – ein völlig unmögliches Unterfangen!

Die Blockchain wird unser Leben und Arbeiten nachhaltig verändern

Lassen Sie uns das Wichtigste kurz zusammenfassen: Durch den Einsatz der Blockchain-Technologie werden Informationen im Internet so gespeichert, dass sie nachträglich nicht verändert werden können, ohne dass andere davon erfahren. Dass diese Technologie bei Währungen zuerst eingesetzt wurde, ist naheliegend. Wie sonst ließe sich eine Kryptowährung wie Bitcoin in Euro umtauschen, wenn der Käufer nicht sicherstellen könnte, dass der Verkäufer den Bitcoin nicht zuvor kopiert hat? Doch die Blockchain kommt nicht nur bei Kryptowährungen zum Einsatz. Ganz im Gegenteil: Wir gehen fest davon aus, dass die Blockchain-Technologie im industriellen Einsatz um ein Vielfaches bedeutender werden wird als beim Handel von Kryptowährungen. Schon heute werden diverse Industrien gehandelt, in denen die Blockchain als »disruptive«, also alles verändernde Technologie zum Einsatz kommen könnte. Ganz oben steht die Finanzdienstleistungsbranche, also Banken und Versicherungen, deren klassische Rolle als Intermediär durch ein dezentrales System wie die Blockchain naturgemäß in seiner Existenzgrundlage erschüttert ist. Aber auch industrielle Anwendungen wie der Automobilbau, Versorger oder selbst das produzierende Gewerbe werden aus unserer Sicht von der Blockchain-Technologie profitieren, die voraussichtlichen Auswirkungen auf verschiedene Branchen zeigt Abbildung 60.

Impact of blockchain by Industry

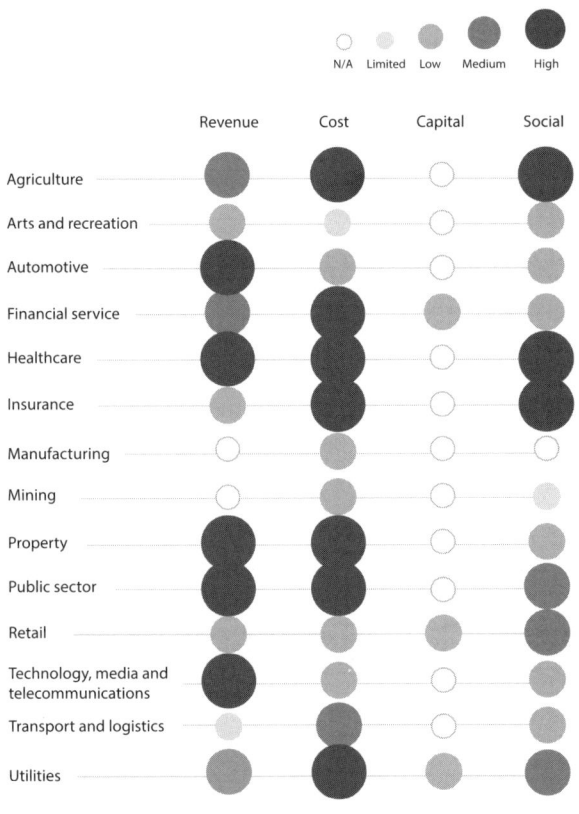

Quelle: https://www.mckinsey.com/business-functions/digital-mckinsey/our-insights/blockchain-beyond-the-hype-what-ist-the-strategic-business-value

Abbildung 60: Auswirkungen der Blockchain auf verschiedene Branchen

Eine weitere, wenngleich bislang vernachlässigte Einsatzmöglichkeit der Blockchain sind Computerspiele, zum Beispiel im Segment der sogenannten Massively Multiplayer Online Games, kurz »MMOGs« (vgl. Abbildung 61). Dabei handelt es sich um Spiele, die von sehr vielen, häufig sogar mehreren tausend Spielern gleichzeitig über das Internet gespielt werden können. Typischerweise interagieren und kommunizieren die Spieler miteinander, schließen sich zu Gemeinschaften (sogenannten Gilden) zusammen und entwickeln auf diese Weise die virtuelle Welt gemeinsam weiter fort. Aufgrund der großen Anzahl an Mitspielern, die zu den unterschiedlichsten Zeiten am MMOG teilnehmen, werden MMOGs meist über mehrere Monate oder sogar Jahre gespielt. Besonders erfolgreiche Spieler genießen in den MMOGs geradezu Kultstatus. Sie sind unter Tausenden von Spielern bekannt, jeder kennt ihre Taktik, ihren Namen und ihr Equipment, zum Beispiel ein besonderes gelbes Schwert, das mit Edelsteinen geschmückt ist und in dem die Namen der besiegten Gegner eingraviert sind. Was wäre, wenn dieses besondere Schwert zu kaufen wäre? Schon haben wir eine Blockchain-Anwendung in einer Industrie, die mit mehr als 100 Milliarden US-Dollar inzwischen einen größeren Marktwert hat als Hollywoods Filmindustrie. Eine Industrie, in der die Blockescence-Tochter Gamigo einer der führenden unabhängigen Anbieter der Welt ist.

Blockescence: Der Profiteur von Blockchain-Anwendungen bei Computerspielen

Mit rund 300 Mitarbeitern in Hamburg (Headquarter), Berlin, Köln, Münster, Darmstadt, Warschau, Istanbul, Chicago und Seoul ist die Gamigo-Gruppe (Muttergesellschaft von Blockescence) ein aufstrebender Computerspiele-Anbieter in Europa und Nordamerika. Dabei ist Gamigo ein Publisher von Online- und Mobile-Spielen, zumeist in Form kostenloser Free-to-Play-MMOGs.

Spiele-Publisher übernehmen für Spieleentwickler die globale Verbreitung der Spiele. Dabei werden die Spiele vom jeweiligen Spieleentwickler für bestimmte regionale Territorien und einen bestimmten

Zeitraum exklusiv lizensiert. Im Vergleich etwa zu einem Filmverleiher gehen die Aufgaben eines Spiele-Publisher allerdings weit über die reine Veröffentlichung eines lizenzierten Spieles in einem bestimmten Ausbreitungsterritorium beziehungsweise –fenster hinaus. Zwar müssen Spiele (genau wie Filme) synchronisiert werden, allerdings ist dieser Vorgang bei einem Film wesentlich aufwendiger, da die von Gamigo angebotenen Spiele in der Regel untertitelt sind und eine zeitaufwendige lippensynchrone Eindeutschung unnötig ist. Nach der Veröffentlichung werden vom Publisher überdies zahlreiche Instrumente genutzt, um die Aktivitäten der Spieler beziehungsweise ihre Zahlungsbereitschaft zu steigern und den Lebenszyklus eines Spiels zu verlängern. Sogenannte Game Masters werden als Moderatoren in den Spiele-Foren aktiv, übernehmen den Kundensupport oder organisieren spezielle »In-Game-Events«. So finden sich derzeit in den meisten Computerspielen von Gamigo Sonderaufgaben, bei denen etwa ein Fußballturnier gewonnen werden muss. In Absprache mit dem Spieleentwickler werden darüber hinaus in regelmäßigen Abständen Updates oder Erweiterungen der Spiele angeboten, wodurch der Lebenszyklus eines Spiels ebenfalls verlängert werden kann.

Risikominimierende Lizenzierungsstrategie

Aus unserer Sicht ist diese Publishing-Strategie unter Chance-Risiko-Gesichtspunkten uneingeschränkt sinnvoll. Dass das Risiko, das mit der Eigenentwicklung eines Computerspieles verbunden ist, im Extremfall existenzgefährdend sein kann, haben wir in den vergangenen Jahren wiederholt beobachtet. Gamigo umgeht dieses Risiko durch die Lizenzierung bereits entwickelter Spiele. Hier können die Erfolgsaussichten ungleich besser eingeschätzt werden als zu Beginn der Entwicklung eines Spieles. Die Lizenzlaufzeit von anfangs 36 Monaten und eine (in der Regel ausgeübte) automatisch wirkende Verlängerungsoption ist aus unserer Sicht auskömmlich. Angestrebt wird dabei, für die Länder Europas sowie Nord- und Südamerikas eine Lizenz zu bekommen. Darüber hinaus ist Gamigo bestrebt, die Lizenzrechte in der Türkei, Russland und Südafrika zu erwerben. Das Besondere dabei: Für die Lizenzierung erhält der Spieleentwickler von Gamigo, neben einer geringen Einmalzahlung in Form eines Abschlags oder einer zu verrechnenden Minimumgarantie, eine umsatzabhängige Lizenzgebühr (die sogenannten »Royalties«, sprich Tantiemen). Diese liegen branchenüblich bei circa 25 Prozent bis 30 Prozent der von Gamigo erwirtschafteten Umsatzerlöse. Im Umkehrschluss ergibt sich damit für Gamigo eine Rohertragsmarge von 70 Prozent bis 75 Prozent. Es gibt also keine sofortige Liquiditätsbelastung, sondern nur die mit der Auswertung verbundenen variablen Kosten. Aktuell umfasst das Gamigo-Portfolio mehr als 30 MMOGs und über 500 Casual-Games (Gelegenheitsspiele). Zum Kern-Portfolio des Unternehmens gehören Spieletitel wie Fiesta Online, Cultures Online, Last Chaos, Aura Kingdom oder Desert Operations.

Abbildung 61: Ausschnitt aus einem MMOG
Screenshot: https://www.mmofront.com/mmo/gamigo/page/2

Sämtliche MMOGs-Spiele sind Free-to-Play-Spiele (abgekürzt F2P). Im Gegensatz zu Pay-to-Play-Spielen (P2P) muss hier ein Spieler für das Spiel nicht notwendigerweise bezahlen. Die Haupteinnahmequelle von Gamigo ist dabei der Verkauf virtueller Güter, die zum einen den Spielspaß steigern und es dem Spieler zum anderen ermöglichen, schneller tieferliegende Spiele-Levels zu erreichen. Schon seit längerem sind Free-to-Play-Spiele wesentlich erfolgreicher als die sogenannten Pay-to-Play-Spiele, bei denen Spieler für das Spiel bezahlen müssen. Einer Analyse des Marktforschungsinstituts GameStar zufolge, wurde 2017 mit Free-to-Play viermal so viel Geld erwirtschaftet wie mit allen anderen Spielen zusammen. Als Konsequenz daraus sind Mobile-Plattformen der mit Abstand lukrativste Markt, PC- und Konsolenspiele liegen weit abgeschlagen auf den hinteren Plätzen. Auf welche Größe der globale Gaming Markt inzwischen angewachsen ist beziehungsweise auf welche Größe er in naher Zukunft voraussichtlich anwachsen wird, verdeutlicht Abbildung 62.

2012-2021 Global Games Market
Revenues per segment 2012-2021 with compound annual growth rates

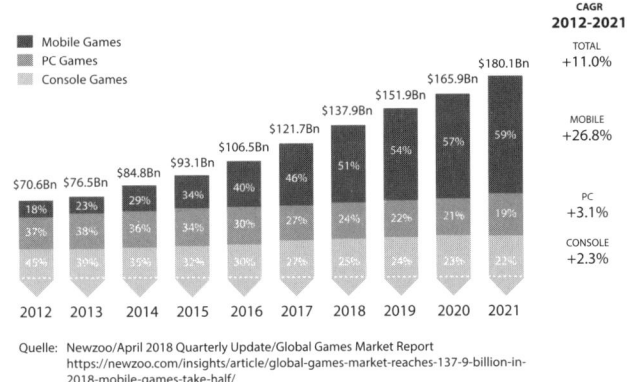

Quelle: Newzoo/April 2018 Quarterly Update/Global Games Market Report
https://newzoo.com/insights/article/global-games-market-reaches-137-9-billion-in-2018-mobile-games-take-half/

Abbildung 62: Der globale Gaming-Markt 2012 bis 2021

Damit schließt sich der Kreis zur Blockchain. Wie Sie unschwer erkennen können, ist die Blockchain eine natürliche und hochprofitable Erweiterung der bisherigen Produktpalette von Gamigo. Bemerkenswert dabei ist, dass sich bislang nur wenige Spiele-Hersteller oder -Publisher mit der Einbindung der Blockchain in ihr Kernge-schäftsmodell beschäftigt haben. Dabei ist die globale Spieleindustrie von massiven Ineffizienzen auf der Herstellerseite geprägt. Hierzu zählen insbesondere:

- der Verkauf von gestohlenen In-Game-Items
- der illegale Handel auf nicht-autorisierten Marktplätzen
- die Übernahme fremder Spiele-Accounts
- betrügerische Neuregistrierungen
- Unklarheiten zwischen Spiele-Herstellern und Spiele-Publishern bezüglich der korrekten Abrechnung

Die meisten dieser Ineffizienzen können durch die Einbringung der Distributed-Ledger-Technologie beseitigt werden. Dabei gilt es, den First-Mover-Advantage zu nutzen, also den Vorteil, den derjenige hat, der sich als erster einer neuen Technologie bedient. Hier hat sich Gamigo zusammen mit seinem Technologiepartner GamerToken be-reits bestens positioniert.

GamerToken ist ein Marktplatz, auf dem einzigartige In-Game-Items ge- und verkauft werden können. Darunter werden Objekte verstanden, die mit einem bestimmten Spieler in Verbindung ge-bracht werden, zum Beispiel das angesprochene gelbe Schwert, das in der Spiele-Community über einen hohen Bekanntheitsgrad ver-fügt. Durch den Einsatz einer Ether-basierten Blockchain kann si-chergestellt werden, dass der Käufer dieses Schwertes keine digitale Kopie erwirbt, sondern das Original dieses Schwertes. Denn eines der entscheidenden Elemente, welche die Blockchain-Technologie für die Computerspieleindustrie hat, ist ihre Öffentlichkeit. So kann die gesamte Spielhistorie nachvollzogen und validiert werden.

Durch GamerToken bekommt Gamigo und damit Blockescence ein klares Alleinstellungsmerkmal in einer fragmentierten Industrie. Ap-ropos fragmentiert: Gamigo hat schon längst erkannt, dass es durch seine Börsennotierung eine Sonderstellung in einer chronisch unter-kapitalisierten Industrie eingenommen hat. So hat sich Gamigo in den vergangenen Jahren auch durch Übernahmen anderer Spiele-Publisher hervorgetan, die Gamigo für meist geringe Beträge übernehmen konnte. Durch die bislang getätigten Übernahmen treibt Gamigo insbesondere die internationale Expansion in andere Wachstumsregionen voran und etabliert sich dort als ernst zu nehmender lokaler Partner.

Mit mehr als 100 Millionen Nutzern ist Gamigo geradezu dafür prädestiniert, von der Einbindung der Blockchain in ihre Computerspiele zu profitieren. Man muss kein Prophet sein, um für die folgenden Jahre eine deutliche Verbesserung der Ertragslage zu prognostizieren. Von welcher Entwicklung wir ausgehen, zeigt Tabelle 13.

Tabelle 13: Erwartete Bewertung von Blockescence (BCK)

Blockescence	2018	2019e	2020e	2021e
EPS (in Euro)	0,07	0,13	0,18	0,27
KGV	15	8	5,8	3,9

Quelle: Eigene Berechnungen

Schwächen und Risiken

Blockescence ist ein junges Unternehmen, das noch beweisen muss, die ausgegebene Strategie auch umsetzen zu können. Der erfolgreiche Turnaround der Gamigo AG bedeutet noch nicht, dass sich das Unternehmen Blockescence ähnlich positiv entwickeln wird. Zudem drohen Risiken aus einer möglichen Regulierung der Blockchain sowie der Electronic-Gaming-Industrie, wie es 2018 in China bei Tencent erkennbar war. Die Resultate sind außerdem stark von der Umsetzung der Unternehmensstrategie abhängig. Hier besteht in einer kleinen Führungsriege das sogenannte Key Man Risk, die Abhängigkeit von bestimmten Schlüsselfiguren. Das betrifft vor allem den Vorstandsvorsitzenden und Großaktionär Remco Westermann, aus unserer Sicht die treibende Kraft des Unternehmens. Es ist nicht sicher, dass sich Blockescene das notwendige Eigen- und Fremdkapital zum

Wachstum beschaffen kann. Einerseits eignet sich das volatile Markt-umfeld, um Konkurrenten billig zu erwerben. Andererseits sind die Investoren seit Ende 2018 risikoaverser geworden. Des Weiteren be-steht ein Verwässerungsrisiko. Es könnte mehr Aktien geben, ohne dass die Gewinne pro Aktie steigen. Das Blockescene-Erfolgsmodell beruht auf dem Erwerb von Mitbewerbern zu sehr attraktiven Kon-ditionen. Ob dies in der Zukunft so bleiben wird, sollte man nicht automatisch voraussetzen.

Fazit: Offensichtlicher Aufwertungs-Kandidat, der noch nicht auf dem Radarschirm der Investment Community ist

Auf Basis der Konsensus-Schätzungen für das Jahr 2021 liegt der Me-dian KGV der Peergroup bei 19,8. Blockescence wird nur mit dem 6,8-fachen erwarteten Gewinn bewertet. Somit ergibt sich auf Sicht von zwei Jahren ein Kursziel von 3 Euro. Aktuell notiert die Aktie bei 1,10 Euro. Damit rechnen wir mit einer Kursperformance von rund 172 Prozent. Hinzu kommt, dass Blockescence, aufgrund des von uns erwarteten deutlich höheren Wachstums gegenüber der deutlich langsamer wachsenden Peergroup mit einer Prämie bewertet sein könnte. Überdies hat noch keiner der internationalen Vergleichs-werte eine ähnliche Blockchain-Strategie zur Ertragsmaximierung eingesetzt. Unabhängige Analysten sind weniger optimistisch. Das Kurspotenzial berechnet ein unabhängiger Analyst mit 1,67 Euro pro Aktie (plus 52 Prozent). Halbieren wir diese Schätzung, ergibt dies ein Kursrisiko von 26 Prozent zum aktuellen Kurs. In Anbetracht extrem nervöser Märkte gehen wir von einem Kursrisiko von 0,40 Euro aus (minus 34 Prozent). Insgesamt ergibt sich ein Chance-Risiko-Verhält-nis von circa 4,3 auf Sicht von zwei Jahren. Das aktuelle Risiko kann man auch mit einem Enterprise Value / EBITDA Exit Multiple von 8,7 im laufenden Jahr beziffern. Dies bedeutet, dass man das gesam-te Unternehmen zum neunfachen Gewinn übernehmen kann. Das wäre ein vertretbarer, relativ leicht finanzierbarer Kaufpreis durch ei-nen Konkurrenten oder einen Private Equity-Spezialisten. In diesem

Fall liegt das Kursrisiko bei maximal 0,40 Euro pro Aktie, also einem Börsenkurs von 0,70 Euro. Unternehmen mit vergleichbar niedrigen Bewertungen und überdurchschnittlichen Perspektiven auf Gewinnwachstum sind in dieser Branche schwer zu finden. Die Peergroup ist deutlich höher bewertet, obwohl fast alle Vergleichswerte langsamer wachsen. Wir gehen davon aus, dass unabhängige Research-Häuser und Investmentbanken den Wert entdecken und in ihre Analysetätigkeiten einbeziehen werden. Zu diesem Zeitpunkt sollte sich die hohe Bewertungsdiskrepanz zur Peer Group schließen.

Wir möchten eine andere Bewertungsmethode einsetzen:

Der ehemalige Chef von mir, Florian Homm, ist der legendäre Fondsmanager Peter Lynch von Fidelity. Er war der Erfinder der Price/Earnings to Growth Ratio, einer Kennzahl, die kurz PEG genannt wird. Hier teilt man das Kurs-Gewinn-Verhältnis durch das erwartete Gewinnwachstum der kommenden Jahre.

KGV (adjustiert) Blockescence 2018: 16x
Gewinnwachstum pro Jahr bis 2022: 40 Prozent
Multiplikator 100: 40 (40 Prozent * 100)
PEG Faktor: 0,4x (16/40)

Zurzeit bekommt man für ein KGV von 16 aus dem vergangenen Jahr circa 40 Prozent Gewinnwachstum pro Jahr in den folgenden drei Jahren. Das PEG liegt demzufolge, nach unserer Schätzung, bei 0,4. Vergleichswerte für den TecDAX stehen bei 2,3 und für den DAX bei 3,2. Die PEG-Ratio der Electronic Gaming-Industrie beträgt derzeit 2,2. Warum sollte Blockescene bei solch einer Gewinndynamik in den kommenden Jahren nicht mit dem zweifachen PEG bewertet werden? Das würde einem Kurspotenzial von circa 400 Prozent entsprechen. Die hohe Optionalität der Blockescene-Aktie ergibt sich aus verschiedenen Faktoren. Das Wachstum der Branche, in welcher Blockescene tätig ist, liegt bei circa 14 Prozent pro Jahr. Die Blockescene-Manager haben bereits gezeigt, dass sie in der Lage sind, diesen Wert mit jährlichen Ertragswachstumsraten zu übertreffen. Die wichtigste Tochtergesellschaft Gamigo machte vor fünf Jahren vor Zinsen, Steuern und Abschreibungen einen Verlust von circa 5 Millionen Euro pro Jahr. Dann übernahm das aktuelle Blockescene-Management das Ruder und kann mit Gamigo im aktuellen Jahr voraussichtlich vor Zinsen, Steuern und Abschreibungen einen Gewinn von 10 Millionen Euro ausweisen. Aus unserer Sicht sollte Blockescene für das abgelaufene Geschäftsjahr 2018 einen operativen Gewinn (EBITDA, sehr nah am freien Cashflow) von 4,1 Millionen Euro und im Jahr 2019 nicht weniger als 7,6 Millionen Euro ausweisen. Mit unseren Erwartungen liegen wir deutlich über den Schätzungen anderer Analysten. Uns gefällt auch, dass die Electronic-Gaming-Branche nicht sehr zyklisch zu sein scheint. Studien aus Griechenland, Russland und Spanien zeigen, dass der Gaming-Sektor während der schweren Rezessionen der Vergangenheit keine Umsatzrückgänge verzeichnet hat. Wir rechnen mit jährlichen Gewinnsteigerungen von circa 40 Prozent über die nächsten drei bis vier Jahre. Für dieses Wachstum zahlt man etwa das Neunfache des frei verfügbaren Cashflows des laufenden Jahres. Die Bewertung liegt ungefähr bei der Hälfte der Branche. Das Wachstum liegt 166 Prozent höher. Deswegen halten wir ein Kursziel von 3 Euro für möglich. Das ergäbe ein Kurspotenzial von circa 172 Prozent. Das Kursrisiko schätzen wir auf 26 Prozent bis 34 Prozent. Somit ergibt sich ein vorteilhaftes Chance-Risiko-Verhältnis. De facto besteht bei der Blockescence-Aktie tatsächlich »Tenbagger«-Potenzial. Dafür müsste das Unternehmen sein eigenes, hoch gestecktes Ertragsziel, ein EBITDA von 60 Millionen Euro, bis Ende 2025 erreichen. Dann wäre eine Verzehnfachung des Kurses durchaus denkbar.

Blockescence Hedge (Absicherung) durch börsennotierte Konkurrenten

- Stillfront AB; ISIN: SE0007704788; WKN: A2ABY8; Symbol: OMXSTO:SF
- THQ Nordic; ISIN: SE0009241706; WKN: A2DGQ4; Symbol: THQN_B

- Ubisoft; ISIN: FR0000054470; WKN: 901581; Symbol: UEN
- CD Projekt; ISIN: PLOPTTC00011; WKN: 534356; Symbol: 7CD
- Electronic Arts; WKN: 878372; Symbol: EA
- Activision Blizzard; WKN: A0Q4K4; Symbol: ATVI
- Take-Two Interactive; WKN: 914508; Symbol: TTWO

Festverzinsliche Alternativen

Vielleicht liegt es an unserer Auswertung der 531 größten Aktiengesellschaften im Crash von 2008/2009 und bis heute, dass es uns aktuell so schwer fällt, Aktien zu finden, die wir Ihnen guten Gewissens
empfehlen können. Der beste Performer im letzten Crash hat einen
Verlust von 20 Prozent erlitten. Der durchschnittliche Wertverlust
lag bei 60 Prozent. Verluste von 80 Prozent oder mehr waren keine
Seltenheit. Um einen solchen Verlust aufzuholen, müsste eine Aktie um 400 Prozent steigen. Wir denken in diesem Zusammenhang
ähnlich wie Warren Buffett. Eines der Erfolgsgeheimnisse besteht darin, Verluste zu vermeiden. Wie Sie mittlerweile sicherlich wissen,
achten wir sehr auf attraktive Chance-Risiko-Verhältnisse. Die Bewertungen der Unternehmen basieren aktuell auf der größten Zins- und
Geldmengenmanipulation aller Zeiten. In über 2000 Jahren Geldge-
schichte gab es noch niemals längere Niedrigzinsphasen, ohne dass
Bewertungsverzerrungen entstanden sind. Diese Blasen wurden ausnahmslos entweder durch Crashs, Finanzrepression, Hyperinflation,
Währungsreformen oder langjährige Wirtschaftskrisen bereinigt. Zudem befinden wir uns bereits in der längsten Hausse und in wenigen
Monaten in der längsten Wirtschaftserholung der USA seit 118 Jahren.
Trotzdem befinden sich globale Aktien- und Anleihebewertungen immer noch auf dem höchsten Stand seit 218 Jahren. Zugleich erleben
wir ein Zeitalter der zunehmenden globalen Vergreisung (Ausnahmen gibt es in den wirtschaftlich weniger bedeutenden Regionen wie
zum Teil Südamerika, Afrika und Teilen Asiens).

Insgesamt sehen wir Buy-and-Hold-Strategien aktuell äußerst
skeptisch. Das kann sich nach einer Marktbereinigung ändern. In

der Zwischenzeit sehen wir fast alle Long-Positionen (mit sehr wenigen Ausnahmen) als kurzfristige Handelspositionen und nicht als fundamentale Kernpositionen. Deshalb halten wir in unserem Depot derzeit nur Aktien mit fehlender oder geringer Korrelation zur Gesamtwirtschaft und einem extrem attraktiven Chance-Risiko-Verhältnis. Selbst diese Werte sichern wir größtenteils aber noch durch Short-Positionen ab. Hohe Optionalität ist sicherlich für den Aktienfan ein brandheißes Thema, aber was wird aus denjenigen, die eher auf festverzinsliche Renditen angewiesen sind? Das ist immerhin die breite Masse der deutschen Anleger. Aus diesem Grund präsentieren wir hier zwei festverzinsliche Anleihen, eine mit einer Laufzeit von etwas unter vier Jahren und eine mit einer Laufzeit von fünf Jahren. Eine längere Laufzeit erachten wir in diesem unsicheren Zinsumfeld als zu riskant. Aus unserer Sicht verfügen beide Anleihen über ein relativ attraktives Chance-Risiko-Profil.

Die erste Anleihe (Fresenius Medical Care) kann man bereits mit einem Mindestinvestment von 2000 US-Dollar über eine Bank, einen Broker oder Onlinehändler kaufen.

Die zweite Anleihe (Gamigo) eignet sich nur für vermögende Anleger, da man in diese Anleihe mit weniger als 100.000 Euro nicht investieren kann.

7.5 Die konservative Anleihe – Fresenius Medical Care

Fresenius Medical Care-Anleihe
ISIN: US302491AS46
WKN: A1HTMK

Fresenius Medical Care (FMC) gehört schon lange zu den Lieblingen der Anleihe-Investoren, obwohl der Dialysekonzern – ebenso wie die Mutter Fresenius – von den Ratingagenturen mit Doppel-B-Ratings als relativ schwacher Schuldner eingestuft wird. Die vergleichsweise schwachen Ratings hat der Konzern deshalb, weil die Schulden nach diversen Zukäufen in den vergangenen Jahren relativ hoch sind.

Wir schätzen die Bonität dieser Anleihe als relativ sicher ein. Fresenius Medical Care ist der führende Anbieter von Produkten für Menschen, die wegen chronischem Nierenversagen zur Dialyse müssen. Diesen Bereich betrachten wir als wenig konjunkturabhängig. Weltweit gibt es rund 3,2 Millionen Patienten. Die Dialyse ist eine lebensnotwendige Blutreinigung. Dadurch wird die Niere praktisch ersetzt. Fresenius Medical Care gehört zu 30,8 Prozent zu Fresenius und notiert selbst im DAX. Über ein weltweites Netz von mehr als 3800 Dialyse-Kliniken betreut das Unternehmen mehr als 329.000 Patienten. Zugleich ist Fresenius Medical Care mit 41 Produktionsstätten auf allen Kontinenten der weltweit führende Anbieter von Produkten wie Dialyse-Geräten und Zubehör. Der Wohlstand steigt und die Menschen werden älter. Dadurch steigt auch die Zahl potenzieller Patienten, die von Fresenius Medical Care versorgt werden. Aktuell beginnt das Unternehmen alle 0,7 Sekunden irgendwo auf der Welt eine Dialyse-Behandlung. Damit erzielte Fresenius Medical Care im vergangenen Jahr einen Umsatz von knapp 18 Milliarden Euro. Im Januar 2009 war Fresenius das erste Unternehmen seit anderthalb Jahren, das einen Junk Bond platzierte – die internationale Finanzkrise hatte den Markt damals komplett austrocknen lassen.

Konservativ orientierte Anleger können die in US-Dollar notierte Anleihe von Fresenius Medical Care erwerben. Die Anleihe hat eine Laufzeit bis zum 1. Februar 2024. Der Kurs liegt bei 101,60 US-Dollar.

Risiken

Es gibt keine Garantie dafür, dass die Kosten für Dialyse-Behandlungen in den USA zukünftig im selben Umfang erstattet werden wie bislang. Sollte sich hier am Status quo etwas ändern – und die Debatte in Kalifornien hat gezeigt, dass dies durchaus möglich ist – dann würde das zu erheblichen Umsatzeinbußen führen. Dies gilt genauso für signifikante Gesetzesänderungen. Eine Umstellung des

Abrechnungsverfahrens zwischen staatlichen Gesundheitssystemen und Kunden könnte Einfluss auf die Margen von Fresenius haben. Zudem besteht die Gefahr weiterer Erlasse, die dazu führen, dass die Kliniken von Fresenius Medical Care mehr Personal vorhalten müssen. Auch das könnte sich erheblich auf den Gewinn auswirken. Die Einführung von Generika oder neuen Medikamenten, die mit Fresenius-Produkten oder Dienstleistungen konkurrieren, oder die Entwicklung von Therapien, mit denen sich chronisches Nierenversagen herauszögern lässt, stellen weitere Risiken dar. Da die Anleihe in US-Dollar notiert, bestehen Währungsrisiken gegenüber Euro und anderen Währungen. Die Qualität wird von der amerikanischen Ratingagentur als mittlerer Investment-Grade eingestuft. Einen Überblick liefert Tabelle 14.

Tabelle 14: Überblick über die FMC-Anleihe

Fresenius Medical Care Anleihe

Kurs (23. Dezember 2018)	101,60 US-Dollar
Coupon (in Prozent)	4,1 Prozent
Rendite bis zum Laufzeitende (in Prozent)	rund 4,0 Prozent
Stückzinsen (in Prozent)	1,56 Prozent
Laufzeit bis zur Fälligkeit (in Jahren)	rund 5,1
Laufzeit (in Monaten)	rund 61
Fälligkeit	01. Februar 2024
Nachrang	nein
Währung	US-Dollar
Wertpapierkennnummer (WKN)	A1HTMK
Rating	BAA2, mittlere Qualität
Zinszahlungen	2x pro Jahr

Quelle: Eigene Darstellung

Generell gilt: Bei allen Anleihen müssen Sie auf eventuelle Vorfälligkeits-termine achten. Denn das Unternehmen kann die Anleihe in diesem Fall vor der ausgewiesenen Laufzeit frühzeitig zurückzahlen. Das könn-te die erwartete Rendite schmälern. Falls es Ihnen gelingen sollte, die halbjährigen Zinszahlungen mit einer ähnlichen Rendite zu reinvestie-ren wie bisher (4 Prozent), ergibt sich über die avisierte Laufzeit dieser Anleihe eine Gesamtverzinsung (vor Steuern) von circa 20,3 Prozent.

Fazit

Diese Fresenius-Medical-Care-Anleihe eignet sich aufgrund der mit-telfristigen Laufzeit, der Zinsabdeckung, der geringen Zyklizität des Dialysegeschäfts und einem stabilen Ausblick für eine breite Anle-gerschicht. Die Verzinsung liegt mit circa 4 Prozent deutlich über der Inflationsrate von circa 2,2 Prozent.

7.6 Gamigo-Anleihe – eine hochverzinsliche Alternative für Vermögende und professionelle Investoren

Gamigo AG Anleihe FLN 18/22
ISIN: SE0011614445
WKN: A2NBH2
Börse: Frankfurt
Mindestinvestitionssumme: 100.000 Euro (Privatplatzierung)

Die Chancen

Gamigo gehört zu den fünf wichtigsten deutschen E-Game-Anbie-tern. Das Unternehmen entwickelt selbst keine Spiele, sondern legt den Fokus auf Vertrieb und Marketing. Das unterscheidet die Akti-engesellschaft von vielen Wettbewerbern. Rund 100 Millionen Kunden nutzen regelmäßig die 50 Spiele aus dem Angebot von Gamigo. Das Unternehmen gehört zum Unterhaltungskonzern Blockescence. Diese Aktie haben wir Ihnen bereits vorgestellt. Die Gamigo-Anleihe schüttet mit einer jährlichen Verzinsung von 7,75 Prozent über dem dreimonatigen Euribor-Satz vier Mal im Jahr Zinsen aus (also vier Zahlungen zu je 1,9375 Prozent, die dem Anteilseigner für Investitionen oder Ausgaben zur Verfügung stehen). Als zusätzlichen Schutz gegen Inflation ist der Zinssatz an den Geldmarktsatz Euribor gekoppelt. Das bedeutet, dass der Anleiheeigner derzeit von einer Mindestverzinsung von 7,75 Prozent pro Jahr ausgehen kann. Falls der dreimonatige Euribor-Zinssatz auf 0,5 Prozent steigt, steigt die Verzinsung der Gamigo-Anleihe auf 8,25 Prozent. Somit ergibt sich eine Verzinsung dieser Anleihe von etwas weniger als 32 Prozent über die Restlaufzeit von noch 47 Monaten. Da wir in diesem Zeitfenster von deutlich geringeren Renditen an den Aktienmärkten ausgehen, erachten wir diesen Bond als äußerst interessant.

Die Analysten von Pareto (eine der großen Brokerage-Gesellschaften in Skandinavien und einer der drei etablierten Marktteilnehmer in Schweden) gehen davon aus, dass die Zinszahlungen 3,2 Mal durch die operativen Gewinne gedeckt sind. Wir sehen diese Berechnung als eher konservativ an. Allein durch die vor kurzem veröffentlichte Übernahme in den USA rechnen wir mit einer Zinsdeckung von 3,7. Die unten aufgeführte Tabelle (Tabelle 15) dient als Indikator dafür, wie die Gamigo-Anleihe auch bewertet werden könnte. Mit einer Zinsabdeckung von 4,5 im Jahr 2019 oder 2020 würde man diese Anleihe bereits als Investment Grade bezeichnen. Diesen Faktor halten wir im kommenden Jahr, mit einer höheren Wahrscheinlichkeit jedoch im Jahr 2020, für möglich. Große Unternehmensanleihen werden anders eingestuft als kleine Emissionen. Die Kategorie »Investment Grade« beginnt bereits bei einer Zinsabdeckung von drei. Die Zinsabdeckung von Gamigo liegt über diesem Wert. Falls Gamigo seinen Cashflow weiter verbessert, halten wir sogar einen Kursgewinn zwischen 4 Prozent und 7 Prozent für möglich. Das wäre immerhin ein Total Return von 13 Prozent innerhalb von 59 Wochen bei kalkulierbarem Risiko.

Nahezu absurd finden wir das Ranking der meisten europäischen vierjährigen Schrott-Anleihen mit einer deutlich schlechteren Zinsabdeckung und einer Rendite von circa 3 Prozent bei einer vergleichbaren Laufzeit. Ein professioneller Carry-Trader oder Nostrohändler würde die Gamigo-Anleihe wahrscheinlich mit einem Hebel von drei bis fünf kaufen (erwartete annualisierte Rendite zwischen 23 Prozent und 33 Prozent) und im selben Verhältnis europäische Schrottanleihen mit einer Laufzeit zwischen fünf und 14 Jahren shorten.

Tabelle 15: Zinsabdeckung (Interest Coverage) und das sich daraus ergebende Rating

Interest Coverage ≥ (größer gleich)	Interest Coverage ≤ (kleiner gleich)	Rating	Spread
- 100.000	0,4999	D2/D	19 Prozent
0,5	0,7999	C2/C	14 Prozent
0,8	1,2499	Ca2/CC	11 Prozent
1,25	1,4999	Caa/CCC	9 Prozent
1,5	1,9999	B3/B-	4 Prozent
2	2,4999	B2/B+	4 Prozent
2,5	2,9999	B1/B+	3 Prozent
3	3,4999	Ba2/BB	2 Prozent
3,5	3,9999	Ba1/BB+	2 Prozent
4	4,4999	Baa2/BBB	1 Prozent
4,5	5,9999	A3/A-	1 Prozent
6	7,4999	A2/A	1 Prozent
7,5	9,4999	A1/A+	1 Prozent
9,5	12,499	Aa2/AA	1 Prozent
12,5	100.000	Aaa/AAA	1 Prozent

Bei kleineren und riskanteren Unternehmen (< $5B)   *Quelle: Eigene Darstellung*

Risiken

- Bei einem Zinssatz von 7,75 Prozent pro Jahr mit vierteljährlicher Auszahlung läuten bei den meisten Investoren die Alarmglocken. Sie denken sicher: »Das kann ja nur eine Schrottanleihe sein«. Das ist angesichts der vielen Pleiten deutscher Mittelstandsanleihen verständlich. Natürlich gibt es auch bei dieser Anleihe ein Risiko. Denn einen Zinssatz oberhalb von 7 Prozent gibt es nicht ohne Risiko. Unseres Erachtens stehen Risiko und Rendite hier jedoch in einem angemessenen Verhältnis, was man von vielen anderen Anleihen nicht behaupten kann.
- Wenn der dreimonatige Euribor-Zinssatz (aktuell minus 0,3 Prozent) markant auf 5 Prozent oder 10 Prozent steigt, dürfte es Gamigo schwerfallen, die Zinsen zu bedienen.
- Ungewiss ist, ob und zu welchen Konditionen Gamigo die Anleihe im vierten Quartal des Jahres 2022 refinanzieren kann.
- Ungewiss ist ebenso, ob das Management die bisherige Performance fortsetzen kann.
- Die Mindeststückelung beträgt 100.000 Euro. Das Emissionsvolumen liegt bei 32 Millionen Euro. Es handelt sich hier um eine Anleihe mit vergleichsweise kleinem Volumen und geringem Börsenhandel.
- Die Resultate sind zudem stark von der Umsetzung der Unternehmensstrategie abhängig. Hier besteht in einer kleinen Führungsriege das sogenannte Key Man Risk. Das betrifft vor allem den Vorstandsvorsitzenden und Großaktionär Remco Westermann, aus unserer Sicht die treibende Kraft des Unternehmens.
- Es ist nicht sicher, dass sich Blockescene das notwendige Eigen- und Fremdkapital zum Wachstum beschaffen kann. Einerseits eignet sich das volatile Marktumfeld, um Konkurrenten billig zu erwerben. Andererseits sind die Investoren seit Ende 2018 risikoaverser geworden. Das größte Risiko bildet die Rückzahlung der ausgegebenen Anleihe seitens der Gamigo-Gruppe. Ein Ausfall könnte bei globalen Ausfällen an den Kredit- und Anleihemärkten auftreten.

– Anleihekurse sind stark abhängig von den Veränderungen des Marktzinses. Während der Emittent die Anleihe am Ende der Laufzeit immer den Nennwert, also 100 Prozent, zurückzahlt, kann der Marktzins den Kurs der Anleihe während der Laufzeit in die eine oder andere Richtung beeinflussen. Das ist relevant für Anleger, die ihre Anleihe vor Laufzeitende verkaufen müssen oder auf Kursgewinne spekulieren. Kommt es zu einem starken Anstieg des Marktzinses, kann der Anleihekurs unter Umständen auch unter den Nennwert von 100 Prozent sinken, also unter pari notieren. Muss der Anleger dann verkaufen, macht er theoretisch Verluste. Der Zinssatz ist der wichtigste Parameter zur Bewertung einer Anleihe. Der Wert der Anleihe sinkt, wenn der Zinssatz steigt. Denn Anleger können die Rückzahlungsbeträge (Kupon und Tilgung) zum neuen, attraktiveren Zinssatz anlegen. Die Kursänderung und die Rendite-Veränderung sind gegenläufig.

Fazit

Wir trauen dem Management von Gamigo zu, den operativen Cashflow nachhaltig zu steigern. Zwischen 2012 und dem laufenden Jahr steigerte sich der Cashflow von circa minus 400.000 Euro auf plus 800.000 Euro im Monat. Große Unternehmensanleihen werden anders eingestuft als kleine Emissionen. Wie Sie in Tabelle 16 erkennen können, beginnt die Kategorie »Investment Grade« bereits bei einer Zinsabdeckung von drei. Die Zinsabdeckung von Gamigo liegt über diesem Wert. Falls Gamigo seinen Cashflow weiter verbessert, halten wir sogar einen Kursgewinn zwischen 4 Prozent und 7 Prozent für möglich. Das wäre immerhin ein Total Return von 13 Prozent bis Ende 2019, allerdings unter der Prämisse eines stabilen Marktumfelds. Tabelle 16 zeigt Ihnen noch einmal die wichtigsten Daten zur Gamigo-Anleihe im Überblick.

Tabelle 16: Gamigo-Anleihe im Überblick

Gamigo Anleihe	
Kurs (23. Dezember 2018)	99,50 Euro
Coupon (in Prozent)	7,75 Prozent
Rendite bis zum Laufzeitende (in Prozent)	rund 7,85 Prozent
Stückzinsen (in Prozent)	1,40 Prozent
Laufzeit bis zur Fälligkeit (in Jahren)	rund 5
Laufzeit (in Monaten)	47
Fälligkeit	11. Oktober 2022
Nachrang	nein
Währung	Euro
Wertpapierkennnummer (WKN)	A2NBH2
Zinszahlungen	4x pro Jahr
Mindestanlagesumme	100.000 Euro

Quelle: Eigene Darstellung

Die Gamigo-7,75 Prozent-Anleihe eignet sich aus unserer Sicht für solvente und erfahrene Anleger mit einem mittelfristigen Investmenthorizont. Die Rendite, die Zinsabdeckung und die geringe Konjunkturabhängigkeit des Unternehmens sprechen für diese Anleihe. Ähnlich hoch verzinste High-Yield- oder Junk-Bond-Anleihen, die in Euro notieren, sind aus unserer Sicht derzeit wesentlich riskanter.

KAPITEL 8

Schlusswort

*»Es ist lächerlich zu glauben, dass man Blasen
nur im Nachhinein erkennen kann.«*

MICHAEL BURRY

Wo geht die Reise hin?

Wir befinden uns wirtschaftlich sowie finanziell in einer äußerst prekären Lage. Die globale Verschuldung hat in den wichtigsten Wirtschaftsregionen der Welt erschreckende Ausmaße erreicht. Noch nie da gewesene Finanzierungen stehen bis 2023 auf globaler Ebene an. Erschwerend kommt hinzu, dass nachteilige demographische Entwicklungen in Japan, Europa und den USA die Haushaltsdefizite in die Höhe treiben könnten. Ein Paradigmenwechsel und disruptive technologische Veränderungen sind aus unserer Sicht für den Beschäftigungsgrad eher bedrohlich als förderlich. Das europäische, japanische und chinesische Bankensystem steht auf extrem wackligen Füßen. Hieraus ergibt sich ein hochgradig giftiger Cocktail für Investoren und Bürger zugleich.

Wir glauben nicht daran, dass Politiker, Zentralbanker und Industrie-Kapitäne dieses Schiff aus schwerem Seegang noch in ein stabileres Fahrwasser manövrieren können. Nach den letzten beiden Krisen wurden keine wesentlichen strukturellen Veränderungen vorgenommen. Das System sollte im Kern so bleiben, wie es war. Damit wurde die Basis für die nächste Krise gelegt.

Das bedeutet, dass eine Notmaßnahme auf die andere folgen wird, damit das Schiff nicht untergeht. Das Finanz- und Wirtschaftssystem wird mittelfristig immer fragiler. Dass einiges im Argen liegt, haben viele Investoren schon erkannt. Das lässt sich an den Börsen bereits ablesen. Sie befinden sich mehrheitlich bereits in einem Bärenmarkt. Schwere Einbrüche an den Börsen sind fast immer die Vorboten einer Rezession und nicht andersherum. Der Wind, dem wir aktuell ausgesetzt sind, wird also immer stürmischer.

Somit ergeben sich drei mögliche Szenarien. Das erste halten wir für recht unwahrscheinlich.

1. Alles wird gut! (Wahrscheinlichkeit unter 10 Prozent)
   - Universalbanken werden in Geschäftsbanken und Investmentbanken getrennt. Die Eigenkapitalanforderungen werden stark erhöht. Notleidende Kredite werden kontinuierlich abgebaut.
   - Normalisierung des Zinsniveaus, um den Aufbau weiterer Zombiebanken, Zombiekredite, Zombieunternehmen und Zombiestaaten zu verhindern und Sparer nicht mehr zu enteignen
   - effektive Neugestaltung beziehungsweise Restrukturierung ineffizienter Behörden
   - Wirtschaftsfördernde, positive Migrationspolitik
   - Einschränkungen bei Militärausgaben
   - Verhinderung beziehungsweise Reduzierung von Wirtschaftssanktionen und Strafzöllen
   - Staatsausgaben werden mehr mit Steuereinnahmen in Einklang gebracht
   - eine Restrukturierung des Renten- und Gesundheitssystems und so weiter

2. Kollaps! (Wahrscheinlichkeit circa 20 Prozent)
   - Zentralbanken, Politiker und Wirtschaftsbosse können die bedrohliche Lage nicht mehr eingrenzen. Das Schiff geht unter.
   - Finanzmärkte kollabieren mit schwerwiegenden Konsequenzen für die Realwirtschaft und die politische Landschaft.
   - Währungsreformen
   - Insolvenzen en masse

- Kapitalflucht
- Edelmetall-Hausse
- hohe Verluste für Anleger
- Wertschriften-Crash
- Depression
- Immobiliencrash
- extreme Finanzrepression

3. »Kuddelmuddel« (Wahrscheinlichkeit circa 70 Prozent)
   - Europa zeigt immer mehr Züge der japanischen Krise
   - Amerika und Europa lancieren große Infrastrukturprogramme
   - Quantitative Easing 4,5,6,7,8,9,10 und so weiter
   - schwere Verzerrungen an den Kapitalmärkten und in diversen Wirtschaftsregionen weltweit
   - steigende Finanzrepression
   - steigende Unstimmigkeiten innerhalb der EU
   - Vergemeinschaftung der Finanzrisiken auf EU-Ebene
   - steigendes Misstrauen der Bürger gegenüber Staatsorganen und Zentralbanken
   - volatile Kapitalmärkte
   - schwindende Realverzinsung
   - Edelmetall-Hausse
   - zunehmende Verluste für Anleger
   - fallende Immobilienpreise
   - Rezession gefolgt von Stagflation

Wir wollen hier den Teufel nicht an die Wand malen. Aber bislang haben wir mit unseren Prognosen gar nicht so schlecht gelegen. Das heißt nicht, dass wir wieder einen Treffer landen müssen. Das »Kuddelmuddel«-Szenario könnte auch in einem Kollaps enden. Als Mischform dieser beiden Szenarien halten wir eine hyperinflationäre Phase oder zumindest eine Stagflation ebenfalls für möglich.

Schnallen Sie sich bitte fest an. Diese Fahrt könnte es in sich haben. Wir sehen diesen Krisenherden mit einiger Zuversicht entgegen, da sie aus historischer Sicht keineswegs Neuland darstellen. Wir gehen sogar noch einen Schritt weiter. Turbulente Märkte führen immer zu erheblichen und ungeordneten Preisverzerrungen. In einem so volatilen Umfeld fühlen wir uns pudelwohl, weil die Preisfindung in verschiedenen Assetklassen ineffizienter und chaotischer wird. Somit steigen auch die Chancen für den professionellen Total-Return-Investor. In diesem Umfeld sollten diejenigen reüssieren, die einen kühlen Kopf bewahren, risikobewusst und diszipliniert investieren, auch mal auf fallende Kurse setzen und sich ständig weiterbilden.

Wir wünschen Ihnen viel Erfolg, beste Gesundheit und viel Erfüllung während der kommenden Achterbahnfahrt.

Zum Abschluss möchten wir Ihnen ein Zeitungs-Editorial präsentieren, wie es im Jahr 2027 über unsere aktuelle Marktlage in einer Tageszeitung erscheinen könnte. Wie nach Crashs in der Vergangenheit, wird im Nachhinein der komplette Wahnsinn an den Finanzmärkten als vollkommen logisch dargestellt werden und alle Leute werden sich fragen, wie etwas so Offensichtliches verkannt werden konnte.

Liebe Leser,

die Ära der allmächtigen Zentralbanken neigt sich ihrem Ende zu. Nach einer nahezu unkontrollierten Geldmengenschwemme, die mit der Abschaffung des Goldstandards im Jahr 1971 begann und nach der Jahrtausendwende nie vorstellbare Ausmaße erreichte, mussten die Keynesianischen Zentralbank(st)er einsehen, dass man durch den Gelddruckknopf weder die Wirtschaft nachhaltig ankurbeln kann noch die ohnehin schon desolaten Staatsbilanzen mit zunehmenden Schulden sanieren wird.

Nachteilige demographische, makroökonomische und militärische Faktoren ließen sich nicht durch eine übertriebene monetäre Geldpolitik außer Kraft setzen. Die einzig wirklich nachvollziehbaren Konsequenzen der Geldvermehrungsmanie waren temporär, dramatisch gestiegene Vermögenswerte, die in schlecht getimten Aktienrückkaufaktionen und fehlplat-

zierten Übernahmewellen nach der längsten Wirtschaftserholung seit 225 Jahren kläglich kollabierten. Für die breite Masse der Bevölkerung führte die größte Zinsmanipulation und Asset Inflation seit 220 Jahren dazu, dass sich die Vermögensschere immer weiter öffnete und dass die Arbeitslosenquote an Bananenrepublik erinnerte.

Jetzt müssen Regierungen und ihre Finanzminister dem Vertrauensschock der Anleger begegnen, welche in Währungen und Staatsanleihen investiert sind, die auf nichts anderem basieren als der Fähigkeit der Steuerzahler, diese zu bedienen.

Da diese Zahlungsfähigkeit vollends erschöpft ist, wird einigen einst mächtigen Nationen wenig anderes als eine Stagflation oder Hyperinflation bevorstehen, wahrscheinlich gefolgt von selektiven Währungsreformen, Zwangshypotheken und Nationalisierungen. Nur so lassen sich die gigantischen Schuldenberge abtragen und dies leider – wie immer – auf dem Rücken der Anleger und Steuerzahler.

Vielleicht wären vermögensbasierte Währungen tatsächlich die einzig richtige, nachhaltige Lösung, um derartige Exzesse, Manipulationen und Verzerrungen in Zukunft zu unterbinden.

Ihr Chefredakteur

> »Die Definition von Wahnsinn ist, immer wieder das Gleiche zu tun und andere Ergebnisse zu erwarten.«
>
> ALBERT EINSTEIN

Glossar

Aktiva — Summe der Vermögenswerte, die eine Privatperson, ein Unternehmen oder ein Land besitzt

Aktie — Anteil an einer Aktiengesellschaft (AG), die durch Ausgabe von Anteilsscheinen Kapital beschafft

Aktienrückkäufe — Unternehmen kaufen ihre eigenen Aktien zurück, um so die Anzahl der Aktien zu verringern und den Wert zu steigern

Algorithmus — Beliebig viele Einzelschritte, die eine Problemlösung klar definieren; ein Algorithmus kann in Computerprogramme implementiert werden

Anleihe — Verzinsliches Wertpapier, das der Kapitalbeschaffung für Unternehmen oder Staaten dient

Arbitrage — Der gleichzeitige Kauf und Verkauf einer Wertschrift, um Preisunterschiede zu eliminieren und einen Profit daraus zu schlagen

Außenhandelsbilanz — in dieser Bilanz werden Exporte und Importe einer Volkswirtschaft gegenübergestellt und ein Saldo gebildet (Exporte > Importe: Überschuss in der Außenhandelsbilanz; Exporte < Importe: Defizit in der Außenhandelsbilanz)

Baby-Boomer — Mensch, der in den Jahren mit hohen Geburtenraten (1946 bis 1970) geboren wurde

Backwardation — Situation, in welcher der Preis eines Futures am Spot-Markt höher ist als am Terminmarkt; dies führt zu Gewinnen beim Rollieren

Bail-out — Unternehmen, Staat oder Individuum, das durch Schuldenübernahme eine Unternehmung vor Zahlungsausfall bewahrt

Baisse – Siehe Bärenmarkt

Baissier — Person, die auf fallende Kurse spekuliert

Bärenmarkt — Markt mit lang anhaltenden sinkenden Kursen

Belegschaftsaktien — Aktien, die von einer Aktiengesellschaft an ihre eigenen Mitarbeiter unter Börsenkurs verkauft werden

Beta-Faktor — beschreibt die Korrelation einer einzelnen Aktie zum Gesamtmarkt. Beta = (-)1 bedeutet, dass die Aktie den Gesamtmarktbewegungen vollständig (gegensätzlich) folgt

Bid-Ask-Spread — Differenz zwischen dem unmittelbaren Kauf- und Verkaufspreis einer Wertschrift an der Börse

Bilanz — Zum Ende eines Geschäftsjahres erstellte Gegenüberstellung von Einnahmen (Aktiva) und Ausgaben (Passiva)

Bonität — Maßstab, um die Kreditwürdigkeit eines Schuldners beziehungsweise Anleiheemittenten zu bewerten; je kreditunwürdiger der Schuldner, desto höher sind die zu zahlenden Zinsen

Bretton-Woods-Abkommen — Nach dem zweiten Weltkrieg verhandeltes Abkommen, bei dem Papiergeld mit Gold hinterlegt wurde

Bruttoinlandsprodukt (BIP) — Wert aller in einem Land erbrachten Wirtschaftsleistungen (Waren und Dienstleistungen) innerhalb einer Periode (in der Regel eines Jahres)

Bullenmarkt — Markt mit lang anhaltend steigenden Kursen

Bunds — Anleihen, welche von der deutschen Regierung emittiert werden

Call-Option — Kaufoption, bei der ein Wertpapier zu einem bestimmten Zeitpunkt zu einem festgelegten Preis erworben werden kann. Mit einer Call-Option wird auf steigende Preise spekuliert

Capital Asset Pricing Model (CAPM) – Model, um unter anderem die Rendite-Forderung der Eigenkapitalgeber zu ermitteln

Cashflow — Differenz der Einnahmen und Ausgaben; Geldzufluss innerhalb eines Zeitraums

Collaterized Debt Obligation (CDO) — Anleihen, in denen vor allem Hypotheken- und Kreditforderungen in Form von Wertpapieren verbrieft werden

Collaterized Loan Obligations (CLO) — Anleihen, die insbesondere Firmenkredite in Form von Wertpapieren verbriefen

Contango (Forwardation) — Situation, in welcher der Preis eines Futures am Terminmarkt höher ist als am Spot-Markt; dies führt zu Verlusten beim Rollieren

Crash — Börsenphase mit stark sinkenden Kursen

Credit Default Swap (CDS) — Versicherung gegen Zahlungsausfälle bei Anleihen

Debitor — Schuldner; Kreditnehmer

Deflation — Abnahme des allgemeinen Preisniveaus über einen längeren Zeitraum

Depotbank — Kreditinstitut, das Wertpapiere verwahrt und verwaltet

Depression — Absturz der wirtschaftlichen Gesamtentwicklung durch steigende Arbeitslosigkeit, sinkende Einkommen, fallende Preise sowie Rückgang des Sozialprodukts

Derivat — Finanzprodukt, das aus einem Basisinstrument (zum Beispiel einer Aktie) abgeleitet wird und von dessen (Preis-)Entwicklung abhängig ist. Beispiele für Derivate sind Optionen, Futures, Zertifikate et cetera

Deutscher Aktienindex (DAX) — Börsenindex mit den 30 größten und umsatzstärksten Unternehmen in Deutschland, die an der Frankfurter Börse notiert sind

Dividende — Anteil des Gewinns, den eine Aktiengesellschaft an ihre Aktionäre auszahlt

Diskontierung — Abzinsung eines zukünftigen Wertes, um den Gegenwartswert zu ermitteln

Dow Jones Industrial Average – Börsenindex mit den 30 größten börsennotierten Unternehmen der USA

Earnings before Interest, Taxes, Depreciation & Amortization (EBITDA) — Gewinn eines Unternehmens vor Zinszahlungen, Steuern, Abschreibungen und Amortisierungen

Elastizität — Wert, der die Preisempfindlichkeit von Konsumenten misst

Emittent — Institution oder Person, die Wertpapiere in Form von Aktien, Anleihen oder Optionen ausgibt

Enterprise Value — Wert eines Unternehmens, unabhängig von seiner Finanzierung; Summe aus Marktkapitalisierung und Schulden minus des »sauberen« Cash-Bestands

Euro Stoxx 50 — Aktienindex, der die 50 größten Unternehmen Europas umfasst

Euro Stoxx 600 — Aktienindex, der die 600 größten Unternehmen Europas umfasst

Exchange-Traded Fund (ETF) — Ein an der Börse gehandelter Investmentfonds

(Market-)Exposure — Proportion des in einem Markt investierten Geldes (in Prozent)

Federal Reserve Bank (Fed) — Zentralbank der Vereinigten Staaten von Amerika

Fiatgeld — Geld ohne Einlösungsverpflichtung (zum Beispiel in Form von Gold oder Silber); Banknoten und Münzen ohne intrinsischen Wert

Finanzrepression — Interventionen beziehungsweise Maßnahmen, durch die der Staat Geldmittel von Anlegern beziehungsweise Bürgern zu sich führt

Fiskalpolitik — Zur Verfügung stehende Maßnahmen eines Staates, um in die Konjunktur- und Wachstumspolitik einzugreifen

(Investment-)Fonds — Ansammlung von Kapital, das ein Fondsmanager für die Anteilseigner investiert, um eine größtmögliche Rendite zu erwirtschaften

Foreign Exchange (Forex) — Bezeichnung des globalen Markts für den Devisenhandel

Futures-Kontrakt — Standardisiertes Wertpapiergeschäft, das für beide Parteien zu einem bestimmten Zeitpunkt zu einem festgelegten Preis verpflichtend ist

Gläubiger — Kreditor; Geldgeber

Goldstandard — Währungssystem, in dem Gold als Gegenwert zum Papiergeld dient

Hausse — Siehe Bullenmarkt

Haussier — Person, die auf steigende Kurse spekuliert

Hedgefonds — Investmentfonds, der in Bezug auf die Anlagepolitik weniger gesetzlicher Regulationen unterliegt als klassische Fonds

Hyperinflation — Schnelle Zunahme des allgemeinen Preisniveaus (ab circa 20 Prozent Inflationsrate pro Jahr)

Hypothek — Grundpfandrecht, in dem der Hypothekennehmer meist Geldmittel im Austausch für Rechte an einer Immobilie erhält

Inflation — Zunahme des allgemeinen Preisniveaus über einen längeren Zeitraum

Initial Coin Offering (ICO) — Eine Form des Crowdfundings zur Finanzierung auf Kryptowährungen basierender Firmen

Internationaler Währungsfonds (IWF) — 1945 gegründete Sonderorganisation der Vereinten Nationen mit dem Ziel, insbesondere die Zusammenarbeit in Währungsfragen zu fördern

Investment Grade — Anlagewürdige Bonität, der Begriff wird meistens bei Anleihen verwendet. Anleihen, die nicht in diese Kategorie fallen, haben enorm hohe Ausfallwahrscheinlichkeiten und werden als Junk-Bonds oder High-Yield-Bonds bezeichnet

Junk-Bond — Risikoreiche Anleihe mit überdurchschnittlicher Verzinsung

Klumpenrisiken — Eine Häufung von Risiken, weil zum Beispiel (Geld-) Forderungen gegenüber anderen Unternehmen bestehen, die alle nur einer bestimmten Branche oder Region angehören. Gerät ein Unternehmen in Schwierigkeiten, ist es aufgrund der Ähnlichkeit der Unternehmen wahrscheinlich, dass auch die anderen Unternehmen Probleme bekommen

Konsolidierung — Vereinheitlichung der Einzelabschlüsse in einem umfassenden, aussagefähigen Konzernabschluss

Korrelation — Begriff, der die Beziehung zwischen mehreren Merkmalen beschreibt. Eine positive (negative) Korrelation sagt aus, dass sich die Merkmale in dieselbe (in eine unterschiedliche) Richtung bewegen. Die Kennzahl bewegt sich zwischen 1 (positive Korrelation) und –1 (negative Korrelation)

Kurs-Gewinn-Verhältnis (KGV) — Bewertungsangabe einer Aktie aufgrund eines Vielfachen des Jahres-Unternehmensgewinns

Large Caps — Unternehmen mit einer Marktkapitalisierung von mehr als 10 Milliarden Euro

Leerverkauf (Short-Selling) — Verkauf von Wertpapieren wie zum Beispiel Aktien, Anleihen, über die der Verkäufer/Spekulant zum Verkaufszeitpunkt nicht verfügt, sondern die er sich geliehen hat

Leitzins — Von einer Noten- oder Zentralbank festgelegter Zinssatz, zu dem sich eine Geschäftsbank Kapital beschaffen beziehungsweise sich refinanzieren kann

Liquidität — Fähigkeit eines Unternehmens, Zahlungsverpflichtungen durch flüssige Mittel wie Bargeld jederzeit fristgerecht nachzukommen

Lobbyismus — Interessenvertretung und Einfluss von einzelnen oder mehreren Interessengruppen auf politische und gesellschaftliche Entscheidungen

London Interbank Offered Rate (LIBOR) — Zinssatz, zu dem sich die Geschäftsbanken untereinander Geld leihen

Mergers and Acquisitions (M&A) — Fusionen und Übernahmen

Marktanomalien — Kursbewegungen an den Börsen, die durch irrationales Verhalten zu erklären sind, aber keine fundamentale Begründung haben

Master of Business Administration (MBA) — Postgradueller Studienabschluss, der eine praxisnahe wirtschaftliche Managementausbildung vermittelt

Mid-Caps DAX (MDAX) — Deutscher Nebenwerte-Index, der die 60 in Marktkapitalisierung und Börsenumsatz auf den DAX folgenden Unternehmen enthält

Mid Caps – Unternehmen mit mittlerer Marktkapitalisierung; Faustregel zwischen 2 und 10 Milliarden Euro

Net Long, Net Short – Portfolio bestehend aus Long- und Short-Positionen, das in der Summe netto mehr auf Long oder mehr auf Short ausgerichtet ist

New Economy — Bezeichnung für einen aufstrebenden Wirtschaftszweig, welcher stark durch informationstechnologiebasierte Produkte geprägt wird; Gegenpol zur Old Economy, die auf Warenproduktion ausgerichtet ist

Nikkei 225 — Japanischer Aktienindex, bestehend aus den 225 der bedeutendsten Aktien (Pendant zum DAX); gleichzeitig wichtigster Aktienindex Asiens

Nostrogeschäfte — Wertpapiergeschäfte, die die Bank auf eigene Rechnung und eigenes Risiko statt im Auftrag eines Kunden abschließt

Organization of the Petroleum Exporting Countries (OPEC) — Weltweiter Zusammenschluss erdölexportierender Staaten mit dem Ziel und der Strategie, Preis- und Mengenabsprachen zu treffen und die Erdölförderung zu regulieren

Optionen — Finanzinstrumente beziehungsweise Derivate; mit dem Kauf einer Option erwirbt der Käufer das Recht, diese Option (zum Beispiel eine Aktie) zu einem vorher festgelegten Preis zu einem bestimmten späteren Zeitpunkt zu kaufen (Call) oder zu verkaufen (Put)

Pairs Trade — Marktneutrale Strategie, die mittels einer Long- und einer Short-Position zweier stark korrelierender Wertpapiere aus unterschiedlichen Wertentwicklungen Profit zu schlagen versucht

Passiva — Bilden auf der rechten Seite einer Unternehmensbilanz die Kapitalherkunft eines Unternehmens ab, wie zum Beispiel Eigenkapital, Verbindlichkeiten et cetera

Peg (Currency-Peg) — Fixierter Wechselkurs der inländischen Währung zu einer ausländischen Währung

Portfolio — Zusammenfassung beziehungsweise Gesamtheit des Vermögens und der Investition einer Person oder eines Unternehmens, bestehend aus verschiedenen Werten, zum Beispiel Immobilien, Aktien et cetera

Preiselastizität — beschreibt die Veränderung der Nachfrage bei einer Preiserhöhung um 1 Prozent. Elastisch bedeutet, dass die Nachfrage sehr stark auf die Preiserhöhung reagiert. Inelastisch bedeutet, dass die Nachfrage trotz der Preiserhöhung unverändert bleibt

Private Equity (außerbörsliches Eigenkapital) — Form der Unternehmensfinanzierung beziehungsweise Unternehmensbeteiligung, welche nicht an der Börse handelbar ist. Der Kapitalgeber erwirbt für einen definierten Zeitraum Unternehmensanteile, um sie nach aktiver Verwaltung mit möglichst hoher Rendite wieder abzustoßen

Publikumsfonds — Investmentfonds, welcher von privaten und institutionellen Investoren erworben werden kann; Spezialfonds hingegen sind nur einem begrenzten Anlegerkreis vorbehalten

Put-Option — Verkaufsoption, bei der ein Wertpapier zu einem bestimmten Zeitpunkt zu einem festgelegten Preis verkauft werden kann. Mit einer Put-Option wird auf fallende Kurse spekuliert

Quantitative Lockerung (Quantitative Easing / QE) — Eine Form expansiver Geldpolitik durch den Ankauf von Staatsanleihen oder Wertpapieren durch die Zentralbank; Ziel ist die Belebung der Konjunktur und unmittelbare Weiterleitung von Geld in die Finanzmärkte

Quantitative Straffung (Quantitative Tightening / QT) — Gegenteil von QE; die Zentralbank schrumpft ihre Bilanz und flutet die Märkte mit früher erworbenen Wertpapieren

(Corporate) Raider — Finanzinvestor, welcher eine Mehrheitsbeteiligung an einem meist unterbewerteten beziehungsweise unprofitablen Unternehmen kauft und dadurch die Entscheidungsmacht erlangt; in den Medien oft auch Unternehmensplünderer oder Heuschrecke genannt

Rendite (Return) — Erwirtschafteter Ertrag, den ein Investment abwirft; stellt den prozentualen Gewinn dar, meist in Bezug auf das investierte Kapital

Repurchase Agreement (Repo) — Kurzfristige Leihe staatlicher Wertschriften meistens über Nacht

Restrukturierung — Prozesse und Maßnahmen zur Verbesserung, Umgestaltung und Wiederherstellung angeschlagener Unternehmen

Rezession — Konjunkturphase, in welcher das Wirtschaftswachstum stagnierende oder rückläufige Zahlen aufweist; Vorstufe einer Depression

Rollieren — Laufzeitverlängerung einer Futures-Position; die aktuelle Position wird glatt gestellt und vom Erlös wird umgehend eine neue erworben

Russell 2000 — US-amerikanischer Aktienindex, der die nach Marktkapitalisierung 2000 kleinsten Unternehmen des Russell 3000 umfasst

Rückstellungen — Höhe und Fälligkeit der Verbindlichkeiten eines Unternehmens, welche noch ungewiss sind

Small Caps – börsennotierte Unternehmen mit einer geringen Marktkapitalisierung

Small-Cap-DAX (SDAX) — Deutscher Nebenwerte-Index, der die 70 in Marktkapitalisierung und Börsenumsatz auf den MDAX folgenden Unternehmen enthält

S&P 500 (Standard & Poor's 500) — Neben dem Dow Jones der wichtigste US-Aktienindex, der die 500 größten börsennotierten amerikanischen Unternehmen umfasst

Schattenwährung — Währung einer Branche, welche nicht die offizielle Staatswährung darstellt

Schwarzer Schwan (Black Swan) — Unvorhergesehenes und höchst unwahrscheinliches Ereignis, welches (wirtschaftliche) Entwicklungen maßgeblich beeinflusst

Spin-off — Ausgliederung des bestehenden Teils eines Unternehmens als eigenständige Firma; im Gegenzug erhalten Aktionäre gratis Aktien des neuen Unternehmens oder das Recht, diese zu kaufen

TecDAX — Deutscher Aktienindex, der die 30 größten Technologiewerte umfasst

Termingeschäfte — Geschäfte, bei der die Preise und Menge festgelegt werden, die Lieferung aber in der Zukunft liegt.

Track Record — Beschreibt eine individuelle chronologische Auflistung und Referenz über die Erfolge von getätigten Investitionen eines Investors, Managers et cetera

»Too big to fail« — »Zu groß, um zu scheitern«; Bezeichnung von systemrelevanten Unternehmen, primär Finanzinstitute und Banken, deren Insolvenz nicht hinnehmbar ist

Universalbank — Bank beziehungsweise Institut mit breitem und umfassendem Angebot an Bankleistungen

Value Investing (Wertorientiertes Anlegen) — Anlagestrategie, bei der ein Investor die Aktie eines Unternehmens unter ihrem Realwert kauft oder über ihrem Realwert verkauft

Venture Capital (Risiko- beziehungsweise Wagniskapital) — Form der Unternehmensfinanzierung beziehungsweise Unternehmensbeteiligung mit sehr hohem Risiko, welche nicht an der Börse handelbar ist; der Investitionsfokus liegt dabei auf Unternehmen, welche sich in der Gründungs-/Startphase befinden

Verbindlichkeit — Verpflichtungen beziehungsweise Schulden eines Unternehmens gegenüber Dritten; im Gegensatz zu Rückstellungen sind Höhe und Fälligkeit der Verbindlichkeiten bekannt

Volatilität — Maß, um Kursschwankungen innerhalb eines Zeitraums anzugeben

Voll investiert — Beschreibung für einen Fonds, der sein gesamtes Kapital oder einen Großteil davon in Wertpapiere investiert hat

Wechselkurs (nominal) — gibt den Preis einer Währung in einer anderen Währung an

Wechselkurs (real) — gibt den Wechselkurs anhand eines repräsentativen Warenkorbes an

Weltreservewährung — International bedeutsame Währung, nach der sich andere Staaten bei Währungs- und Transaktionskursen richten; auch Leitwährung genannt

Zahlungsbilanz — Erfasst sämtliche wirtschaftliche Transaktionen zwischen dem In- und Ausland während eines bestimmten Zeitraumes

Zins — Die Kosten für eine Geldleihe; Gebühr, die der Schuldner zuzüglich zur Rückzahlung eines Kredits zahlt

Zinsoption — Vereinbarung zwischen zwei Parteien, die dem Käufer der Option das Recht gibt, ein zugrundeliegendes festverzinsliches Wertpapier zu einem fixierten Preis zu kaufen

Über die Autoren

Florian Homm

Florian Homm, MBA, ist Deutschlands bekanntester Hedgefonds-Manager. In seiner Karriere wurde Homm unter anderem dreimal als Europas Hedgefonds-Manager des Jahres ausgezeichnet, war bester US-Spezialfondsmanager, mehrmals bester Europafonds- und Deutschlandfonds-Manager. Homm arbeitete als Analyst, Nostro-Händler und Fondsmanager unter anderem bei Merrill Lynch, Fidelity, Tweedy, Browne und dem Bankhaus Julius Bär, bevor er als Finanzunternehmer und Hedgefonds-Manager US-Dollar-Milliardär wurde. Seine positive, absolute, relative und testierte Performance in den Börsencrashs 1987, 2002 sowie in den Korrekturen 1990 und 1994 ist in Europa einzigartig. Seine erfolgreichen Baisse-Spekulationen bei Bremer Vulkan, MLP und WCM sind bestens dokumentiert. Homm spricht sechs Sprachen, ist ehemaliger Botschafter und UNESCO-Delegierter, Basketball-Junioren-Nationalspieler, Harvard College- und Harvard Business School-Absolvent und war zum Höhepunkt seiner Karriere auf der Manager-Magazin-Liste der reichsten Deutschen. Bekannt wurde er einem breiten Publikum durch die erfolgreiche Sanierung von Borussia Dortmund und als mehrfacher Bestsellerautor. Homm ist keineswegs unumstritten und polarisiert stark. Seit Jahren verteidigt er sich gegen diverse Anschuldigungen aus den Jahren 2004 bis 2007. Homm ist praktizierender Katholik und in diversen karitativen Organisationen tätig.

Investment Auszeichnungen:
- No. 1 Germany Fund 2002 – 2004 (3 years)
- No. 1 European Hedge Fund 1994
- No. 1 European Hedge Fund 2002
- No. 1 European Hedge Fund 2005
- No. 1 US Specialty Fund 1988
- No. 1 1990 Top European Equity Fund
- No. 1 1994 – 1997 European Equity Pension Fund
- No. 1 Best Hedge Fund Group, 2006
- No. 1 European Event Driven Fund, 2005
- No. 1 Risk Adjusted Long/Short Fund 2005
- No. 1 Germany Fund over 1, 2 and 3 years, 2004
- No. 1 European Long Short Fund, 2002

Dr. Markus Krall

Dr. Markus Krall verfügt über 25 Jahre Erfahrung in der Finanzindustrie – sowohl in beratender Funktion, als auch als Manager in der Versicherungs- und Rückversicherungswirtschaft.

Vor seinem Eintritt als Managing Director und Leiter des Bereiches Financial Institutions bei »goetzpartners« leitete er die Initiative zur Entwicklung einer europäischen Ratingagentur und war Senior Partner bei Roland Berger.

Als Mitglied des Vorstands und Chief Risk Officer war er an der Sanierung der achtgrößten Rückversicherungsgesellschaft der Welt, Converium Re, beteiligt und wesentlich für ihren erfolgreichen Turnaround mitverantwortlich.

Nach dem Beginn seiner Karriere im Vorstandsstab der Allianz AG Holding in München konzentrierte er sich auf das Risikomanagement für Finanzinstitutionen, zunächst bei der Boston Consulting Group, später als Partner und Direktor bei Oliver Wyman und als Senior Partner und Leiter des Risikomanagements bei McKinsey & Company.

Krall hat ein globales Portfolio von Projekten in den Bereichen Risiko, Strategie und Operations für Banken und Versicherungen in Europa, den USA, dem Nahen Osten, Asien und Australien erfolgreich geführt. Unter seinen Klienten befinden sich mehrere der globalen Top-20-Finanzdienstleister, Aufsichtsbehörden und supranationale Institutionen sowie die Regierungen mehrerer OECD-Länder.

Die überwiegende Mehrzahl der Banken in Deutschland arbeitet mit Kreditrisikosystemen, die unter seiner Federführung entwickelt wurden.

Krall ist Diplom-Volkswirt, der seinen Abschluss an der Universität Freiburg im Breisgau erwarb und seine akademische Ausbildung mit einer postgraduierten Forschungsarbeit an der kaiserlichen Universität Nagoya in Japan (Meidai) vervollständigte. Dort promovierte er über die Preisbildung am japanischen Aktienmarkt.

Moritz Hessel

»Mit einem erfolgreichen Langfristinvestor verhält es sich wie mit einem gewissenhaften Eigentümer. Er erkennt, zu welchem Zeitpunkt Risiken eingegangen werden sollten und wann es notwendig ist, das Kapital zu schützen.«

Bevor sich Moritz Hessel als Research Analyst selbständig machte, absolvierte er ein duales Studium und arbeitete für einen Versicherer im Bankenvertrieb. Seine Leidenschaft für die Börse begleitet ihn bereits seit seiner frühen Jugend. In den vergangenen Jahren konnte er mit seinen privaten Depots über mehrere Jahre Überrenditen im Vergleich zum Markt erzielen und in neue Arbeitsgebiete hineinwachsen.

Zu seinen Kernaufgaben zählen Value Investing, Total-Return-Strategie und Corporate Finance. Moritz Hessel strebt, geleitet von einer rationalen und langfristigen Denkweise, danach, Über- und Untertreibungen am Markt zu erkennen und gleichzeitig den fairen Wert einer Anlage einzuschätzen. In allen Marktphasen Rendite zu erzielen, hat für ihn höchste Priorität.

Santina Berger

Santina Berger hat Soziale Arbeit in der Schweiz studiert und ist in diesem Berufsfeld als diplomierte Sozialpädagogin tätig. Ihr Hintergrund außerhalb der Finanzbranche erlaubte es ihr, einen übergreifenden Blick auf die Inhalte in *Der Crash ist da* zu werfen.

Raphael Hug

Raphael Hug ist diplomierter Informatiker und führte bereits im zarten Alter von 20 Jahren ein Team von über 40 Personen. Zurzeit absolviert er ein Studium in International Management mit Schwerpunkt Banking & Finance und pendelt zwischen der Schweiz, Deutschland und China. Er unterstützt die DZM-Gruppe seit 2017 als Analyst in fundamentalen und quantitativen Bereichen.

Weitere Projekte und Engagements

Bleiben Sie stets auf dem Laufenden

Florian Homm Long & Short Börsenbrief

created by DZM Schweiz

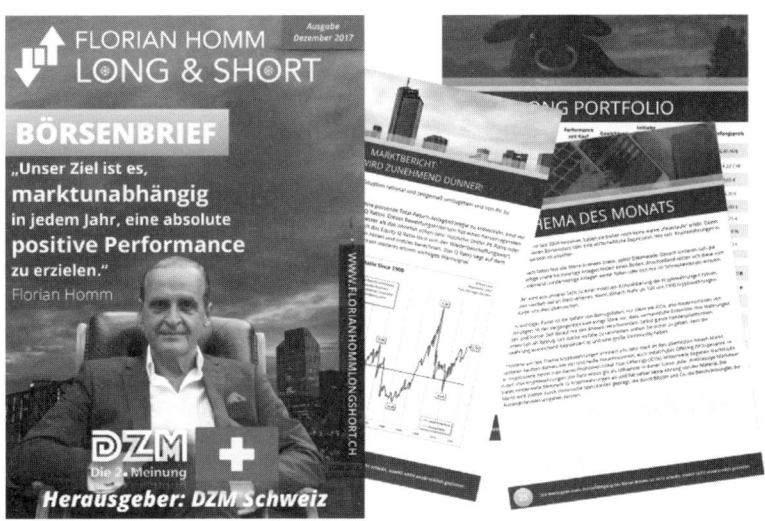

Dies ist der wohl erste deutsche Börsenbrief an dem ein mehrfach national und international prämierten Investmentmanagers mitwirkt. Er erscheint einmal im Monat und verfolgt eine marktneutrale Long/Short-Strategie. Der darin präsentierte fundamentale Research sowie die jährliche Performance von über 24 Prozent im Jahr 2018 machen diese Publikation einzigartig.

www.florianhommlongshort.ch

Florian Homm spricht Klartext

auf YouTube

Informieren Sie sich jeden Dienstag über die aktuellen Entwicklungen an den Finanzmärkten.

- youtube.florianhomm.org -

Florian Homm spricht Klartext

exklusiv auf RT Deutsch

Auf RT Deutsch werden Sie stets über die neuesten politischen Entwicklungen informiert. Die Beiträge sind unabhängig, nicht zensiert und stets polarisierend. Eignen Sie sich so neue Perspektiven gegenüber den herkömmlichen Finanznews an.
deutsch.rt.com

Karitative Engagements von Florian Homm

Our Lady's Message of Mercy Society e.V.

Wir fördern die christlichen Werte

Alle Maßnahmen des Vereins sind vom Grundgedanken getragen, dass die Botschaften der Barmherzigkeit der Jesu Mutter Maria für das Dasein auf Menschen jeglicher Herkunft eine bleibende positive Wirkung haben. Die Gottesmutter Maria vermittelt uns Hoffnung und Liebe, stärkt unser Vertrauen und führt uns zu ihrem Sohn Jesus Christus. Maria vermittelt uns essenzielle christliche beziehungsweise humanistische Werte wie Nächstenliebe, Wohltätigkeit, Treue, Integrität, Gerechtigkeit, Bildung und Verzeihen, die für ein harmonisches Zusammenleben von höchster Bedeutung sind. Sie gibt uns einen liebevollen Leitfaden, wie wir in unserem täglichen Leben glücklicher und erfüllter werden.

Aus diesem Grund möchten wir alles dafür tun, dass Marias Botschaften so viele Menschen wie möglich erreichen.

Zudem engagiert sich OLMOMS für wirtschaftlich und sozial benachteiligte sowie schwerkranke Kinder.

www.olmoms.org

325

Thallion g.V.

Reiten und tiergestützte Therapie für Kinder

Unsere Vision ist, dass Kinder und Jugendliche in ihrer individuellen Art gefördert und gestärkt ins Leben gehen. Es ist uns ein Anliegen, Kindern und Jugendlichen unabhängig ihrer sozialen Herkunft zentrale ethische Werte auf den Weg zu geben und sie auf emphatische und wertschätzende Weise in ihrer Sozialkompetenz zu fördern, ihnen Selbstbewusstsein und ein gesundes Selbstvertrauen zu vermitteln. Vor allem der Umgang mit Pferden ist dabei eine wertvolle Erfahrung. Tiergestützte Therapieformen ermöglichen einen wichtigen Zugang zu den Kindern und Jugendlichen und werden zugleich ihren persönlichen Wünschen und Bedürfnissen gerecht. *www.thallion.de*

326

Disclaimer/Haftungsausschluss

Das vorliegende Buch dient ausschließlich Informationszwecken. Alle hier verwendeten Informationen, Daten oder Meinungen stammen aus Quellen, die das Autorenteam aus eigener, subjektiver Anschauung zum Zeitpunkt der Erstellung als zuverlässig, vertrauenswürdig und angemessen erachtet hat. Das Autorenteam übernimmt keine Gewähr für die Vollständigkeit, Korrektheit oder Qualität der vorliegenden Informationen. Hinsichtlich der Inhalte verknüpfter Webseiten Dritter übernehmen die Autoren und Herausgeber keine Haftung. Die Autoren und Herausgeber haben insoweit keinen Einfluss auf die Inhalte externer Webseiten Dritter und distanzieren sich von diesen, sollten sie nicht mehr ihrem ursprünglichen Inhalt zum Zeitpunkt der Fertigstellung dieser Publikation am 1. Januar 2019 entsprechen.

Die Veränderungen der dieser Publikation zugrunde gelegten Daten können Einfluss auf die darin veröffentlichten Einschätzungen, Prognosen oder Kursentwicklungen haben.

Die in dieser Publikation gemachten Aussagen stellen unter keinen Umständen eine Aufforderung zum Kauf oder Verkauf eines Wertpapiers, einer Option, eines Optionsscheines oder sonstigen Finanzinstruments dar. Die Studien, Kommentare, Einschätzungen, Meinungen, Darstellungen oder sonstige Angaben der Autoren entsprechen keiner Anlageberatung.

Jede Investition in Wertpapiere ist mit Risiken behaftet, die zum Teil- oder Totalverlust führen oder sogar weitergehende Verluste verursachen können. Käufe oder Verkäufe von Wertpapieren dürfen nicht auf Grundlage dieses Buchs gemacht werden. Investitionsentscheidungen sollten stets nach vorangegangener und eingehender Beratung durch einen zertifizierten und professionellen Anlageberater erfolgen. Grundsätzlich sollten Wertpapierkäufe nicht kreditfinanziert werden. Jeder Investor und jede Investorin ist angehalten, vor dem Kauf eines Wertpapiers selbstständig zu recherchieren und sich fachkundigen Rat einzuholen.

Angaben nach § 34 des WpHG: Die Autoren halten zum Zeitpunkt der Veröffentlichung des Buchs Aktien an den erwähnten Unternehmen. Hierdurch besteht die Möglichkeit eines Interessenkonflikts.

Dieses Buch darf von seinem Bezieher oder seiner Bezieherin nicht reproduziert oder an dritte Personen weitergegeben werden. Dieser Haftungsausschluss unterliegt dem Gesetz der Bundesrepublik Deutschland.

Die Kunst des Leerverkaufs

Florian Homm | Gublan Dag

Dieses Buch ist an eine Vielzahl von Lesern gerichtet: Privatanleger, professionelle Investoren, (Wirtschafts-) Studenten, Journalisten, aber auch Interessierte, die sich für die Kunst des Leerverkaufes begeistern können. Dieses Buch ist keine theoretische Abhandlung, sondern vielmehr ein Handbuch mit starkem Praxisbezug. Sie werden Einblicke in den Kopf eines Baissespekulanten erhalten und dadurch wertvolle Analysetechniken erlernen, die Sie in dieser Form vermutlich an keiner Universität der Welt präsentiert bekommen. Lange Zeit war der Leerverkauf nur einer kleinen Minderheit von »elitären« Marktteilnehmern wie zum Beispiel Hedgefonds zugänglich. Heute jedoch kann bereits der Kleinanleger vom Leerverkauf profitieren, sofern sein Broker ihm diese Möglichkeit bietet. Ob Leerverkäufe zu Ihrem Anlagestil passen und sich das Auseinandersetzen mit dieser Thematik für Sie lohnt, lernen Sie in diesem Buch.

Nur über Amazon erhältlich

Endspiel

Florian Homm

Die Finanz-, Euro- und Wirtschaftskrise ist noch längst nicht ausgestanden, auch wenn Medien, Politiker und Notenbanker Sie das glauben machen wollen. Die zunehmend angespannte Lage in China und die Unruhen in Europa sind nur der Auftakt für viel dramatischere Ereignisse: das Endspiel um die globalen Vermögenswerte. Die meisten werden in der unausweichlichen finanziellen Kernschmelze alles verlieren. Nur die wenigsten werden sich wirkungsvoll schützen können. Wie können Sie also als Privatanleger Ihr Geld vor dem nächsten Crash und vor raffgierigen Regierungen in Sicherheit bringen? Wie können Sie trotzdem gewinnbringend Geld anlegen und sogar von fallenden Kursen profitieren? Welche Anlageformen führen durch die nächste große Krise und welche nicht? Florian Homm, Spiegel-Bestsellerautor, Volkswirt und Absolvent der Harvard Business School, zeigt Ihnen, wie es geht.

208 Seiten | Softcover | 14,99 € (D) | ISBN 978-3-89879-962-1

Kopf Geld Jagd

Florian Homm

Sein Ruf ist legendär. Sein Leben ein Abenteuer. Seine Häscher gnadenlos. Florian Homm. Ein Zweimeterhüne. Ein Plattmacher. Ein skrupelloser Hedgefonds-Manager. Die Fratze des neuen Turbo-Kapitalismus. Einer, der mit gerade einmal 26 Jahren für südamerikanische Regierungen und Vermögende Millionen bewegte. Einer, der kaltherzig Unternehmen filetierte und die besten Stücke weiterverkaufte. Einer, der etliche Villen, zwei Flugzeuge und mehrere Hundert Millionen Dollar Vermögen besaß und trotzdem eines nicht hatte: genug – stattdessen ständig getrieben nach immer mehr. Im Laufe seiner Karriere verdiente er am Bankrott der Bremer Vulkan-Werft, sanierte den Fußballklub Borussia Dortmund und wurde in Venezuela niedergeschossen. Die Geschichte eines genialen Finanzjongleurs, eines Gesuchten, eines Gejagten, des berüchtigtsten Enfant terrible der europäischen Finanzwelt. Dies ist seine Geschichte.

368 Seiten | Hardcover | 19,99 € (D) | ISBN 978-3-89879-788-7

225 Jahre Knast

Florian Homm

53 Jahre und 153 Tage in Freiheit. Doch jetzt soll er 225 Jahre ins Gefängnis. Florian Homm. Der Zweimeterhüne, »Plattmacher« und einstige skrupellose Hedgefonds-Manager. Von seinen Häschern verfolgt kommt es in Florenz zum Showdown: Er wird vor den Augen seiner Familie entführt und ins Florenzer Gefängnis Sollicciano gebracht. Die Strippen ziehen die US-Justiz und das FBI, die Homm um jeden Preis in den Vereinigten Staaten vor Gericht stellen wollen. Die Folgen sind selbst für Homm, der im härtesten Business der Welt zu Hause war und in Venezuela niedergeschossen wurde, die Hölle. Doch Homm nimmt den Kampf auf. Von seiner Familie, Freunden und früheren Weggefährten verlassen, unheilbar an MS erkrankt und unter ständiger Angst, doch an die USA ausgeliefert zu werden, kämpft er um sein Leben. Was folgt ist ein Thriller. Die lang erwartete Fortsetzung des Spiegel-Bestsellers »Kopf Geld Jagd«.

192 Seiten | Hardcover | 16,99 € (D) | ISBN 978-3-89879-951-5

Erfolg im Crash ist möglich!

Florian Homm

Denken Sie bitte um! Der kommende Börsencrash ist kein
Problem, sondern eine positive Herausforderung, die es zu
bewältigen gilt. Warum sollten Sie als Privatinvestor und Ihre
Familie und Bekannten durch die missratene Geldpolitik der
Zentralbanken, staatliche Schuldenberge, Rekorddefizite und
ein generell fragwürdiges politisches Management in Mitleidenschaft gezogen werden?

Sie, als Privatinvestor, können sich nicht nur vor der Krise schützen, Sie können sogar von ihr profitieren. Erfolg im Crash ist das
erste deutschsprachige Buch, das ausführlich konkrete Anlage-
und Total-Return-Investment-Strategien für ein kommendes
Krisenumfeld präsentiert. Wir erörtern die wichtigsten Finanzinstrumente, die Sie zur Absicherung und Optimierung Ihres
Vermögens benötigen und geben Ihnen wertvolle Hinweise zu
Timing und Investmententscheidungen. Das macht in diesem
Umfang kein anderes Crash-Buch!

208 Seiten | Softcover | 14,99 € (D) | 15,50 € (A) | ISBN 978-3-95972-116-5

Der Draghi-Crash

Markus Krall

Politik und Geldpolitik in Europa haben sich von den Grundsätzen verabschiedet, die in der Vergangenheit die Garanten des Erfolgs für den Kontinent waren. Die Finanzkrise und ihre nicht enden wollenden Nachbeben verleiten eine verunsicherte und überforderte Elite an den Schaltstellen der Macht dazu, ihr Heil in Staatsplanung, Intervention und Bürokratie zu suchen. Allen voran entzieht sich die Geldpolitik von Mario Draghi als Chef der Europäischen Zentralbank jeglicher Kontrolle. Auf dem Weg der Eurorettung ist sie zur ungebremsten Staatsfinanzierung degeneriert. Das Ergebnis ist absehbar: Am Horizont zeichnet sich eine monetäre Katastrophe ab, deren Entladung historisch ihresgleichen suchen wird.

Markus Krall führt sachkundig und kurzweilig durch die Materie und zeigt auf, in welchem Tümpel der »schwarze Schwan« des Crashs umherschwimmt.

208 Seiten | Hardcover | 17,99 € (D) | 18,50 € (A) | ISBN 978-3-95972-072-4

Wenn schwarze Schwäne Junge kriegen

Markus Krall

Keine Veränderung, kein Risiko, keine Volatilität bitte! Der Wunsch nach einem „weiter so wie bisher" scheint allumgreifend. Doch ohne Risiko gibt es keinen Fortschritt, kein Lernen, keine Erkenntnis. Wir klammern uns am Istzustand fest und verschließen unsere Augen vor den Problemen, die auf uns zukommen. Das ist ein Rezept für Katastrophen.

Markus Krall, Bestsellerautor und einer der profundesten Kenner der Risiko-Landschaft deckt in seinem neuen Buch auf, wo unentdeckte, unterdrückte oder kaschierte Risiken lauern, wo die sich entladenden Verwerfungen in Wirtschaft und Politik, die rasende technologische Entwicklung und die geostrategischen Fehlentwicklungen zu potenziellen Katastrophen führen können.

Ein packender Parforce-Ritt durch eine Welt, die schon morgen nicht mehr dieselbe sein wird.

320 Seiten | Hardcover | 17,99 € (D) | 18,50 € (A) | ISBN 978-3-95972-151-6